게으르다는 착각

게으르다는 착각

LAZINESS
DOES NOT EXIST

데번 프라이스 지음 | 이현 옮김

우리는 왜 게으름을
두려워할 필요가 없는가

whale books

타인의 행동이 이해되지 않는 것은
내가 맥락을 놓치고 있기 때문이란 것을 알려준 킴에게
이 책을 바친다.

내가 게으르다는 착각에 빠진 이유

나는 생산적인 사람으로 알려졌지만, 이런 평판에는 큰 대가가 따랐다. 세상에 비춰지는 내 모습은 야무지고, 정리 정돈을 잘하고, 부지런한 일벌이었다. 수년간 살면서 마주친 그 누구도 실망시키지 않고, 직업적으로 성공하고, 글을 쓰고, 사회 운동에 열심히 참여하는 등 두루두루 잘 해냈다. 늦게 출근한 적이 없었다. 어떤 자리에 가겠다고 말하면, 반드시 갔다. 친구가 입사 지원할 때 제출할 이력서를 손봐달라고 하면(혹은 친구가 최근에 발생한 끔찍한 인권 침해 사건에 대해 알릴 때 도덕적 지지를 해달라고 하면) 기꺼이 해줬다. 남들이 보기에 에너지가 넘치고 의지할 수 있는 사람이었지만 사실 나는 엉망진창이었다. 지나치게 예민해지고 지칠 대로 지쳐서 책한 권조차 읽지 못한 채 어둠 속에서 몇 시간씩 홀로 시간을 보내곤 했다. 내가 무언가를 해주겠다고 한 모든 사람에 분개하면서도 그만두지 못하고 계속 약속했다. 나 자신을 너무 혹사하면서도 이 약속 저 약속을 하고 힘에 부치면 '게으르다'고 생각했다. 게으름은 용납할 수 없었다.

나는 나 같은 사람을 많이 안다. 야근을 하고, 상사를 실망시킬까 봐 두려워 덤으로 주어지는 일을 결코 거절하지 못한다. 친구나 사랑하는 사람들이 찾으면 365일 24시간 언제든지 응하며 지지와 조언을 한없이 준다. 이런 사람들은 수많은 사회 문제에 관심을 갖지만 문제를 해결하기 위해 '충분히' 노력하지 못했다는 죄책감을 항상 느낀다. 깨어 있는 모든 순간을 계획으로 채워 넣으려고 한다.

이런 사람들, 즉 나와 같은 사람은 사회에서 요구하는 존경을 받으려면 해야 한다고 가르친 모든 것을 한다. 우리는 성실한 직원이자 열정적인 활동가, 사려 깊은 친구이자 영원한 학생이다. 동시에 미래에 대해 걱정하고 항상 미리 계획한다. 통제할 수 있는 모든 것을 통제해 불안을 줄이려 하고, 자신을 몰아붙이며 매우 매우 열심히 일한다.

우리 같은 사람들은 항상 피곤하고, 버거워하고, 자신에게 실망한다. 아무리 애써도 부족하다고 확신한다. 아무리 많이 성취해도 혹은 아무리 열심히 노력해도 만족감이나 마음의 평화를 느낄 만큼 충분히 해내지 못했다고 여긴다. 그래서 쉴 자격이 없다고 생각한다. 소진burnout과 스트레스로 인한 질병과 만성 수면 부족을 견디면서도 한계를 갖는 것이 우리를 '게으르게' 한다고, 게으름은 항상 나쁜 거라고 확신한다.

수년간 나는 아침 일찍부터 대여섯 시간 동안 쉼 없이 가능한 한 많은 일을 해치우는 잘못된 패턴에 빠져 살았다. 그 시기 동안 수많은 이메일에 답장하거나 과제물을 채점하는 데 너무도 집중해 잠시 멈추고 간식을 먹거나 다리를 펴거나 화장실에 가는 것조차 잊었다. 이렇게 몰두하는 시간 동안 누군가 방해하면 냉소 섞인 눈으로 바라봤다. 그런 폭풍 같은 다섯 시간이 지나면 짜증이 나고 배가 고프고 정서적으로 탈진한 상태가 되었다.

나는 이렇게 극도로 효율적인 것을 좋아했고, 전날 밤 나를 걱정하게 만든 모든 일을 열심히 묵묵히 해냈다. 그렇게 매진하는 동안 놀라울 정도로 많은 일을 할 수 있었다. 하지만 그렇게 달리고 난 후에는 아무것도 할 수 없었다. 내내 일다운 일은 아무것도 하지 못한 채 멍하니 인스타그램이나 텀블러를 봤다. 저녁이 되면 할 수 있는 일이라고는 침대에 쓰러져 유튜브 동영상을 몇 편 보고 컴컴한 방에 앉아 과자나 먹는 게 전부였다.

이렇게 몇 시간 동안의 '재충전'이 끝나면 시간을 생산적으로 쓰지 못했다는 죄책감이 시작되었다. '친구들과 어울려야 하는데', '창의적인 일을 해야 하는데', '건강에 좋은 제대로 된 저녁을 차려 먹어야 하는데' 같은 생각이 들었다. 그러고 나서 다음 날 해야 할 모든 일에 대해 스트레스를 받기 시작했다. 이튿날 아침이 되면 죄책감, 과로, 탈진의 주기가 다시 시작되었다.

이런 패턴이 나에게 해롭다는 것을 알지만 벗어나기 힘들었다. 탈진이 괴롭긴 했어도 두 시간 동안 많은 일을 해내면 뿌듯했다. 나는 해야 할 일 목록에 적힌 일들을 하나씩 지워나가기 위해 살았다. 예상보다 빨리 이메일에 답장을 보내고서 누군가 "와, 엄청 빨리 보냈더라고요!"라고 감탄하면 기분이 좋았다. 내가 부지런하고 믿을 만한 일꾼이라는 모습을 보여주고 싶은 욕구가 깊어서 내가 원하는 것보다 더 많은 책임을 떠안았다. 너무 많은 책임을 짊어진 후 미친 듯이 해내고 나면 우울해지거나 아팠다.

수년간 나는 에너지가 달린다고 나 자신을 질책했다. 끝까지 몰아붙이지 못할 때마다 정체되어 있다고 생각해 부끄러웠다. 일터에서 일을 거절할 때마다 밥벌이를 못하게 되면 어쩌나 걱정했다. 도움이 필요한 친구를 돕지 못하거나 친구가 진행하는 공연에 못 가면 모두가 나를 비난할 거라고 확신했다. 휴식을 취하거나 선을 그을 때마다 내가 *게으르다*는 사실에 괴로웠다. 게으른 것보다 더 나쁜 것은 없었다. 취미나 친구에게 할애할 에너지도 없이 피로하고 버겁고 소진되는 게 끔찍하긴 해도 게으른 것은 그보다 더 나쁘다고 확신했다.

어린 시절부터 나는 꽤 성적이 좋았다. 대부분 선생님이 나를 똑똑하다고 여겨서 조금 더 노력하라고, 기회와 책임을 조금 더 가져보라고 격려했다. 수업 시간에 못 따라가는 친구를 도와주는 일이든, 성경 캠프에서 공예품 가판을 운영하는 일이든 어른들은 끊임없이 내게 조금 더 책임을 맡으라고 했고 나는 항상 그러겠다고 했다. 남에게 도움이 되고, 근면 성실하고, 성공하고 싶었다. 열심히 많은 일을 하는 것은 밝은 미래를 보장하는 방법이라고 믿었기 때문이다.

내가 미래를 걱정하는 데에는 나름의 이유가 있었다. 아버지는 인프라 수명이 다한 애팔래치아Appalachia의 오래된 탄광 마을에서 자랐다. 그런 곳에서 일자리를 구할 수 있을 거라 기대하기 어려웠다. 아버지는 먹고사는 일에 대해 늘 걱정했다. 뇌성마비를 앓은 터라 대학에 진학하거나 사무직 일을 얻는 건 불가능했다. 그래서 아버지는 그 몸으로 오랫동안 할 수 없다는 것을 알면서도 몹시 고된 육체노동을 해야만 했다. 어머니는 치위생사였지만 척추옆굽음증(척추측만증)을 앓아 일주일에 이틀 또는 사흘 정도만 일할 수 있었다.

부모님은 대학을 나오지 않았기 때문에 할 수 있는 일이 제한적이었다. 그들은 내 인생이 자신들과 다르길 간절히 원했다. 그래서 내게 계획을 하고, 대비를 하고, 열심히 하라고 가르쳤다. 부모님은 나를 학교에서 운영하는 영재 프로그램에 등록했다. 아르바이트를 하고, 상급반 수업을 듣고, 토론 연설 클럽과 같은 교외 활동에 참여하게 했다. 나는 열심히 공부하고 저축하고 삶에서 많은 책임을 맡으면 잘 살게 되리라고 믿었다. '게으르지' 않는 한, 좋은 학교에 진학하고, 재정 지원을 받고, 혼자 힘으로 직업적 성공을 거두리라고 생각했다. 선생님들은 나의 잠재력을 인정했고, 부모님과 같은 생각으로 내가 열심히 적극적으로 살도록 독려했다.

나는 안정적인 삶에 이르는 길을 열심히 닦아야 한다는 중압감 때문에 상당히 불안했다. 하지만 그렇게 되지 못한다면 훨씬 더 괴로울 터였다. 그때쯤 나는 어른들이 모든 아이에게 잘 살도록 독려하지 않는다는 것을 눈치챘다. 어떤 아이들은 말썽을 부리거나 수업을 제대로 따라가지 못한다는 이유로 '싹수가 노랗다'는 평을 들었다. 아주 어릴 때는 이런 아이들조차 지지와 동정을 받았다. 하지만 계속 제대로 하지 못하면 어른들의 인내와 연민은 점점 줄어들었다. 결국 어른들은 이러한 아이들에게 무엇이 필요한지, 아이들의 한계를 어떻게 다뤄야 할지 더는 말하지 않았다. 대신 이들이 얼마나 *게으른지*에 대해 이야기하기 시작했다. 누군가 게으르다고 여겨지면 도움을 받기보다 꾸짖음을 받을 공산이 훨씬 컸다. 게으른 아이는 구제 불능으로 낙인찍혔다. 숙제를 하지 않고, 어려운 개념을 이해하지 못하고, 방과 후 무엇이든 '생산적인' 일을 하지 않는 것은 모두 그들의 탓이었다. 게으른 아이들에게는 미래가 없었다. 그리고 세상은 내게 게으른 아이들이 그런 취급을 받는 것은 마땅하다고 말하는 것처럼 보였다. 나는 이른 나이에 자기 가치와 생산성을 연결하도록 배웠다.

✦

맥스도 자신의 가치를 생산성과 연결하도록 배웠다. 맥스는 나처럼 남부 농촌에서 대대로 가난하게 산 집안 출신이고, 학업과 직업에서 많은 것을 이루었다. 또한 지나치게 열심히 일에 매달리는 바람에 삶이 좀먹기 시작했다.

맥스는 현재 정보기술 기업에서 작가로 일하며, 지원서와 제안서를 정리하고 이 기업에 관한 블로그를 운영한다. 이 일을 잘하려면 동료들의 도움이 많이 필요하다. 맥스에게 각 프로젝트에 대한 상세한 정보를 주고, 지원서 양식을 작성하고, 깔끔하게 잘 쓰인 초안을 보여줘야 한다. 하지만 맥스는 종종 필요한 정보를 제때 받지 못해 혼자서 아등바등하며 정보를 수집한다. 성질 급한 상사의 재촉은 덤이다. 보통 주당 80시간에서 90시간을 일하지만 늘 발을 동동 구르는 것처럼 보인다.

"내가 모두의 문서를 수정하느라 새벽 6시부터 밤 10시까지 사무실에 있어."

맥스가 사흘 동안 50시간이나 일했다고 불평하는 소리를 한 열

번쯤 들었을 때, 나는 그가 과도하게 많이 일하고 책임을 짊어지는 문제가 있다는 것을 알아챘다. 항상 기진맥진해 보이고 일에 대한 조바심이 분노와 절망감으로 바뀌었음을 알 수 있었다. 몇 시간 동안 제안서를 작성하고 편집한 후 집으로 돌아와 배달 음식을 시키고 텔레비전 앞에 쓰러지는 게 맥스의 일상이다. 종종 배달된 저녁을 먹는 것조차 잊는다. 한때 좋아했던 마술과 자수와 같은 취미에는 신경도 못 쓴다. 재충전을 하고 주중에 받은 스트레스를 날려버리기 위해 주말이면 오후 4시까지 잔다. 때로는 압박감에서 해방되고자 마사지와 휴가 계획을 세우지만, 매일 짜증과 조바심을 내고 삶에 낙이 없다는 말을 자주 한다.

나는 압박이 심한 맥스의 생활 방식 때문에 건강이 나빠졌으리라고 생각해 건강은 어떤지 물었다.

"이 망할 놈의 일 때문에 건강도 사생활도 다 망가졌어. 작년에 쓸개염에 걸렸지만 도저히 휴가를 낼 수 없더라고. 매니저가 휴가가 필요한 이유에 대해 꼬투리를 잡아 출근하게 만들 게 분명했거든. 병원에 갈 시점에 이미 계속 토하고 네발로 기어서 화장실에 가는 지경이 되었어. 병원에서는 배를 열어 보더니 쓸개가 완전히 망가졌다고 하더라. 의사는 자기가 본 중에 가장 심하게 썩은 쓸개라며 왜 한 달 전에 오지 않았냐고 물었어. 그러더니 내게 꼭 병가를 더 내야만 한다고 일장 연설을 하더군. 비명을 지르고 싶었어."

맥스는 자신의 일이 삶을 좀먹고 있음을 알고 있다. 인간관계,

건강, 취미를 즐길 여력마저 다 빼앗았다는 걸 안다. 자신에 대해 말도 안 되는 기대치를 설정하고 있으며 일반적인 직장에서 요구하는 것의 두 배에 달하는 시간 동안 일하지 말아야 한다는 것도 잘 알고 있다. 하지만 이 질주를 어떻게 멈춰야 할지 모른다.

나도 탈진을 겪고 병에 걸릴 때까지 일했고 그 질주를 어떻게 멈춰야 하는지 몰랐다. 머리로는 무리하고 있다는 것을 알았지만 기한을 놓치거나 게을러 보일까 봐 두려워서 쉬지 않고 계속 달렸다. 나는 과로로 건강을 망치고 나서야 삶의 방식을 바꾸게 되었다.

2014년 2월 나는 논문을 마지막으로 다듬고 있었다. 십 대 이후로 줄곧 심리학 박사 학위를 따고 싶었고, 마침내 목표 달성을 눈앞에 두고 있었다. 논문 말고 다른 건 생각할 수 없었다. 동료들이 집으로 돌아가고 난 한참 후에도 연구실에 틀어박혀 데이터를 분석했다. 등하교에 조금이라도 시간을 '낭비'하지 않기 위해 대학교에서 두 블록 떨어진 곳에 아파트를 구했다. 나는 연구실에서 대부분 시간을 보냈기 때문에 굳이 집에 둘 가구를 사거나 인터넷을 연결할 필요가 없었다.

그러던 어느 날 논문 제출을 2주 남기고 심한 독감에 걸렸다. 하지만 독감도 나를 말리지 못했다. 힘든 몸을 이끌고 늘 하던 대로 매일 연구실에 출근해 밤늦게까지 일했다. 내가 얼마나 아픈지 신경 쓰지 않았다. 심지어 운동도 멈출 수 없었다. 회복되는 시간을 갖지 않으니 독감은 당연히 낫지 않았다. 논문 심사 당일, 여전히 열이 났고 정장 재킷 속에서 몸이 부들부들 떨렸다. 하지만 필사적으로 숨기려 애쓰며 연구 결과를 발표했다.

졸업을 하고 구직 활동을 시작했지만 열은 그대로였다. 여전히 아팠고 수개월간 독감을 달고 살았다. 계속 일을 하기 위해 항상 독감을 무시하려 애썼지만 매일 저녁이면 오한이 왔고, 몽롱한 상태로 담요를 몸에 두른 채 다음 날 아침까지 바닥에 누워 있어야 했다. 이런 상황이 계속 지속되었다. 그해 여름 30도가 넘는 날씨에도 너무 추워서 전기담요 속에서 지낼 정도였다.

그래도 쉬지 않고 일했다. 병든 약골이라는 사실을 고용주들에게 들키고 싶지 않았다. 그토록 병약하다는 게 수치스러웠다. 시간이 날 때면 내내 잤지만 너무 '게으르다'고 스스로를 질책했다. 의사들은 내 문제가 무엇인지 파악하지 못했다. 류머티즘성 관절염, 루푸스, 감염성 단핵구증에 대해 검사해 봤지만 모두 아니었다. 그러던 중 심장 전문의가 내게서 심잡음을, 혈액 전문의가 악성 빈혈을 발견했다. 하지만 둘 다 그 이유를 정확히 파악하지 못했다. 독감이 시작된 지 1년이 다 되어갔지만 증세는 그대로였다.

어떤 의학적 검사나 치료도 도움이 되지 않았다. 어떤 의사도 나를 괴롭히는 미스터리한 병을 치료할 수 없었다. 2014년 11월 나는 마침내 해법을 찾았다. 쉬어야 했다. 괜찮은 척하지 말고, 무리해서 운동을 하고 글을 쓰고 일하러 가지 말고 정말 쉬어야 했다. 아무것도 하지 않은 채 빈둥거리기란 괴로웠지만 업무 회의를 건너뛰고 강제로 쉬었다. 도저히 버틸 수 없게 되었기 때문이다. 병은 점점 악화되었고 내 몸에 필요한 것을 더 이상 외면할 수 없었다. 그다음 두 달을 아무것도 하지 않은 채 보냈다. 일과 병 사이에서 줄타기도 하지 않고, 건강을 위협할 정도로 많은 일을 하면서 '게으름'에 대해 사죄하는 짓도 그만두었다.

점점 기력이 돌아오기 시작했다. 열이 사라졌다. 적혈구 수가 증가했다. 심잡음도 사라졌다. 다시 세상으로 나갈 때 나는 예전처럼 몸을 망가뜨리지 않는 새로운 삶의 방식을 찾아야 했다.

그 일 이후 수년간 나는 지속 가능한 삶을 사는 데 집중했다. 휴식과 회복을 위해 시간을 투자하는 법을 배워야 했다. 수많은 시간을 연구에 쏟아부어야 하는 종신 계약 교수가 되려던 꿈을 포기하고 대신 비상근(외래) 교수를 택했고, 가능한 한 온라인에서 강의를 하는 기회를 찾았다. 이렇게 하자 일정이 보다 여유로워졌다. 휴식을 취하고 철저하게 자유 시간을 지켰다. 서서히 내가 편안하고 여유롭고 행복하게 살 자격이 있다고 깨닫게 되었다.

그러자 재미있는 일이 일어났다. 건강과 웰빙이 개선되자 소진되고 병들고 과도하게 일을 떠맡는 사람이 내 주변에 많다는 것을 깨달았다. 그리고 내가 그랬던 것처럼 그들도 그 대가를 치르기 시작했다. 우선 주당 80에서 90시간을 일하는 맥스가 있었다. 가정폭력 신고센터에서 일하는 친구 에드는 너무 열심히 전화에 응대하느라 정신 건강이 위협받고 있었다. 동료 얼리사는 압박을 많이 받는 상근 연구직과 힘든 부모 노릇을 병행하면서 친척과 이웃으로부터 양육 방식에 대해 끊임없이 잔소리를 듣고 산다. 그밖에도 학교를 다니면서 두각을 나타낼 만큼 충분히 하고 있지 못하다는 말을 한 번 이상 들은 수십 명의 학생이 있었다. 그들은 '게으르고' 그래서 행복이나 성공을 누릴 자격이 없다는 말을 들었다.

그들을 지켜보면서 나는 내 고군분투가 내가 '게으름이라는 거짓'이라고 부르는, 훨씬 더 큰 사회 현상의 일부라는 것을 깨달았다. 게으름이라는 거짓은 우리 문화에 뿌리 깊게 자리 잡은 신념체계다. 이 신념 체계 때문에 우리는 다음과 같이 믿는다.

- 속으로 나는 게으르고 가치가 없다고 생각한다.
- 나는 내면의 게으름을 극복하기 위해 항상 극도로 열심히 일해야 한다.
- 나의 가치는 나의 생산성을 통해 얻어진다.
- 일이 삶의 중심이다.

- 성취하지 못하고 열심히 할 동기가 없는 사람은 부도덕하다.

게으름이라는 거짓은 우리가 '충분히 일하지' 않고 있다는 죄책감의 원천이다. 또한 우리가 일하다 병들게 하는 힘이다. 나는 게으름이라는 거짓이 주변에 만연하다는 것을 알게 된 후, 연구자로서 게으름의 역사와 생산성에 관한 최신 심리학 연구들을 심층적으로 조사했다. 조사를 통해 찾게 된 사실들을 보고 큰 안도감과 동시에 깊은 좌절감을 느꼈다. 생산성과 소진, 정신 건강에 관한 연구들은 모두 보통의 근무일이 지나치게 길고 흔히 정상적이라고 생각하는 다른 책임들, 예컨대 대학의 일반적인 교과 과정에서 요구하는 학습량이나 매주 사회 운동에 전념하는 일 등이 대부분 사람에게 지속 가능하지 않다는 것을 보여준다.

또한 나는 우리가 '게으름'이라고 부르는 것이 사실 강력한 자기 보존 본능임을 알게 되었다. 동기가 없고 방향을 잃거나 '게으르다'고 느끼는 것은 우리의 몸과 마음이 평화와 고요함을 애타게 찾고 있다는 뜻이다. 지속적으로 피곤하다고 느낄 때 그 느낌에 귀 기울이고 인정하는 법을 배운다면 마침내 치유가 시작될 수 있다. 나는 치료사, 그리고 기업의 코치들과 나눈 대화를 통해 직업과 사생활에서 한계선을 긋기 위해 취해야 할 조치들을 배웠다. '게으를' 수 있는 권리를 주장함으로써 삶에서 놀이와 휴식과 회복을 위한 공간을 확보할 수 있다는 것을 깨달았다. 또한 해야 할 일 가운데 몇 가지나 해치웠는지를 자아상과 연결하는 것을 멈출 때 비로소 커다란 안도감을 느낄 수 있음을 알게 되었다.

우리가 두려워해야 한다고 배운 게으름은 사실 존재하지 않는다. 우리를 게으르게 만드는, 도덕적으로 부패하고 나태한 힘 따위는 없다. 한계가 있고 휴식이 필요한 것은 죄악이 아니다. 피곤하고 동기를 느끼지 못하는 게 자기 가치를 위협하지 않는다. 사실 우리가 '게으름'으로 치부하는 감정은 인류의 가장 중요한 본능 가운데 하나로, 장기적으로 생존하고 번영하는 법의 핵심이다. 이 책은 '게으름'으로 비난받는 행동과 사회가 '게으르다'고 치부하는 사람을 전폭적으로 옹호하는 변론서다. 과도하게 매진할 위험이 있는 삶의 모든 영역에서 경계를 잘 설정하는 법에 대한 실용적인 조언을 담고 있다. 당신이 가진 최악의 두려움, 즉 구제 불능인 게으름뱅이가 될 것에 대한 걱정이 완전히 잘못되었음을 밝혀 큰 안도감을 줄 것이다.

에너지나 동기가 없을 때는 그럴 만한 이유가 있다. 피곤하고 소진된 사람들은 수치스러운 내면의 악인 '게으름'과 싸우고 있는 게 아니다. 그보다 기초적인 욕구를 가진 것을 비난하는, 요구가 과도하게 많은 일중독 문화에서 살아남기 위해 발버둥 치는 것이다. 몸이 알리는 경고를 무시하고 자기 비난으로 자신을 괴롭히며 벼랑 끝으로 몰고 갈 필요가 없다. 휴식의 필요성을 부정할 필요가 없다. 게으름을 두려워할 필요도 없다. 게으름은 없다.

차례

6장

지치게 하는 관계에서 벗어나는 법

7장

사회가 부과한 당위를 떨쳐버려라

나가는 글

1장

게으름이라는

거짓

나는 시카고 시내 미시간 애비뉴 근처에서 일한다. 매일 아침 출근길에 피로에 지친 직장인과 여유롭게 배회하는 관광객을 지나치며 적어도 대여섯 명이 거리 구석에 앉아 구걸하는 모습을 본다. 나는 평범해 보이는 부모가 노숙자에게 돈을 주려는 자녀를 말리는 모습을 많이 봤다. 그들은 노숙자를 향해 힐긋거리며 아이들에게 이렇게 말한다. 노숙자는 그 돈으로 술을 살 거다, 거짓으로 노숙자 행세를 하는 거다, 형편이 나아지고 싶으면 게으름을 버리고 일을 찾아야 한다.

이런 말을 들으면 나는 화가 난다. 노숙자로 생존하려면 많은 일을 해야 한다는 것을 알기 때문이다. 노숙자는 매일 안전하고 따뜻한 쉼터를 찾기 위해 애쓴다. 모든 소지품과 거리에서 주운 물건들을 항상 짊어지고 다닌다. 물건을 잠시라도 내려놓으면 도둑맞거나 빼앗길 위험이 있기 때문이다. 며칠만 노숙자로 살면 치료도 하지 못한 채 상처를 달고 살거나 정신적 혹은 신체적 질병에 걸려 고생하거나 아니면 둘 다 겪는다. 밤새 편히 잘 수도 없다. 끼니를 해결하거나 노숙자 쉼터에 들어가기 위해 필요한 비용을 모으려면 종일 구걸해야 한다. 정부에서 주는 수당이라도 받으려면 사회복지사, 의사와 정기적으로 만나서 치료와 음식을 받을 자격이 된다는 것을 증명해야 한다. 사람들의 비난과 위협을 참아야 하고 이유 없이 공공장소에서 쫓겨나는 고초를 견뎌야 한다. 매일 생존을 위해 싸우지만 사람들은 그들을 감히 게으르다고 부른다.

내 친구 킴과 그의 배우자, 두 자녀는 집주인의 아파트에서 쫓겨난 후 월마트 주차장에서 여름을 보내야 했다. 킴은 노숙자로 사는 데 가장 큰 어려움은 오명과 비판이라고 말했다. 사람들이 킴이 노숙자라는 것을 깨닫지 못할 때, 그의 가족은 맥도날드에서 콜라를 마시고, 휴대전화를 충전하고, 폭염을 피하며 하루를 보낼 수 있었다. 하지만 이들이 노숙자라는 것을 눈치채는 순간, 사람들의 마음속에서 킴과 배우자는 제 역할을 해내는 부모에서 신뢰할 수 없고 게으른, 사회를 좀먹는 존재로 바뀐다. 킴과 아이들이 어떻게 입고 행동하고 얼마나 많은 음식을 샀는지는 중요하지 않다. 일단 '게으르다'는 낙인이 찍히면 되돌릴 수 없다. 킴의 가족은 가차 없이 식당에서 쫓겨나게 된다.

우리 문화는 '게으른' 사람을 혐오한다. 안타깝게도 '게으름'의 정의는 광범위하다. 술을 끊으려고 노력하지만 매번 실패하는 알코올 중독자는 어떠한가? 너무 게을러서 문제를 극복하지 못하는 사람이다. 우울증에 걸려 입사 지원은커녕 침대에서 겨우 나올 수 있는 실업자는 어떠한가? 역시 게으르다. 매일 쉴 곳을 찾아 헤매고, 풀타임으로 일하고, 그 와중에 짬을 내어 가족이 먹고 자는 고물차 뒷좌석에서 자녀들에게 수학과 읽기를 가르친 킴은 어떠한가? 분명 매우 게으른 사람으로, 가난에서 벗어나기 위해 더 부지런히 일해야 하는 사람이다.

'게으름'이라는 단어는 거의 항상 도덕적 비판과 비난이 담긴 어조로 사용된다. 우리가 누군가를 '게으르다'고 부르면 단순히 에너지가 없다는 뜻이 아니다. 그 단어를 통해 우리는 그들이 큰 잘못을 했거나 무언가 부족하고, 그 결과로서 맞닥뜨리는 모든 나쁜 일을 당해 마땅하다고 암시한다. 게으른 사람은 충분히 열심히 하지 않았고 좋은 결정이 가능해 보일 때도 나쁜 결정을 한 것이다. 게으른 사람은 도움이나 인내심, 연민을 받을 자격이 없다.

어쩌면 다른 사람들의 고통을 이런 식으로 치부하는 게 마음 편할 수 있다(하지만 역겹다). 내가 거리에서 본 모든 노숙자가 '게을러서' 그런 처지가 된 것이라면, 그들에게 한 푼도 줄 필요가 없다. 우리 반에 있는 성적이 나쁜 학생 모두가 너무 '게을러서' 공부를 열심히 하지 않은 것이라면, 나는 교수법을 바꾸거나 늦게 제출한 과제물에 대해 기한을 연장해 줄 필요가 전혀 없다.

하지만 인생은 그렇게 단순하지 않다. 노숙자들 가운데 다수가 트라우마와 학대의 희생자다.[1] 십 대 노숙자들은 대부분 동성애나 성전환을 혐오하는 부모로부터 내쫓겼기 때문에 혹은 위탁 제도가 지원하지 않았기 때문에 거리에서 산다.[2] 만성적 실업 상태인 많은 사람이 적어도 한 가지 이상의 정신 질환을 앓고 있으며, 실업이 길어질수록 증세가 악화되어 고용주들이 괜찮은 후보자로 볼 가능성은 더 줄어든다.[3] 마약 중독자가 약물 사용을 극복하지 못하면 십중팔구 가난과 트라우마와 같은 문제가 더해지고, 그 결과 약물 치료는 매우 복잡하고 어려워진다.[4]

우리가 생각하기에 '충분히 열심히 노력하지 않는다'고 판단된 사람들은 보이지 않는 많은 장벽과 문제에 대항해 용감하게 싸우고 있다. 나는 이것을 학생을 가르치면서도 보았다. 겉보기에 '게으르고' 성적이 낮은 학생들을 자세히 들여다볼 때마다 나는 그들이 정신 건강의 문제, 엄청난 업무 스트레스 혹은 아픈 아이나 노인 가족을 부양하는 책임과 같은 커다란 개인적인 문제를 겪고 있는 것을 발견했다. 한때 내 학생 가운데는 부모 중 한 사람이 죽고, 그 후 자연재해로 집이 파괴되고, 우울증에 걸린 자신의 딸이 입원하는 일을 한 학기 안에 모두 겪은 학생이 있었다. 그 학생은 자신이 겪은 모든 역경에도 불구하고 과제물을 제출하지 못한 것에 죄책감을 느꼈다. 이 모든 비극을 '가짜'라고 말하는 사람들을 위해 어딜 가나 이 일들이 정말로 벌어졌다는 것을 증명하기 위한 증빙 서류를 지니고 다녔다. '게을러' 보일 것에 대한 두려움이 그 정도로 강했다.

왜 우리는 그토록 힘든 사람들을 게으르다고 생각할까? 한 가지 이유는 인간이 겪는 고통이 대부분 외부인의 눈에 보이지 않기 때문이다. 먼저 나서서 불안 장애와 가난, 그리고 아픈 아이를 돌본다고 이야기하지 않는 한, 우리는 타인의 사정을 결코 알지 못한다. 버스 정류장 근처에 있는 노숙자와 대화를 나누지 않으면, 나는 그에게 트라우마를 남긴 뇌 손상과 그로 인해 아침에 옷을 입는 것과 같은 기본적인 일상생활도 힘들다는 것을 들을 수 없다. 일을 제대로 못 하는 동료가 있어도 나는 그의 동기 결여가 만성 우울증에 의한 것인지 알 방법이 없다. 실제로는 무척 힘들게 버티고 있지만 내 눈에는 그가 그저 무능해 보일 수 있다. 사회로부터 반복적으로 소외당하면, 필사적으로 애쓰고 있을 때조차 가망이 전혀 없는 사람으로 보이는 경향이 있다.

우리가 '게으르다'고 치부하는 사람은 대개 절대적인 한계에 다다른 사람이다. 그들 역시 엄청나게 많은 책임과 스트레스를 끌어안으며 매우 열심히 일한다. 하지만 그들에게 가해진 요구가 그들이 동원할 수 있는 자원보다 크기 때문에 우리 눈에 그들은 아무것도 안 하는 것처럼 보인다. 게다가 우리는 개인 문제를 용납될 수 없는 변명으로 보도록 배웠다.

지는 수년간 헤로인 중독을 이겨내기 위해 싸운 후 취업 시장에 다시 뛰어들었다. 그는 재활 프로그램을 통해 중독과 싸우고, 집단치료를 통해 생활에 필요한 기초적인 기능을 배우고, 자원봉사를 통해 자기감을 되살리기 위해 애썼다. 하지만 잠재적 고용주들이 지의 이력서에서 몇 년의 공백기를 발견하면, 그 시간 동안 아무것도 하지 않았다고 평가한다. 심지어 지의 가족과 친구들 가운데도 그의 회복기를 버려진 시간으로 생각하는 사람들이 있다. 우리는 마약 중독이 행동 및 정신 장애라는 것과 대부분 끊으려는 시도를 수차례 한 후에야 성공한다는 것을 통계를 통해 알고 있다. 하지만 약물 남용 질환을 앓는 사람들이 그렇게 된 도덕적 책임은 그들에게 있으며, 치료 중단 후 재발하면 마치 그들이 기꺼이

약물을 선택한 것처럼 여긴다.[5]

우리는 타인에 대해서만 이런 식으로 바라보고 판단하는 게 아니다. 우리 자신에 대해서도 이렇게 한다. 대부분 자신에게 말도 안 되게 높은 기준을 적용한 뒤 일을 더 하고, 덜 쉬어야 한다고 느낀다. 우울증, 양육, 불안, 트라우마, 허리 통증이나 단순히 인간으로 사는 것과 같은 개인적인 문제들이 충분히 타당한 변명거리가 되지 않는다고 생각한다. 초인적인 수준의 성취를 해야 하고, 그러지 못할 때 게으르다고 자신을 질책한다.

우리는 모두 게으름에 대한 거짓말을 듣고 살았다. 우리 문화는 의지만 있으면 성공할 수 있으며, 무너질 때까지 자신을 몰아붙이는 게 편안하게 사는 것보다 도덕적으로 우월하다는 믿음을 주었다. 한계는 무엇이든 게으름의 표시이며, 따라서 사랑받거나 편안함을 누릴 자격이 없다고 배웠다. 이것이 바로 게으름이라는 거짓이며, 이 거짓은 늘 우리 곁에 존재하며 우리를 비판적이게 하고, 스트레스를 받게 하고, 과도하게 무리하면서도 노력이 부족하다고 믿게 한다. 게으름이라는 거짓을 이겨 내려면 우리는 당당하게 맞서서 그것을 분석해 내고 게으름이 우리의 삶과 신념 체계와 타인과의 관계 방식에 가하는 해로운 영향을 제대로 이해해야 한다.

게으름이라는

거짓은 무엇인가?

게으름이라는 거짓은 열심히 일하는 것이 쉬는 것보다 도덕적으로 우월하며, 생산적이지 않은 사람은 생산적인 사람보다 내재된 가치가 적다는 신념 체계다. 사람들은 이러한 생각과 가치를 공공연하게 말하지 않지만 모두 품고 있다. 이 거짓은 우리가 일하는 방식과 관계에서 선을 긋는 법과 삶이 어떠해야 하는지에 관한 관점에 영향을 준다.

게으름이라는 거짓은 크게 세 가지 교리로 구성된다.

- 당신의 가치가 곧 당신의 생산성이다.
- 자신의 감정과 한계를 신뢰할 수 없다.
- 항상 더 할 수 있는 여지가 있다.

우리는 어떻게 게으름이라는 거짓에 세뇌되는가? 대개 부모는 자녀를 앉혀 놓고 이 원칙들을 주입하지 않는다. 그보다 긴 세월 동안 관찰하고 패턴을 인식해 서서히 흡수한다. 부모가 자녀에게 노숙자는 너무 '게을러서' 도움을 받을 자격이 없으니 돈을 주지 말라고 말하면, 게으름이라는 거짓의 씨앗이 아이 뇌에 심어진다. 텔레비전에서 장애인이 당연히 누려야 할 도움을 받는 대신 순전히 의지력으로 장애를 '극복'했다고 묘사하면, 게으름이라는 거짓은 좀 더 강력해진다. 꼭 필요한 병가를 낸 것에 대해 관리자가 문제를 제기하거나 비난할 때마다 게으름이라는 거짓은 개인의 심리에 한층 더 파고든다.

우리는 근면 성실이 보상받고 한계를 갖는 것은 수치의 원천으로 여겨지는 세상에 살고 있다. 그러니 많은 사람은 끊임없이 무리하고 무언가 거절하면 어떻게 보일지 걱정하며 어쩔 수 없이 받아들인다. 당신이 게으름이라는 거짓의 세 가지 교리에 전적으로 동의하지 않더라도 아마 이런 메시지들을 흡수했을 것이며, 그것들이 당신의 목표 설정 방식과 타인을 바라보는 방식에 영향을 미쳤을 것이다. 내가 이 교리들을 하나씩 분석하는 동안 그것들이 당신의 마음에 얼마나 깊이 새겨져 있는지, 매일 당신의 행동에 어떻게 영향을 미치는지 곰곰이 생각해 보길 바란다.

당신의 가치는 곧 당신의 생산성이다

십 대 아이들에게 미래에 대해 말할 때, 우리는 그들에게 무엇을 하고 싶은지 묻는다. 달리 말해 사회와 고용주에게 어떤 종류의 가치를 기여하고 싶은지 묻는다. 반대로 어떤 일에 열정을 느끼는지, 무엇이 그들을 행복하게 하거나 마음의 평화를 주는지는 거의 묻지 않는다. 우리는 사람들을 직업으로 정의한다. 그는 배우다, 그는 장의사다와 같이 타인에게 제공하는 노동을 기준으로 분류한다. 생산적이던 사람이 부상, 질병, 비극적인 개인사 혹은 노화로 예전만큼 못 해내면, 그가 정체성의 핵심적인 부분을 상실한 것으로 여기고 부정적인 프레임을 씌운다. 해야 할 일이 없을 때 살아야 할 이유가 없는 것처럼 느낄 수 있다.

물론 많은 사람이 이런 식으로 생각하고 말하는 건 전적으로 이해된다. 우리가 사는 세상은 안락하고 안전한 삶을 결코 보장하지 않는다. 일하지 않는(혹은 일할 수 없는) 사람은 대부분 고생하고 산다. 실업자와 가난한 사람은 일을 하는 중산층 사람보다 이른 나이에 사망한다.[6] 우리는 일을 중심으로 구성된 세상에 살기 때문에 일을 하지 않으면 사회적으로 고립되고 이미 겪고 있을 정신적, 신체적 문제가 악화될 수 있다.[7] 생산적이지 못한 삶의 대가는 혹독하다. 그 결과 많은 사람은 재정적, 직업적 전망에 대해 끊임없이 스트레스를 받고 산다. 우리가 얼마나 일하는지에 관해 엄청난 불안을 느끼고 산다는 뜻이다.

마이클은 바텐더다. 그는 시카고 남부에 사는, 정신 질환이 있는 이탈리아계 노동자 계층 가정에서 성장했다. 평탄하지 않은 환경이었지만 스스로 삶을 일구었고, 먹고사는 데 필요한 기술을 익혔다. 현재 그는 어떤 일도 마다하지 않는다. 시카고에서 유능한 바텐더로 살면 많은 사람에게서 교대 근무를 대신해 달라는 요청을 듣는다. 마이클은 부탁받는 모든 일을 수락하고 시카고 전역의 이 바에서 저 바로 옮겨 다니며 일한다. 새벽에 고작 한두 시간밖에 못 잔다 해도 말이다. 스케줄이 너무 빡빡해서 인터뷰 일정을 잡는 데 몇 주가 걸렸다.

"내 삶이 전부 소진되었어요." 마이클이 내게 말했다. "내 가게를 소유했을 때는 주당 90시간씩 일했어요. 밤에는 남자 화장실 바닥에서 잤어요. 행사를 예약하고, 안주와 칵테일 메뉴를 적고, 주문한 물품을 받고, 바텐더 일도 했죠. 하지만 바가 망했을 때는 기회가 닿는 일은 무엇이든 했어요."

마이클은 항상 이런 식으로 살았다. 십 대에 그는 발레리노였다. 혹독한 연습을 강조하는 발레의 세계에서 깨어 있는 모든 시간에 훈련과 연습을 하고, 몸이 망가지는 신호는 무시하라고 배웠다. 마이클은 이런 태도를 성인이 되어서까지 유지하며 수십 년간 가열차게 일했다. 여행할 때조차 그곳에서 할 수 있는 바텐더 교대 근무가 있는지 알아본다. 그는 휴식을 모른다. 늘 일하는 시간과 소득을 꼼꼼히 살펴 관리하지만 항상 속을 끓인다. "이번 달에는 380시간 일했어요." 참고로 말하자면, 표준 주당 40시간 근무를 한 달에 적용하면 최대 160시간 정도다.

마이클의 강박적인 일 습관은 내가 겪은 것과 많은 면에서 오싹할 정도로 비슷한 결과를 초래했다. 몇 년 전 마이클의 바가 망했을 때, 그는 스트레스로 피를 토하기 시작했다. 게다가 내가 그랬던 것처럼 매일 아침 심한 오한을 겪었다. 하지만 병을 무시하고 계속 무리했다.

우리 가운데 유독 운이 좋은 사람은 이런 식으로 수년간 살다가 은퇴한다. 하지만 일이 정체성의 중심이라고 배웠기 때문에 갑자기 변한 삶의 속도에 어떻게 대처해야 할지 모른다. 은퇴한 사람들은 대개 우울해지고 삶에 목적이 없어졌다고 말한다.[8] 실업자와 마찬가지 상태로 느끼는 것이다. 이렇게 고립되고 일상의 체계가 사라지는 바람에 병이 들어 심장 질환에 걸릴 위험이 높아진다.[9] 많은 사람이 성인기 내내 은퇴 후 삶을 두려워하거나 건강을 망칠 정도로 계속 일하며 은퇴 시점을 늦춘다.[10]

코로나바이러스가 시카고를 덮쳐서 모든 바가 문을 닫았을 때, 마이클은 바로 당혹감과 공포감에 사로잡혔다. 성인이 된 후 거의 매일 일을 했기에 바가 문을 닫자 무엇을 해야 할지, 어떻게 돈을 벌어야 할지 알 수 없었다. 마이클은 다른 서비스업 종사자를 많이 알았는데, 그중 일부가 불법 바를 차릴 만한 빈 건물들을 그에게 알려주었다. 서비스업에 종사하지 않는 다른 친구들은 마이클이 그런 가게를 열어 모두를 위험에 빠뜨릴지도 모른다고 생각했다. 결국 누군가 다시 고민해 보라고 그를 설득했다.

마이클의 불법 바 계획에 나도 경악했지만, 그럴 수밖에 없었던 사정을 이해한다. 먹고살기 위해 자구책을 마련해야 했고, 역경에서 벗어나려면 자신이 입을 피해 따위는 신경 쓰지 않고 열심히 일하는 수밖에 없었다. 마이클은 과거에 이미 너무 열심히 일하다 피를 토한 적이 있었다. 그의 관점에서 급성 호흡기 질환에 걸릴 위험은 피를 토하는 것과 별반 다르지 않았다.

사회적 거리 두기 시작 후 2주가 지나고 나서 마이클이 내게 문자를 보냈다. "망할 놈의 일자리를 다시 구할 때까지 마냥 기다릴 수 없어요. 열네 살 이후로 이렇게 오랫동안 놀아보긴 처음이에요. 미치겠어요."

우리의 선택이 항상 마이클만큼 극단적이지 않더라도, 많은 사람이 그와 비슷하다. 우리는 일을 더 하지 않으면 삶이 망가질 거라는 강박적인 두려움 때문에 반사적으로 새로운 일을 맡는다. 재정적, 직업적 안정을 얻고자 건강을 포기하고, 휴식과 운동 그리고 사람들과 교류 등을 하기 위해 충분한 시간을 갖는 것과 먹고살기 위해 충분한 시간 일하는 것 사이에서 결국 후자를 선택한다. 매우 슬프게도 이러는 이유는 우리가 실제로 경제적으로 얼마나 취약한지 잘 알기 때문이다. 바이러스와 같은 전 세계적인 재앙을 겪으며 마이클은 과거에 최대한 많이 일하기를 잘했다고 확신하게 되었다. 그렇게 하지 않았다면 얼마 안 되는 비상금마저 마련하지 못했을 것이기 때문이다.

만성적으로 과로하는 사람은 몸이 원하는 것을 무시하기 일쑤다. 경제 제도와 문화는 우리에게 한계는 얼마든지 조절할 수 있는 것이라고 가르쳤다. 우리는 자신을 간과하고 건강을 돈이나 성취를 얻기 위해 포기할 수 있는 자원으로 본다. 이런 생각 때문에 게으름이라는 거짓의 두 번째 교리가 탄생한다. 우리는 지치거나 아프다는 자신의 느낌을 받아들이지 않아야 하며 어떠한 한계도 인정할 수 없다는 믿음이다.

자신의 감정과 한계를 신뢰할 수 없다

에릭 보이드는 성공한 소설가이지만, 일을 망쳐서 모든 것을 잃을까 봐 늘 전전긍긍한다. 두려움은 매우 타당한 근거에서 비롯되었다. 작가가 되기 전 보이드는 수감된 적이 있었다. 일을 통해 얻게 된 안락함과 안정감이 한순간 사라질 수 있음을 직접 경험한 것이다. 그는 전과자라서 다른 사람만큼 쉽게 일을 구할 수 없다. 그래서 연설, 강의, 글쓰기 아르바이트로 스케줄이 꽉 차 있어도 돈을 받고 임상 실험에 참여하고 다른 부업들을 놓치지 않는 등 끊임없이 일한다. 한밤중에 이 도시에서 저 도시로 날아가야 하는 일이라도 글쓰기와 공연을 할 기회라면 절대로 거절하지 않는다. 자신을 끝까지 몰아붙이지 않으면 게을러져서 결코 돌이킬 수 없게 될까 봐 두렵다.

　나는 무리해서 일하는 사람들 수십 명과 이야기해 봤는데, 그들 모두 이러한 두려움을 갖고 있었다. 많은 시간 동안 일하고 실제로 버틸 수 있는 것보다 더 자주 일을 수락하는 사람들은 스스로 '게으르다'고 생각한다. 그들은 속으로 자신이 이기적이고, 부족하고, 동기가 결여되어 있다는 두려움에 고통받고 있다. 모순처럼 들리지만 이것이 바로 게으름이라는 거짓의 핵심이다. 그리고 이런 생각이야말로 가장 위험한 결과를 초래하는 믿음이다.

　게으름이라는 거짓은 우리 모두 나태해지고 무능해질 수 있으며, 약하다는 신호는 무엇이든 불길하다고 말한다. 이 거짓 때문에 많은 사람이 마음속으로 자신은 동기가 있고 유능한 사람인 척하는 것이지 실제로는 그렇지 않다고 확신한다. 이기적이고 나태한 본능을 극복하는 유일한 방법은 몸이 보내는 신호를 무시하고, 쉬지 않고, 병에 걸렸다는 이유로 일의 속도를 늦추지 않는 것이다.

　게으름이라는 거짓의 이러한 측면은 우리에게 기본적인 욕구와 필요를 두려워하고 혐오하라고 가르친다. 피곤한가? 그건 잠이 필요하다는 신호가 아니다. 그냥 게으른 것이다. 어떤 복잡한 것에 집중하기가 어려운가? 정신이 산만해졌거나 힘들어서가 아니라 정반대다. 집중을 잘하려면 더 많은 일을 해야 한다. 한때 좋아했던 일이 싫어졌는가? 철이 없는 것이다. 부끄러울 정도로 동기가 없다면 극복하기 위해 자신을 더 몰아붙여야 한다.

이 신념 체계를 믿을 때 우리에게 무엇이 필요한지 파악하기가 매우 어려워진다. 2014년에 심각하게 아팠을 때 때때로 나는 내 병을 의심했다. 내가 마음속으로 열을 만들어내고 사랑하는 사람들을 조종해 나를 안타까워하도록 만드는 것이 아닌가라는 생각이 들었다. 심지어 의사조차 내가 말한 만큼 아픈 게 맞는지 의심했다. 의사는 매일 저녁 체온을 기록하라고 했고, 나는 체온을 적은 작은 노트를 제출했다. 기록을 보니 거의 매일 저녁 39도가 넘는 고열에 시달리고 있었다. 그때조차 주변에 걱정이나 끼치는 존재라며 죄책감을 느꼈다. 왜 내게 회복될 만큼 충분한 의지력이 없는지 한탄했다.

우리의 몸과 마음은 감기, 배고픔, 탈수 혹은 정신적 피로가 다가오면 경고하는 조기 경보 신호를 보낸다. 아침에 일어났는데 목안이 쓰라리거나 입안이 쓰면 바이러스가 침투했다는 신호다. 이때 미리 휴식을 취하면 병에 걸리는 일을 미연에 방지할 수 있다. 음식 생각이 머리를 떠나지 않아 집중이 안 되면 배고픔을 참을 수 없는 지경이 되기까지 기다리는 대신 간식을 먹을 수 있다.[11] 책 한 페이지를 읽는 게 정신적으로 너무 피로하면, 뇌를 잠시 쉬어줘야 한다는 신호로 볼 수 있다.

하지만 게으름이라는 거짓에 따르면 이러한 것들은 유용한 경고 신호가 아니다. 기만일 뿐이다. 간식도, 차 한 잔도, 일요일 아침 침대 위에서 뒹구는 게으름도 필요 없다. 이런 것들은 당신이 가진 최악의 충동으로, 바람직하지 않게 행동하도록 유도한다. 게으름이라는 거짓은 당신이 몸의 경고를 무시하고, 불편함을 감수하고 자신을 밀어붙이고, 최소한의 편의만을 청하도록 부추긴다. 그리고 그 모든 고군분투와 자기 부인의 끝에 보상은 없다. 쉬어갈 권리를 결코 얻지 못한다. 게으름이라는 거짓이 결코 충분히 할 수 없다고 가르치기 때문이다.

항상 더 할 수 있는 여지가 있다

게으름이라는 거짓은 우리가 불가능한 수준의 생산성을 바라도록 조장한다. 근무 중 8시간 동안 흐트러지지 않고 집중한 후, 저녁에 운동하고 인스타그램에 나올 법한 근사한 집밥을 해 먹고, 꽤 괜찮은 부업을 하게 한다. 게으름이라는 거짓에 따르면, 가치 있는 사람은 하루를 이상적으로 근면 성실하게 채운다. 의사와의 진료를 빼먹거나, 주유할 때를 놓치거나, 헬스장에 가지 않는 일 따위 없다. 누군가 선거일에 3교대로 근무하느라 너무 피곤해서 투표를 하지 못하면, 게으름이라는 거짓은 이 나라 정치에서 잘못된 모든 일은 다 그들의 탓이라고 비난한다. 학생이 파트타임으로 종일 아이를 돌본 후 공부할 기력이 없으면, 게으름이라는 거짓은 그가 학위를 딸 만큼 충분히 똑똑하거나 성실하지 않다고 말한다.

게으름이라는 거짓이 우리에게 끊임없이 무언가를 해야 한다고 설득하기 위해 동원하는 이유에는 한계가 없다. 우리의 바람에는,

천장이 없기 때문에 끝이 없다. 당신이 성실한 직원이라면, 이 거짓은 자발적으로 무언가를 더 하지 못했다고, 혹은 가족과 친구를 위해 충분히 하지 못했다며 당신을 비난할 것이다. 다른 사람들을 보살피고 그들이 필요한 것을 챙기는 데 헌신한다면, 이 거짓은 당신이 운동을 충분히 하지 않거나 집안 정리가 안 되어 있다고 지적할 것이다. 큰 상을 받거나 삶을 바꿀 만한 이정표에 도달했다면, 이 거짓은 공손하게 웃으면서 "아주 좋습니다. 하지만 다음 계획은 무엇인가요?" 하고 물을 것이다.

우리 모두 성취에 대해 큰 자부심을 갖도록 배웠다. 하지만 어떤 대단한 일을 해냈을 때 그것에 안주하지 말라는 말을 듣는다. 아무리 대단한 성공을 거둔다 해도 사회는 멈추고 숨 고르기를 하도록 놔두지 않는다. *다음은 뭔데? 다른 건?* 하고 끝없이 궁금해한다. 게으름이라는 거짓은 열심히 할수록 더 좋은 사람이 된다고 가르치지만, 수용할 정도의 '열심히'가 어느 정도인지 실제로 정의하지 않는다. 약한 모습이나 쉬어야 함을 결코 인정하지 않음으로써 우리가 애초에 실패할 수밖에 없는 상황을 만든다.

✦

지난해 어머니가 골반을 다쳤다. 치위생사인 어머니는 휴식을 취하고 물리치료를 받는 대신 온종일 서서 일하며 상태를 악화시켰다. 몸이 버티지 못한다는 것을 알면서도 몇 주간(그리고 나중엔 몇 달간) 계속 일했다. 당연히 나을 수 없었다.

걷거나 서는 게 더 힘들어지자 어머니는 출근하는 것을 두려워하기 시작했다. 그럼에도 은퇴를 계속 미뤘다. 40년 넘게 치위생사로 일하면서 늘 내게 말했다. 그 일이 어머니의 정체성이며, 성인으로서 어머니가 해낸 유일한 일이라고. 이런 이유에서 은퇴를 미루고 미루다 결국 통증이 너무 심해져서 정해진 교대 근무마다 전화로 병가를 내는 상황이 벌어졌다. 어머니가 바랐던 것과 달리 은퇴는 매우 갑작스레 결정되었고, 동료에게 문자 메시지로 통보하게 되었다.

게으름이라는 거짓 때문에 어머니는 일을 그만두어야 할 때라는 것을 인정하지 못했다. 이 거짓은 사람들이 회복할 시간을 갖는 것을, 진심으로 사랑하는 일을 하며 젊고 건강한 시절을 보내는 것을 막는다. 그래서 많은 사람이 비슷한 방식으로 자학하며, 건강과 관계와 세월을 근면의 제단에 제물로 바친다. 이것이 게으름이라는 거짓이 우리에게 저지른 만행이다. 이 거짓 때문에 우리는 느리고 여유롭게 사는 것을 두려워한다.

세상을 이런 식으로 이해했기 때문에 사람들은 타인에게 연민을 보이는 것은 말할 것도 없고 자신을 보살피는 능력마저 빼앗겼다. 설상가상으로 게으름이라는 거짓은 우리의 문화와 가치에 너무도 깊이 파고들어서 많은 사람이 그것에 대해 문제를 제기할 생각조차 하지 못한다. 그것이 광범위하게 미치는 영향과 우리 문화에 얼마나 뿌리 깊게 박혀 있는지 제대로 이해하려면, 수백 년 전으로 거슬러 올라가 자본주의의 기원을 살펴봐야 한다.

게으름이라는 거짓은

어디에서 왔는가?

게으름이라는 거짓은 미국의 신화와 가치 체계에 깊이 새겨져 있다. 제국주의와 노예제의 유산, 그리고 미국이 교역 상대국들에 지금도 행하는 영향력 때문에 게으름이라는 거짓은 지구상의 거의 모든 국가와 문화로 확산되었다.

'게으른lazy'이라는 단어는 1540년경에 영국에서 처음 등장했다. 그때도 이 단어는 일이나 노력하기를 싫어하는 누군가를 비판할 때 사용되었다.[12] 많은 어원학자가 이 말이 '연약한feeble' 혹은 '약한weak'이라는 뜻의 중기 저지 독일어 lasich[13] 혹은 '거짓false' 혹은 '악evil'이라는 뜻의 고대 영단어 lesu[14]에서 유래했다고 믿는다. 이 두 가지 기원은 누군가를 게으르다고 부를 때마다 특이한 이중 화법이 작용한다는 것을 보여준다. 누군가를 게으르다고 말하면, 우리는 그가 (신체적으로나 정신적으로) 약해서 일을 완수할 수 없다고 말하는 것이지만, 동시에 그런 능력이 없어서 도덕적으로 부패하다고 주장하는 것이기도 하다. 이 단어는 그들이 근본적으로 인간으로서 실패작이라고 암시한다. 게으른 사람은 고통받아 마땅한 사악한 사기꾼이라는 생각이 처음부터 이 단어에 내재되어 있었다.

게으름이라는 거짓이 미국 전역에 확산되게 한 주요한 요인들 가운데 하나는 청교도인의 이주였다. 청교도인들은 누군가 근면 성실한 일꾼이라면, 그것은 신이 그를 구원하기 위해 선택했다는 신호라고 오랫동안 믿어왔다. 반대로 누군가 주어진 일에 집중하지 못하거나 스스로 동기 부여를 할 수 없다면, 그것은 이미 저주받았다는 신호였다.[15] 물론 이것은 자신의 책임을 다하지 못하는 사람은 동정할 필요도 없다는 뜻이었다. 이런 사람에게 성공할 의지가 없다는 것은 천국행을 위한 신의 선택을 받지 못했다는 것을 세상에 보여주는 일이었다. 청교도인들이 미국에 왔을 때, 그들의 사상은 신앙심이 덜한 식민지인들에게도 유포되었다.[16] 많은 이유에서 '게으른 사람'을 비판하고 처벌하는 신념 체계가 큰 인기를 얻었고 정치적으로도 유용했다.

식민지 미국은 노예, 그리고 계약된 하인들의 노동에 의존했다.[17] 식민지에서 부유층에게는 노예들이 일을 열심히 하도록 동기를 부여하는 방법을 찾는 게 매우 중요했다. 물론 노예들은 그것으로부터 얻는 게 전혀 없었다.[18] 그렇게 하는 강력한 방법 중 하나는 종교적 가르침과 교화였다. 노동이 도덕성을 높인다는 오래된 청교도 사상은 생산성에 집착하는 기독교로부터 발전해 노예들에게 강요되었다. 이런 종류의 기독교는 고통이 도덕적으로 정당하며 노예들은 유순하고 순종적이고 가장 중요하게는 근면 성실하면 천국에서 보상받게 된다고 가르쳤다.[19]

다른 한편으로는 노예가 나태하거나 '게으르면' 근본적으로 부패하거나 잘못된 면이 있는 것으로 여겼다.[20] 주인들은 노예들이 한가하면 반란이나 폭동을 일으킬 수단이 생길까 봐 두려워했고 최대한 바쁘게 일을 시켜 지치게 했다.[21] 더 끔찍하게는, 도망가려는 노예들을 정신병이나 '탈주 노예 질환'을 앓는 것으로 보았다.[22] 노예들이 사회에서 맡을 수 있는 적절한 역할을 인정하지 않음으로써 노예들에게 문제가 있는 것으로 비춰지게 했다.[23]

게으름이라는 거짓이 탄생했다. 이 거짓은 계약 하인, 가난한 백인 노동자 그리고 정부에서 운영하는 기숙학교에 강제로 편입된 원주민을 비롯한 여타의 소외된 사람에게까지 빠르게 확산되었다.[24] 착취당하는 이 집단들은 불평 없이 열심히 일하는 게 미덕이며, 자유 시간을 원하는 것은 도덕적으로 문제가 있다는 가르침을 받았다. 산업혁명이 미국에 큰 변화를 가져와 점점 더 많은 미국인이 생산 공장에서 장시간 일하게 되자 게으름이라는 거짓은 한층 더 강조되었다. 부유하고 고등교육을 받은 사람들은 신뢰할 수 없는 가난한 백인들에게 '한가한' 시간을 줄 수 없다고 주장하기 시작했다. 사실 휴식 시간이 너무 많으면 사람이 반사회적이 될 수 있었다.[25] 그 시절에는 가난한 근로자들이 계속 바쁘지 않으면 범죄와 술에 의지하게 되어 사회에 큰 혼란이 생길 것이라고 주장하는 선전이 자주 있었다.[26] 게으름은 공식적으로 개인의 실패이자 퇴치해야 할 사회악이 되었다. 그리고 그 이후 지금까지 이런 관점은 계속되었다.

✒

우리는 그 시절부터 대중매체에서 게으름이라는 거짓의 신조를 볼 수 있다. 1800년대 후반, 작가 허레이쇼 앨저Horatio Alger는 가난으로 고생하는 등장인물들이 열심히 일하면 상류 계층으로 신분이 상승할 수 있다는 이야기를 많이 발표했다. 이 책들이 인기를 얻게 되자 가난한 사람이 안락한 삶을 원한다면 '스스로의 노력과 능력을 열심히 발휘하기'만 하면 된다는 생각이 퍼졌다.[27] 1950년대 이후 복음주의 전도사들이 예수를 섬기는 삶을 살면 많은 일자리, 재산, 성공을 얻는 보상을 받게 된다고 주장하는 번영 신학과 유사한 사상을 널리 알렸다.[28]

그 후 수십 년 동안 게으름이라는 거짓은 널리 유포되어 수많은 영화, 연극, 텔레비전 프로그램에 침투했다. 전설의 거인 나무꾼 폴 버니언과 유명한 사과 묘목상이자 개척자인 조니 애플시드의 이야기부터 강인하고 독립적인 카우보이가 등장하는 영화, 콘래드 힐

턴과 같은 기업가들의 비망록까지 미국 문화에서 유명한 전설들은 강력한 의지력 하나로 자수성가해 사회를 변화시킨 근면 성실한 집념의 인물에 관한 이야기가 되었다.[29] 이러한 이야기 속 영웅은 항상 다른 누구의 도움이 필요 없는 강인한 백인 남성이다. 대개 사회적으로 고립되어 가까운 인맥도 없고, 흔히 사회의 규칙을 무시한다. 모든 면에서 독립심의 화신이며, 오직 강인한 성격과 불굴의 집념 하나로 성공을 이룬 이런 신화들은 많은 사람에게 영감을 주고 어필하지만, 그 속에 음험한 암시를 담고 있다. 바로 성공하지 못한다면 그것은 충분히 하지 않았기 때문이라는 메시지다.

게으름이라는 거짓을 믿는 사람들에게 경제 개혁, 노동자를 위한 법적 보호, 복지 제도와 같은 것은 불필요해 보인다. 성공을 원하는 사람은 그저 혼자서 열심히만 하면 되기 때문이다. 지난 30년 동안 연구한 결과, 미국인 대다수가 이런 식으로 생각하고 있음이 밝혀졌다. 우리 가운데 많은 사람이 본능적으로 누군가의 불행에 대해 먼저 그를 탓하며, 특히 그 불행을 게으름의 탓으로 돌린다는 점에서 그러하다.[30] 또 다른 연구에 따르면, 우리가 세상이 공정하고 자업자득이 통한다고 믿으면, 사회복지 제도를 지지하고 가난한 사람들과 그들의 궁핍에 대해 동정심을 가질 가능성이 줄어든다.[31]

노숙자에게 돈을 주지 말라고 자녀에게 말하는 부모와 마찬가지로 미국인들은 게으른 사람에게 베푸는 관대함, 연민, 상호부조는 '낭비'라고 여긴다. 아울러 세상이 독립적인 사람들에 의해서만 만들어졌다고 믿으면, 서로 의지하고 연민을 가질 필요가 사라진다. 심지어 타인에게 의지하면 발전에 위협이 된다고 본다.

게으름이라는 거짓에 수십 년간 노출되면 공적인 의식에 지대한 영향을 준다. 많은 사람이 경제적 불평등의 희생자들이 없이 사는 것은 다 그들의 탓이라고 쉽게 말한다. 이런 관점은 우리 자신의 한계를 혐오하게 만들어 피곤함이나 쉬고 싶은 욕구를 실패의 신호로 보게 만들었다. 더불어 한계나 경계 없이 계속 더 열심히 일해야 한다는 강력한 내적 압박감을 갖게 했다. 소셜 미디어와 디지털 업무 도구들이 등장하는 바람에 이런 압박을 떨쳐내기가 더 어려워졌다.

게으름이라는 거짓은

어디에나 있다

　허레이쇼 앨저의 소설만큼이나 오늘날의 대중매체도 근면 성실을 숭배하고 게으른 사람을 경시하라고 가르친다. 영화부터 점심 시간에 보는 유튜브 동영상까지, 우리는 성실함과 개인주의를 추앙하는 이야기들에 둘러싸여 있다. 현재 가장 인기 있는 유명 인사들 중에는 스스로를 극도의 특권을 누리는 운 좋은 거물이라기보다 '자수성가'한 기업인으로 묘사하는 사람들이 많다. 가상의 영웅들은 타인을 돕거나 도움을 받았기 때문이 아니라 동기와 집념이 유독 강하기 때문에 악을 극복하고 꿈을 이룬다. 반대로 한계와 신체장애나 정신 질환과 같은 개인적인 문제를 가진 인물은 십중팔구 악당이거나 동정의 대상이지만 존중받을 만한 자격은 없는 우스꽝스러운 부차적인 인물로 묘사된다.[32]

　존 윅은 거의 오롯이 혼자 힘으로 적들을 물리치고 늘 은퇴를 다

짐하지만 적들과 싸우느라 은퇴를 하지 못하기 때문에 우상화된 액션 영화의 주인공이 되었다. 암살자, 스파이, 특출하게 유능한 군인에 관한 많은 이야기가 유사한 궤적을 보이는데, 아무리 일이 어렵고 그들을 괴롭게 해도 주어진 일을 절대 포기할 수 없는 냉철하고 진중한 남자들의 삶을 그린다. 〈블레이드러너〉부터 〈유주얼 서스펙트〉, 〈인셉션〉까지 미국에서 가장 전형적이고 상징적인 액션 영화들 가운데는 존 윅처럼 마지막 임무를 위해 은퇴를 계속 미루는 인물이 등장하는 작품들이 있다.[33] 물론 그 마지막 임무는 결코 마지막이 될 수 없다. 항상 더 큰 임무와 더 중요한 새로운 기회가 나오는 속편이 있다.

〈어벤져스: 엔드게임〉에서 토르는 은하계에 재앙이 닥치자 칩거하며 알코올 중독에 걸려 게으름뱅이가 된, 비웃음을 사는 존재로 그려진다. 이 영화는 살찐 토르를 등장시켜 살을 통해 인생이 얼마나 나빠지는지 암시하고 조롱한다. 이 영화의 서사에서 토르가 많은 친구를 잃었고 상상할 수 없는 재앙이 우주 전체에 확산되는 모습을 지켜봤다는 것은 중요하지 않다. 그것은 토르가 비생산적이고 형편없는 상태로 전락하게 된 변명이 되지 못한다. 트라우마와 슬픔에 대해 조롱할 만한 것, 한심한 것으로 보는 반응이 전형적이며, 우울증과 중독 문제를 겪는 시청자가 그렇듯이 수많은 살찐 시청자는 이 과정에서 모욕당하고 인격을 박탈당한다.

강력한 개인주의적인 캐릭터에 대한 이러한 집착은 수십 년 동안 우리 문화에 팽배했다. 〈매트릭스〉, 〈스타워즈〉와 〈해리포터〉의 시리즈는 모두 주인공이 악을 물리치기 위해 모든 것을 희생해야 하는 '선택받은 자'인 게 중요하다고 강조한다. 물론 주인공에게는 이야기 내내 그들을 지지하는 친구들이 있지만, 마지막 순간이 오면 승리를 거머쥐기 위해 거의 항상 홀로 고통받고 고군분투해야 했다. 그들은 다른 사람에게는 없는 특별한 능력이 있으며, 그 능력을 이용해 세상을 구해야 한다는 말을 듣는다. 이것은 시청자에게 우리가 가진 기술과 재능이 사실 이용되기 위해 존재한다고 가르치는 것이다. 시간, 재능, 심지어 목숨까지도 타인에게 기꺼이 내어주지 않으면 영웅도, 선한 존재도 아니다.

또한 〈드래곤 볼 슈퍼〉와 〈나의 히어로 아카데미아〉와 같이 현재 텔레비전에서 가장 인기 있는 어린이 프로그램 다수가 다치거나 고통을 받을 정도로 애쓰며 열심히 일하는 사람을 중점적으로 다룬다. 나는 어릴 적에 초창기 〈드래곤 볼〉을 보고 전투에서 이기기 위해 자신을 죽음 직전까지 내모는 캐릭터들과 나를 동일시했다. 이 만화에서는 어린아이들이 피가 흐르고 부상을 당하면서도 항상 계속 싸워야 하는 모습이 아무렇지 않게 자주 묘사되었다. 당시 나는 그들의 전념을 멋지다고 생각해 그들처럼 강해지고 싶었다. 어른이 된 지금 그런 폭력과 명백한 아동 학대가 이와 같은 프로그램들에서 '열심히 하는 것'으로 추앙받는다는 사실에 경악을 금치 못한다. 심지어 〈스티븐 유니버스〉와 〈아바타: 아앙의 전설〉

과 같이 도덕적으로 좀 더 복잡하고 현대적인 어린이 만화들은 세상을 구하는 일이 홀로 강력한 동기를 갖는 개인에게 달려 있다고 가르친다. 그 사람이 주어진 일을 하기 위해 모든 것을 희생해야 한다고 치자. 하지만 현실에서 변화를 위한 싸움은 훨씬 더 점진적이며 협력이 필요한 과정이다.

인스타그램 인플루언서와 인기 있는 유튜버도 게으름이라는 거짓을 유포하는 주범이다. 제프리 스타Jeffree Star와 셰인 도슨Shane Dawson과 같은 인플루언서들의 유튜브 동영상은 크리에이터가 성공을 위해 얼마나 열심히 일하는지, 얼마나 많이 희생했는지에 관해 쉴 새 없이 이야기한다. 그들이 가진 터무니없이 많은 부는 운이 좋아서 얻은 게 아니라 항상 그들이 노력한 결과다. 킴 카다시안과 카일리 제너는 오랫동안 자신을 기업가로 묘사하고, 그들이 가진 막대한 부와 명예가 그들이 결코 멈추지 않고 끊임없이 새로운 기회를 찾기 때문에 얻어진 것이라고 말했다. 인스타그램 인플루언서이자 모델 겸 코미디언인 리키 톰프슨Rickey Thompson이 굿즈를 팔 만큼 유명해졌을 때, 톰프슨이 내놓은 첫 아이템은 바로 그의 표어인 '항상 바쁘게 살자'를 앞면에 새긴 티셔츠였다.[34] 이렇게 유명한 인물들은 끊임없이 '바쁘게 사는 것'의 중요성을 강조하는 것을 멈출 수 없다. 그것이 그들의 삶과 일에서 항상 변치 않는 서사의 주제이기 때문이다.

비디오 게임과 코미디 유튜버도 종종 같은 주제를 다루는데 그들이 팬에게 얼마나 헌신하는지, 프로젝트마다 얼마나 많은 시간을 쏟아붓는지 이야기한다. 일부 동영상 제작자들은 끊임없이 콘텐츠를 만드는 데 너무 깊이 전념하기 때문에 카메라 앞에서 잠드는 일이 비일비재하다.[35] 한 번에 24시간 넘게 카메라 앞에서 공연하는 사람도 있다. 동영상을 제작하다가 수면 부족과 탈진으로 카메라 앞에서 사망한 악명 높은 사례도 있다. 그는 사망 당시 22시간째 연속으로 방송을 내보내고 있었다.[36]

어떤 면에서 아이를 비롯해 시청자가 자수성가의 이야기를 자주 듣는 것은 긍정적일 수 있다. 소셜 미디어는 누가 유명해지고 성공하게 될지를 어느 정도 민주화했다. 때로는 리키 톰프슨과 같은 흑인에 동성애자인 이십 대가 훌륭한 동영상을 제작하고 매우 열심히 일해 부와 명예를 얻기도 한다. 하지만 리키 톰프슨이 있다면 제프리 스타도 있기 마련이다. 대대적으로 성공을 거둔 유튜버이자 메이크업계의 대부인 제프리는 멋진 대저택에 살지만, 직원들은 창고에서 그에게 부를 안겨준 제품들을 만드느라 고생한다.

대성공을 거둔 스타들이 그들에게 주어진 행운이 전적으로 그들의 성실함 덕이라고 말하면, 사람들은 이 나라에서 부가 실제로 배분되는 방식에 대해 비현실적인 기대를 하게 된다. 매체는 내재된 선택 편향이 있다. 똑같이 열심히 일했지만 실패했거나 열심히 일했기 때문에 모든 것을 잃은 사람의 이야기는 좀처럼 들을 수 없다.

유튜브로 데뷔한 뮤지컬 코미디언 보 번햄Bo Burnham은 이 현상을 아주 잘 설명한다. "나같이 지독하게 운 좋은 사람들이 하는 충고는 듣지 마라. 테일러 스위프트가 꿈을 좇으라고 말하는 건 복권 당첨자가 '재산을 팔아서 복권을 사세요! 당첨될 겁니다!'라고 말하는 것이나 다름없다."[37]

매체는 한계를 설정하고 도움을 청하거나 행복과 안전감을 안겨줄 일에 매진하는 사람을 좀처럼 보여주지 않는다. 사실 폭력, 고생, 고군분투를 보여주기보다 충만하고 건강한 삶을 사는 행복한 사람에 관한 이야기를 하는 게 훨씬 더 어렵다. 나는 이러한 이야기들에 담긴 주제 때문에 거슬리지만, 존 윅이 도서관의 책 한 권과 순전히 의지력만으로 적들을 죽이는 것을 보면 그에 못지않게 흥분한다. 그렇지만 마땅히 쉴 자격이 있을 때도 결코 포기하거나 도움을 청해서는 안 된다는 가르침을 반복해서 받으면 실제로 사회적 비용이 발생한다.

＞

쉼 없이 맹렬하게 일하라고 가르치는 것은 대중매체뿐만이 아니다. 게으름이라는 거짓은 학교에서도 장려되고 있다. 현대의 교육 제도는 산업혁명 중에 만들어졌다. 학생들이 창고와 생산 공장에서 일하도록 훈련시키기 위한 것이란 뜻이다.[38] 현재 학교 일과의 구성은 노동 현장의 구성과 놀라울 정도로 흡사하다. 엄격한 스케줄과 자의적인 데드라인이 학생의 삶에서 다른 것은 고려하지 않은 채 설정된다. 결석하거나 루틴에 변화가 생기면 아이는 곤경에 빠질 수 있다. 집중을 못 하거나 8시간 동안 가만히 앉아 있기 힘들어하는 아이들은 문제아로 취급된다. 특정 과목에 타고난 재능이 없는 학생은 교사의 관심과 지지를 덜 받는다. 성별, 인종 혹은 사회경제적 지위 때문에 '재능 있는' 학생의 정형화된 이미지에 들어맞지 않는 아이도 마찬가지다.[39]

일반적인 학업 환경에서 잘하는 사람도 있다. 가만히 앉아 있고 지시를 따르는 게 쉬운 사람은 이런 환경에서 두각을 나타내고 매사 칭찬과 격려를 받는다. 하지만 다수의 아이는 충분히 잘하지 못하고, 충분히 열심히 하지 않고, 실패할 수밖에 없다는 메시지를 받는다.

로욜라대학교 시카고 캠퍼스에서 내가 가르치는 학생들은 직업이 있는 성인이다. 다수가 열여덟이나 열아홉에 대학에 입학했지만 중간에 사정이 생겨 '제때' 졸업하지 못했다. 임신을 하거나, 병에 걸리거나, 죽어가는 부모를 돌보느라 학교를 관둬야 했다. 학업에 집중을 못 하거나 그래야 하는 이유를 찾지 못한 경우도 더러 있다. 안타깝게도 내가 가르치는 학생들 가운데 다수는 그들이 맞닥뜨린 문제들이 자신의 탓이라고 받아들인다. 너무 '게을러서' 처음에 학교를 마칠 수 없었다고 생각한다.

몇 년 전 수업 후 마우라라는 학생이 찾아왔다. 얼굴 두 곳에 피어싱을 하고 머리를 염색한 모습이 꼭 나와 같았다. 그는 새로 문신을 했다며 내게 보여주고 싶어 했다. 피어싱과 문신, 우리가 가본 콘서트에 대해 얼마간 이야기를 나눴다. 알고 보니 우리는 공통점이 아주 많았다. 마우라는 내게 몇 살인지 물었다. 동갑이었다. 이 사실을 알게 되자마자 마우라는 나와 비교를 하며 자신이 인생에서 '많이 이루지 못한 것'에 대해 자책하기 시작했다. 농담조로 말하긴 했지만, 진정한 불안감에서 나온 말이라는 것을 알 수 있었다.

나도 나보다 어린데 성공한 사람을 보면 비슷한 말을 한다. 내가 이룬 성과를 끊임없이 측정하고 다른 사람의 성과와 비교하라고 배웠기 때문에 타인이 나보다 '앞선' 것으로 보일 때 위협감을 느낀다. 그렇다고 타인의 삶을 그런 식으로 평가하지는 않는다.

나는 마우라에게 이십 대에 무엇을 했는지 물었다. 마우라는 수년간 대형 상점에서 매니저로 일하며 수업을 듣고 아이를 키웠다. 또한 룸메이트가 여럿 있는데, 모두 그보다 어려서 자주 엄마 노릇을 하게 되었다. 그들의 차가 망가질 때면 일터에 태워주고 아프면 보살펴주었다. 무엇보다 마우라의 전 남편은 군인이어서 수년간 남편을 따라 자주 이사해야 했다. 그들이 사는 기지에서는 일을 찾을 수 없었다.

마우라는 분명 풍요롭고 책임으로 가득 찬 삶을 살았다. 그의 이십 대는 내 이십 대보다 훨씬 더 흥미롭고 힘든 일이 많았지만, 마우라는 그 시간 동안 '아무것도 하지 않았다'고 생각했다. 나보다 더 성숙하고 성품이 좋은 사람이었다. 나는 마우라에게 그렇게 말해주려 했지만 내 말을 믿을 것 같지 않았다. 사실 그 시점에 마우라는 여러 교수에게서 열심히 하지 않는다는 말을 들었다. 내 수업을 듣던 당시 다른 수업에서는 낙제를 할 판이었는데, 직장에 급한 일이 생겨서 치르지 못한 시험을 교수가 다시 볼 수 있게 허락하지 않았기 때문이다.

내가 가르치는 많은 성인 학생과 마찬가지로, 마우라는 때때로 잠이 부족하고 집중하기 어려운 것처럼 보였다. 하지만 대화 후 나는 마우라가 해야 할 일이 너무 많기 때문이란 것을 깨달았다. 교사들은 흔히 학생이 지친 것을 무관심이나 동기 결여로 착각하기 쉽지만, 그 학생들과 앉아서 대화를 나누면 십중팔구 하루를 전일제 직업, 자기 계발, 타인을 위한 봉사로 꽉 채우며 사는 놀라울 정도로 생산적인 사람들이라는 것을 알게 된다. 그렇게 많은 일을 하지만, 대부분의 학생이 자신이 게으르다고 생각한다.

게으름이라는 거짓은 가정과 사생활까지 따라온다. 디지털 기술과 소셜 미디어 때문에 우리의 자유 시간은 동료가 보낸 이메일, 잊고 있던 약속을 알려주며 스트레스를 유발하는 알림, 그리고 우리의 신체, 가정, 삶이 어떠해야 하는지 상기시키는 메시지가 점령해 버렸다. 디지털 업무 도구들 덕에 많은 사람이 재택근무를 할 수 있게 되었지만, 삶이 더 편해지기보다 고용주가 부르면 언제든지 응해야 하는 24시간 대기조가 된 듯한 압박감을 낳았다. 우리는 종이로 된 신문이 아니라 스마트폰 애플리케이션과 소셜 미디어에서 뉴스를 보기 때문에 짜증 나는 사진과 기운 빠지는 정보로부터 벗어나기가 더 어려워졌다. 즐거움과 유희를 안겨줄 것이라 생각된 인스타그램과 틱톡과 같은 온라인 공간조차 체중 감량 제품, 집 안 개조 프로젝트, 뷰티 조언에 대한 광고로 우리에게 죄책감을 심어준다. 사방 어디를 봐도 우리는 충분하지 않다는 말을 듣는다. 마침내 이 끊임없는 수치심과 압박감에서 벗어나면 동료, 가족, 친구들을 버려두고 '사라진' 것에 대해 죄책감을 자주 느낀다.

게으르다고
느끼는 이유

내가 '게으름이란 존재하지 않는다고 생각한다'고 말하면, 재미있는 일이 벌어진다. 십중팔구 상대방은 자신이 얼마나 게으르고 형편없는지 나를 설득시키려고 애쓴다. 무언가 깊이 잘못되었기 때문에 자신이 게으르다는 것이다. 나는 성공하고 열심히 살면서도 자신이 게으르다고 절대적으로 확신하는 사람을 많이 만나봤다.

나는 마이클 로이라는 예술가 친구와 만나던 중에 이런 종류의 대화를 처음 하게 되었다. 마이클은 '버드캡'이라는 가명을 사용하는데, 전 세계를 여행하며 고대 신화 속 인물들과 그가 어릴 적 보았던 향수 어린 이미지들을 결합한 디자인을 실내외 벽에 그린다. 마이클은 재능과 전념 때문에 성공한 예술가가 되었지만, 우리가 어울리던 당시 내게 자신이 끔찍하게 게으르다고 털어났다.

나는 마이클에게 세계를 여행하며 벽화를 그리고, 예술가 보조금을 신청하고, 고객들을 위해 디지털 작품을 만드는 일을 동시에 할 수 있는 에너지가 어디서 나오느냐고 물었다. 마이클은 어깨를 으쓱하더니 이렇게 자신을 몰아붙여야만 한다고 말했다. 그렇게 하지 않으면 게으름에 빠져 작품을 한 점도 더 만들 수 없기 때문이라고 했다. 그의 마음에 생산적인 건 모 아니면 도였다. 낮에는 벽화를, 밤에는 태블릿으로 그림을 그리면서 끊임없이 열심히 일하거나 아니면 창의적인 열정도, 직업적인 전망도 전혀 없는 완전히 나태한 인간이 되거나 둘 중 하나였다.

그 시점에 마이클은 집도 없었다. 너무 자주 여행을 해서 집을 사는 게 의미가 없었다. 호스텔에서 자고 어디를 가든지 스프레이 페인트 캔이 잔뜩 든 백팩을 가지고 다녔다. 건강 보험도 없었다. 종일 뜨거운 태양 아래 사다리 위에서 땀 흘리며 벽에 프라이머를 칠하고 정교한 디자인을 그렸지만 마이클은 자신이 게으름에 빠지기 직전이라고 믿었다.

마이클은 유독 게으른 사람이 아니다. 유독 바쁜 사람이다. 하지만 많은 사람과 마찬가지로, 마이클은 자신을 계속 더 몰아붙여야 한다는 내적 압박을 느낀다. 혐오하고 두려워하는 '게으르다'는 느낌은 아마도 그가 피로하고 거의 소진되었다는 신호일 것이다. 하지만 주변 모두가 그의 성실함과 전념과 약한 모습을 보이지 않는 의연함에 대해 칭송하기 때문에 그것을 깨달을 방법이 없었다.

시각 예술의 세계는 경쟁적이고 때로는 매우 치열하다. 성공한 사람은 끊임없이 활동해야 하며, 새 작품을 내놓을 뿐만 아니라 온라인 플랫폼과 브랜드도 만들어야 한다. 마이클은 매일 동료들이 소셜 미디어와 인터뷰를 통해 성공을 홍보하는 모습을 본다. 그림을 그리고, 보조금을 신청하고, 새로운 고객을 찾으면서 인스타그램 팔로어 수를 늘리고 셀프 인터뷰도 제작해야 한다.

　마이클이 속한 것과 같은 직업 세계에서는 모두가 얼마 안 되는 기회와 소셜 미디어 노출을 노리기 때문에 누가 더 바쁜가 경쟁하는 상황이 벌어진다. 아티스트들은 미래가 어떨지 알 수 없기 때문에 할 수 있는 한 많은 일을 따내야 한다. 동시에 그들은 중요하고 멋지다는 대중의 평판을 알아서 구축해야 한다. 모두가 매체를 통해 자신을 성공하고 헌신적이고 인기 있는 이미지로 묘사하기 때문에 자신이 어디쯤 위치할지 순위를 매기기 어렵다. 따라서 현재 자신의 상황이 버겁게 느껴진다 해도 다른 사람이 나보다 열 배 더 노력하고 있다고 느끼기 쉽다. 그리고 이런 믿음은 위험하다.

　마이클처럼 많은 사람이 쉬면 모든 것을 망치게 될까 봐 두려워하며 밤을 새워 일을 한다. 우리는 경제적으로 불확실한 시대에 살고 있다. 많은 산업이 와해되거나 자동화되고 있다. 프리랜서 일과 긱gig 노동이 많은 안정적인 전일제 고용 대신 불확실성과 경쟁으로 가득 찬 환경을 조성했다. 이메일과 슬랙Slack과 같은 디지털 도구는 집과 사무실의 경계를 무너뜨려 진정한 퇴근은 사라져 버렸다. 한편 소셜 미디어는 우리에게 다른 사람들이 무엇을 하고 이루는지 끊임없이 알려주어 따라갈 수 없다면 패배자가 된 것처럼 느끼게 한다.

이상한 역설이지만, 우리가 우리에게 이로운 수준 이상을 하려고 들면 아무것도 안 하느니만 못하게 된다. 늘 실제로 해낼 수 있는 것보다 해야 할 일이 더 있다면, 결코 해냈다고 느낄 수 없다. 상사가 끊임없이 이메일로 질문을 하고 일을 시키면, 전화기를 끄고 잠자리에 드는 것과 같은 단순한 일조차 죄책감을 느끼게 한다. 운동하고, 친구와 대화하는 것조차 스마트폰의 앱이 추적하고 측정하면, 끊임없이 사람을 실망시키는 것처럼 느끼게 될 수 있다. 우리는 게으르다고 느끼지만, 이것은 우리가 형편없이 무력한 사람이기 때문이 아니라 지쳤기 때문이다.

일정표를 보니 두려운가? 정면 승부를 볼 자신이 없어서 계속 미루는 데드라인이 있는가? 매일 트위터를 스크롤하거나 살 필요가 없는 물건을 온라인에서 쇼핑하며 몇 시간씩 '낭비하는가?' 그렇다면 당신은 지금 이 순간 몹시 게으르다고 느낄 수 있다. 그리고 그것은 실제로 좋은 일이다.

　집중을 못 하고, 피곤하고, 게으르다고 느끼는 것은 몸과 뇌가 휴식할 시간이 절실하게 필요하기 때문이다. 소진 직전의 사람은 집중을 못 하고 생산적이지 못하다는 사실이 연구를 통해 반복적으로 증명되었다.[40] 압박과 스트레스를 아무리 많이 가한다 해도 없는 집중력과 동기가 마법처럼 생기지 않는다. 해법은 한동안 기대치를 낮추는 것이다. 과로하는 사람은 잠을 자고, 스트레스에 찌든 마음을 달래고, 정신과 정서적 배터리를 충전하는 여유를 찾아야 한다. 나처럼 한계점에 도달할 때까지 기다리기보다는 너무 늦기 전에 자신에게 친절해짐으로써 질병과 소진을 예방할 수 있다.

　게으름이라는 거짓은 휴식에 대한 욕구가 우리를 형편없는 사람으로 만든다고 설득하려 한다. 동기가 없는 것은 수치스러운 일이므로 어떻게 해서든 피해야 한다고 믿게 한다. 하지만 사실, 우리가 느끼는 피로감과 게으름은 약간의 휴식 시간이 절실하게 필요하다는 것을 알려줌으로써 우리를 구하는 데 도움이 된다. 게으름을 두려워하기를 멈출 때, 우리는 반성하고 재충전하고, 사랑하는 사람들과 다시 교감하고, 좋아하는 취미를 다시 시작하고, 일부러 느긋한 속도로 세상을 헤쳐 나아갈 시간을 찾을 수 있다. '시간 낭

비'는 인간의 기본 욕구다. 일단 그것을 받아들이면, 우리는 건강하
고 행복하고 균형 잡힌 삶을 꾸릴 수 있다.

2장

게으름에 대한

잘못된 상식들

줄리를 처음 만났을 때 그는 시카고 공립학교 학생들을 위한 창의적 글쓰기 강좌를 운영하는 비영리단체의 대표였다. 시카고 남부와 서부에 있는 자금난과 인력난에 시달리는 학교에 다니는 학생이 대상이었다.

아이들은 줄리의 기관에서 운영하는 방문 수업을 매우 반겼다. 교사들은 배우, 작가, 공연 예술가였고 대부분 그들이 가르치는 학생과 마찬가지로 흑인과 라틴계였다. 이 비영리단체의 주된 목표는 아이들이 작가로서 창의력을 꽃피우도록 지원하는 것이다. 해마다 수백 명의 아이가 이 프로그램에 참가해 어떤 주제로든 단편 소설, 대사, 에세이를 작성하는 법을 배운다.

대표로 지내는 동안 줄리는 수많은 보조금 신청서를 작성했고, 직원이나 꼭 필요한 것을 줄이지 않으면서 돈을 절약하는 법을 찾았다. 그는 직원들이 실제로 즐겁게 참여하는 직업 계발 행사들을 마련해 개인적인 문제나 의료적으로 시급한 문제로 힘들어할 때 그들을 도왔다. 시카고 공립학교들이 예산 삭감과 폐교의 위기에 처하자 시위와 교사들의 파업에 참여해 교육이 가장 필요한 아이들을 보호하기 위해 싸웠다. 줄리는 이 모든 힘들고 시간이 많이 드는 일을 어린 딸을 키우고 불안 장애와 싸우면서 해냈다.

그 당시 줄리는 생산성이 무엇인지 보여주는 에너지 공장과 같았다. 열심히 일했고, 자신이 믿는 명분을 위해 싸웠고, 아이를 양육하고, 연민과 유연성으로 직원을 관리했다. 달리 말하자면, 게으름이라는 거짓이 우리가 해야 한다고 가르친 게임에서 승리하고 있었다. 줄리는 '슈퍼우먼'이었다.

그러던 어느 저녁, 줄리가 귀가했을 때 남편 리치가 더 이상 그를 사랑하지 않는다고 털어났다. 줄리의 삶은 완전히 무너지기 일보 직전이었다. 그 후 2년간 부부 상담, 정신과 전문의와의 면담, 새로운 지역으로의 이사, 몇 가지 일을 그만두는 상황이 있었다. 줄리가 인생의 우선 과제라고 삼았던 모든 것이 대대적으로 바뀔 참이었다. 느리고 '게으른' 삶을 받아들이기 위한 긴 여정이 시작되려 하고 있었다.

리치는 줄리에게 더 이상 사랑하지 않는다고 말한 후 몇 달간 점점 더 변덕스러워지고 자기 파괴적이 되었다. 그는 줄리의 비영리단체에서 일하는 여성과 정서적 외도를 했으며, 눈에 띄게 우울해졌고 자살에 대해 말하기 시작했다. 줄리는 결혼을 완전히 포기하는 것을 고려하는 대신, 리치를 지지하고 그가 백팔십도 바뀐 원인을 찾는 일을 돕기로 했다. 리치가 일부러 악의적으로 구는 게 아니라는 직감이 들었다.

몇 차례 정신과 면담 후, 줄리의 직감이 옳았음이 밝혀졌다. 알고 보니 리치는 양극성 장애를 앓고 있었다. 그의 증상은 자녀 양육과 출장이 잦은 일을 병행하면서 생긴 스트레스로 악화되었다. 오랫동안 리치는 병에 대해 깨닫지 못한 채 증상들을 줄여보려고 혼자 애썼지만, 삶에서 스트레스가 계속 쌓여가자 감당할 능력이 없어졌던 것이다. 갑자기 줄리는 결혼 생활을 회복시켜야 할 뿐만 아니라 남편이 제 기능을 하고 살아남도록 애쓰기까지 해야 하는 상황에 처했다.

어느 저녁, 리치가 아주 심각한 신경쇠약을 겪자 줄리는 정신 건강 위기 상담센터에 전화를 걸어 도움을 청했다. 놀랍게도 전화를 받은 상담사가 줄리에게 *당신은* 어떤지, 그렇게 심한 스트레스와 트라우마를 겪는 동안 자신을 돌보기 위해 어떤 조치를 취했는지 물었다. 줄리는 질문들에 제대로 답할 수 없다는 것을 깨달았다. 자신의 건강과 행복에 대해서는 생각할 겨를이 없었다.

"그때 저는 이렇게 생각했어요. 계속 이런 식으론 살 수 없어. 우리 둘다 종일 일을 할 수 없어. 게다가 나는 이 모든 스트레스를 받으면서 아이와 남편과 회사와 모든 직원을 돌봐야 하잖아. 더 이상 버틸 수 없어."

줄리는 자신과 남편이 우선순위를 바꿔야 한다고 생각했다. 그들은 너무 바빴고, 스트레스를 너무 많이 받았고, 딸을 제대로 돌보지도 못했고, 정신 건강을 유지하지도 못했다. 그래서 줄리는 계획을 짰다. 리치가 시카고뿐만 아니라 중서부 지역 어디에서든 일할 수 있기 때문에 더 저렴한 곳으로 이사를 가도 된다고 생각했다. 비용 부담이 덜한 동네로 가서 줄리가 집에 머물며 딸을 맡아 돌보게 되면 리치는 휴식을 취하고 자신의 정신 건강을 살펴볼 시간을 얻을 수 있었다. 그리고 시끄럽고 복잡한 도시가 아닌 교외에서 살면 줄리도 자신을 돌보는 여유를 더 많이 가질 수 있을 것 같았다.

리치는 줄리의 계획대로 해보자고 했다. 줄리는 비영리단체의 대표직에서 물러났다. 그들은 집을 팔아 그 돈으로 이사를 위해 필요한 자금을 마련했다. 시카고를 떠나 위스콘신주에 안락하고 부담이 덜한 집을 찾아 이사했다. 줄리가 말했다.

"제 이야기는 특권의 냄새가 나죠. 우리는 부동산 문제에서 정말 운이 좋았어요. 많은 돈을 받고 집을 팔 수 있다는 걸 알았죠."

줄리는 이제 자신을 전업주부라고 소개한다. 하지만 집에서 여러 가지 작은 사업을 운영한다. 사실 위스콘신주에서 산 4년 동안 세 개의 영세기업을 시작했다. 초인적으로 열심히 일하려는 욕구는 여전하다. 하지만 줄리는 자신의 삶에 이제 숨 쉴 여유가 있다고 말한다.

"저는 이제 타인과 나 자신을 위한 정서적 여유가 있어요. 그리고 예전보다 훨씬 더 친절하고 온화해졌어요. 시카고에서는 출근하고, 아이를 데리러 가고, 주차에 애먹고…. 그땐 정말 앞만 보고 살았어요."

이제 줄리는 얼마나 일할지, 가족이 얼마나 많은 불안에 노출될지 확실한 한계를 설정한다. 그렇게 하지 않으면 결과는 재앙이라는 것을 안다. 자신만의 우선순위에 따라 스케줄과 삶의 규칙을 정하는 게 어떤 건지 맛보자 줄리의 모든 삶이 변했다. 이제 줄리는 자신에게 해로운 상황이 벌어지면 그만둘 수 있다.

줄리와 리치는 결혼 생활에서도 건강한 균형을 찾았다. 그들은 자신들이 겪은 고생에 대해 모든 친구와 가족에게 놀라울 정도로 솔직하게 털어놓았고, 도움이 필요할 때 요청하는 법을 배웠다. 그들은 환상적인 방식으로 소통할 줄 알게 되었다.

"얼마 전 저녁에 우리는 집안일을 하고 있었고, 저는 남편에게 우리가 싸울 것 같다고 말했어요. 리치는 싸우고 싶지 않다고 말했어요. 저 역시 싸우고 싶지 않다고 했죠. 저는 피하고 싶은 걸 입 밖으로 말하는 게 두려웠지만 말하고 나니 잘 대처할 수 있었어요."

줄리와 리치와 이야기할 때마다 나는 그들이 서로에 대해 얼마나 편안하고 솔직한지 알 수 있다. 내가 살면서 극소수의 커플에게서만 볼 수 있었던 그런 편안한 솔직함이 그들 사이에 있다. 둘은 함께 엉망이 된 관계를 다시 일으켜 세워 훨씬 더 값지고 지속적으로 만들었다. 둘 다 계속 무리해서 일했다면 이런 일은 결코 가능하지 못했을 것이다.

어떤 사람들은 줄리의 이야기를 듣고 도망가거나 포기한 여성이라고 생각할지도 모르겠다. 줄리는 어머니가 자신이 삶에서 도모한 변화를 잘 이해하지 못했다고 말했다. 줄리는 그러한 변화를 나타내는 한 방법으로 팔 위쪽에 'surrender(포기)'라는 단어를 문신으로 새겼다. 어머니는 문신을 보고 굉장히 황당해했다.

"그 문신 때문에 어머니에게 잔소리를 많이 들었어요. 어머니는 'surrender(포기)'는 매우 *나약한* 말이라고 했죠."

하지만 문신은 줄리가 모든 것을 통제할 수 없다는 새로운 깨달음을 얻었다는 것을 잘 보여준다. 온종일 일을 하고, 아이를 키우고, 새롭게 시작한 남편과의 관계를 잘 유지하면서 웰빙과 건강까지 챙길 수 없다. 잘 살길 바란다면 줄리는 무언가를 포기해야만 한다. 그는 포기한 모든 기회나 거부한 모든 책임에 대해 죄책감을 느끼지 않는 법을 배웠다.

사실 이것은 받아들이기 무척 어려운 교훈이다. 게으름을 죄악과 동일시하는 세상에서, 무언가를 거부하는 일은 용납할 수 없는 것으로 여겨진다. 우리 문화는 무언가를 그만두는 사람들을 경시한다. 그들의 훌륭한 판단과 자기 존중을 장려하기보다 의지가 약하거나 정직하지 못하다고 여긴다. 누군가 수십 가지의 책임을 떠맡을 때 우리는 '슈퍼우먼', '슈퍼맨'이라며 칭찬하지만, 그가 그 모든 것을 원하지 않는다고 결심하거나 끊임없이 모든 것을 해내야 할 가치가 없다고 판단하면 어떤 일이 벌어지는지 아는가? 더 이상 모든 것을 해내지 않겠다고 하는 사람을 진심으로 존중할 수 있는가? 너무 오랫동안 짊어졌던 무언가를 더는 맡고 싶지 않다고 시인하는 것을 대단하다고 볼 수 있는가? 많은 사람은 포기가 절실히 필요할 때조차 포기하는 법을 배우지 못했다. 우리는 너무 오랫동안 겁을 먹고 무조건 받아들이는 데 익숙해져서 싫다고 거부하는 게 얼마나 당당한지 모른다.

✦

우리는 자주 '게으름'을 우리가 진정으로 누릴 만한 자격이 없는 호사로 여긴다. 게으름이라는 거짓 덕에 돌아가는 세상에서 많은 사람은 자유 시간에 대한 욕구를 숨겨야 한다고 느낀다. 계획을 취소할 때 나는 정말 그럴듯한, 도덕적으로 타당해 보이는 변명을 애써 찾는다. "미안해, 오늘 밤 약속에 갈 수 없어. 늦게까지 일해야 하거든!" (변명에 도움이 되지 않는다고 느끼는) 진실은 말해서는 안 될 것처럼 보인다. 그냥 앉아서 아무것도 하고 싶지 않다고 하면 게을러 보일 것이다. 모두에게 내가 약하다고 말하는 꼴이 된다.

하지만 이 모든 게 완전히 틀렸다면 어떠한가? 자신의 한계와 욕구에 대해 허심탄회하게 인정하는 것은 나약함이 아니라 강인함의 신호다. 의무를 줄이는 것은 타인에게 상처를 주거나 실망시키는 게 아니다. 드러내놓고 당당하게 "싫어. 난 그 일을 하고 싶지 않아"라고 말하면 다른 사람들도 그들의 삶에서 그렇게 할 수 있는 여지를 줄 수 있다. 우리가 전염병처럼 피해야 할 것으로 듣고 자란 많은 '게으른' 행동은 사실 매우 성숙하고 책임감 있는 선택이다.

1장에서 나는 게으름이라는 거짓의 기원과 이 거짓이 어떻게 우리가 실패와 탈진을 겪을 수밖에 없게 하는지를 다뤘다. 이번 장에서는 그 주장을 한층 더 발전시켜 휴식, 그만두기, 대충하기와 우리가 보통 '게으름'으로 치부하는 다른 모든 행동이 어떻게 우리가 치유되고 성장하는 데 도움이 되는지 살펴보고자 한다. 게으르다는 느낌이 우리를 보호하는 이로운 감정이라는 사실과 함께 한가하고 '게으른' 시간에 대한 욕구를 비난하는 것을 멈추고 그 감정들을 신뢰할 때 우리의 삶이 크게 나아진다는 생각은 실제로 많은 연구에 의해 뒷받침되고 있다.

게으름은

죄악이 아니다

최근에 트위터에서 한 대학 신입생과 설전을 벌인 적이 있다. 엄밀히 말하면 다툼은 아니었다. 그냥 긴장감이 감도는 긴 대화였다. 그는 게으름이 죄악이 아니며, 우리는 모두 게으름을 죄악으로 보라고 오랫동안 배워왔을 뿐이라는 나의 믿음에 대해 발끈했다. 몇년 전 온라인에 올린 에세이에서 나는 겉보기에 '게으른' 사람들이 에너지나 동기가 없는 데에는 나름의 타당한 이유가 있다고 말했다.[1] 타인의 경험을 이해하면, 심지어 가장 자기 파괴적인 게으른 행동조차 이해되기 시작한다. 하지만 이 청년(제임스라고 부르자)은 내가 잘못된 종류의 '게으름'을 간과하고 있다고 생각했다.

많은 사람처럼 제임스는 자신의 무기력과 '게으름'이 대부분 사람의 것보다 훨씬 더 나쁘다고 확신하는 것 같았다. 게으름이 우울증을 앓는 데서 비롯되었다고 할지라도 정신 질환이 자신의 '나쁜'

행동에 대한 타당한 변명이 될 수 없다고 주장했다. 제임스는 때로 며칠 동안 꼼짝하지 않고 방에 처박혀 있다고 했다. 그는 토론을 통해 그런 행동이 분명히 용인될 수 없는 것임을 확인하고 싶었던 것일까?

또 제임스는 고등학교 시절 친구 몇몇이 게으름을 자랑스러워했다고 말했다. 그는 자신과 친구들이 학교에 대한 '반항심'에 일부러 늑장을 부렸다고 했다. 어떤 학생은 수업 시작 한 시간 전에 숙제를 하는 것으로 유명했다. 이런 사람은 변명의 여지 없이 게으른 게 아니냐고 되물었다.

마지막으로 제임스는 대학교에서 삶을 잘 사는 데 정말 무관심한 사람들을 만났다고 했다. 그들은 열심히 하지 않는 타당한 이유가 없어 보였다. 제임스는 나의 믿음으로 그런 사람들을 어떻게 설명할지 알고 싶어 했다. 어떠한 개인적인 문제도 정면으로 맞닥뜨리지 않고 관심이 없기 때문에 할 일을 제대로 하지 않는 사람들 말이다.

제임스는 우리 사회에서 '게으르다'고 분류되는 전형적인 세 부류를 제시했다. 우울한 사람, 늑장 부리는 사람, 일이나 학교에 대해 신경 쓸 '이유'를 찾지 못하는 무관심한 사람이다. 회사와 학교는 이런 사람들을 경시한다. 친구들과 가족은 그들의 무기력에 당혹스럽다. 사회 분위기 역시 그들이 세상에 충분히 '기여'하지 않는다고 분개하는 경향이 있다. 게으름이라는 거짓은 우리가 그들의 동기 결여를 개인의 실패나 도덕적으로 문제가 있는 나쁜 행동으로 보게끔 종용하지만, 이 세 부류를 자세히 살펴보면 그렇지 않은 이유를 발견할 수 있다.

우울한 사람들

제임스가 처음으로 내게 묻고자 한 게으른 사람들은 우울증을 앓는 사람이다. 그는 내게 자신이 주요우울장애를 앓는다고 대놓고 말했다. 제임스는 우울한 상태가 진행되는 동안 세상의 눈에 자신은 심각하게 '게으르게' 보인다고 했다.

"게으르다는 말은 제 상황을 표현하기에 좋은 방법이 아닐 수 있죠"라고 그가 트윗을 보냈다. "하지만 정확하기도 해요. 우울이 시작되면 제가 할 수 있는 건 잠자는 것뿐이에요. 그 외에는 아무것도 하지 않아요."

제임스는 우울할 때 방을 청소하거나 과제를 할 에너지가 없다. 수업도 가지 않는다. 온종일 잠만 잔다. 그가 삶의 이런 모든 부분에서 잘 해내지 못하는 게 '게을러서'인가? 더 중요하게는 그런 게으름이 나쁜가?

걱정스럽게도 우울을 바라보는 이런 관점은 흔하다. 정신 건강 활동가들이 정신 질환이 가진 오명을 없애기 위해 그토록 노력했음에도 불구하고 우울증에 대한 부정적이고 무지에서 비롯된 인식이 여전히 널리 퍼져 있다. 예컨대 교수들은 아직도 우울이 제때 과제를 제출할 에너지가 없는 학생이 내세우는 타당하지 못한 변명이라고 생각한다.[2] 직원이 우울증을 앓는다고 관리자에게 털어놓으면, 그는 병가를 낼 때마다 다른 직원들보다 더 많은 눈치를 봐야 한다. 그들이 한 일의 질이 같을 때조차 우울증을 앓는 직원이 해고될 가능성이 더 높다.[3] 우울한 자녀를 둔 부모들은 아이를 이해하고 지지하는 대신 비난으로 증상을 대한다.[4]

우울은 눈에 띄는 방식으로 인체에 해를 끼치지 않기 때문에 사람들은 우울한 사람이 일을 처리할 에너지가 없는 이유를 생각하지 못한다. 2018년 실시한 대규모 조사에서 응답자의 30퍼센트가 우울증이 '유약한 성격' 때문이라는 문장에 동의했다.[5] 우리 문화에는 '게으른 사람'을 비판하고 비난하는 경향이 여전히 깊게 남아 있으니 제임스가 그런 생각을 받아들인 것은 그리 놀라운 일이 아니다.

그렇다면 우울한 사람은 왜 그렇게 게으른가? 우선 우울과 싸우는 것은 온종일 매달려야 하는 근무와 다름없다는 사실을 알아야 한다. 우울한 사람은 뇌가 종일 부정적인 사고와 감정에 대항해 싸우기 때문에 쉽게 피로해지고 잠을 많이 잔다.[6] 수면의 질이 낮기 때문에 8시간의 휴식에서 얻는 에너지가 우울하지 않은 사람보다 적다. 중증 우울을 앓고 있을 때, 특히 자살 충동을 느낀다면 수면은 절망에서 벗어날 유일한 도피처가 될 수 있다. 우울한 사람의 게으름은 실제로 몸과 마음이 그를 보호하며 치유하고 있다는 신호다.

게다가 우울은 뇌가 활동을 계획하고 실행하는 능력을 앗아간다. 우울하지 않은 사람에게 간단한 일, 예컨대 빨래조차 우울한 사람에게는 고통스럽고 감당하기 어려운 일이 될 수 있다.[7] 뇌가 제 기능을 하기 힘들 때는 큰일을 작은 단계로 나누어 처리하는 게 어렵다. 우울할 때는 주의 집중력과 정보를 걸러내는 능력이 약화되고 기억력도 나빠진다.[8] 지친 사람이 맡은 일을 포기하는 것은 도덕적인 잘못을 저지르는 게 아니다. 삶의 어떤 부분에서 제대로 해내기 위해 에너지를 가지려면 다른 부분에서 '게으른' 게 꼭 필요하다.

늑장부리는 사람들

제임스는 이 점에 대한 나의 주장을 전혀 받아들이지 않았다. 게으른 것은 전혀 이해할 만하거나 괜찮은 게 아니라고 확신했다. 그래서 제임스는 방향을 좀 바꾸어 고등학교에서 자신과 친구들이 어떻게 '게으름'과 늑장에 대해 자부심을 느꼈는지 말했다.

"우리는 자칭 늑장꾸러기였고 그 점에 대해 자부심을 느꼈어요. 학교의 엄격함에 대한 일종의 저항 문화였죠. 한 친구는 수업 한 시간 전까지 기다렸다가 과제를 시작했어요."

분명 늑장은 용인할 수 없는 형태의 게으름이다. 그렇지 않은가? 늑장 부리는 사람은 집중력과 야심이 없으며 일을 막판에 대충한다. 늑장에서 비롯된 잘못은 조금만 미리 해도 얼마든지 피할 수 있다. 적어도 사람들은 이렇게 생각한다. 하지만 실제로 늑장은 그보다 훨씬 복잡한 행태로, 신경을 너무 많이 쓰고 잘하려는 마음에서 나온다.

누군가 늑장을 부릴 때, 그것은 대개 어떤 식으로든 '손발이 묶이기' 때문이다. 주로 불안이나 크고 복잡한 과제를 어떻게 시작할지 모르는 혼란에서 비롯되며, 둘 다일 수도 있다.[9] 나는 대부분 사람이 살면서 한두 번은 이런 종류의 마비를 경험한다고 생각한다. 괜찮은 일자리에 대한 구인 공고를 봤다고 상상해 보자. 당신이 꿈꾸던 일로, 드문 기회다. 당신은 제때 훌륭한 지원서를 써서 제출해 채용 담당자의 마음에 들어 경쟁에서 이기고 싶다. 하지만 노력해도 지원서 작성은 좀처럼 잘되지 않는다. 자기소개서에 뭐라고 써야 할지 막막하고 지원에 필요한 추천서를 누구에게 부탁해야 할지 모른다. 이력서의 업데이트가 너무 안 되어서 쳐다보기만 해도 걱정스럽다.

곧 지원서에 대해 생각만 해도 토할 것 같고 불안해진다. 그래서 불안한 생각에서 벗어나기 위해 비디오 게임을 한다. 그러면 지원서 작성을 하지 않는 것에 죄책감을 느끼게 되고 또다시 불안해진다. 그래서 낮잠을 자거나 부엌을 청소한다. 부지불식간에 일주일이 지나가 버렸지만 당신은 지원서를 제대로 보지도 않았다. 아마도 어쩔 수 없이 급하게 대충 작성해 막판에 보내거나 이미 기회를 놓쳤다고 생각해 아예 지원을 포기할지 모른다. 어느 쪽이든 당신은 게을러서 일을 망쳤다고 느낀다.

늑장을 부리는 사람은 완벽주의, 불안, 주의 분산, 실패의 주기에 갇힌다. 잘하는 것에 마음을 너무 많이 쓰기 때문에 불가능할 정도로 높은 기준에 매달린다. '완벽하게' 하기를 원하지만 초기의 시도가 결코 완벽하지 않기 때문에 곧 좌절하고 불안해진다. 시간이 지나고 기한이 다가오면 더 불안해지고 실패할까 봐 걱정한다. 이런 두려움 때문에 집중해 진도를 나가기가 더욱 어렵다. 불안감에 대처하려고 어떤 식으로든 딴짓을 한다. 그러고 나면 마감일이 되어 대충 급하게 해서 제출하거나 아예 포기하는 것 중 하나를 선택해야 한다.

제임스는 자신과 친구들이 타당한 이유 없이 늑장을 부렸다고 생각하는 것 같았다. 그의 생각에 자신들은 그냥 장난삼아 나쁜 학생이 되었을 뿐이다. 하지만 만약 그들이 늑장 부리는 대부분의 사람과 같다면 그들의 행동을 설명할 수 있는, 동정이 가는 이유가 있었다. 늑장을 부리는 사람은 게으르다는 말을 자주 듣지만, 사실 잘하는 것에 무척 많이 신경을 쓰는 경향이 있다. 연구를 통해 주어진 과제가 당사자에게 정말 중요할 때 더 많이 늑장 부린다고 반복해서 밝혀졌다.[10] 안타깝게도 그들은 자신감과 명료함이 부족해 생산적인 방식으로 꾸준히 하기가 힘들 뿐이다.[11]

반가운 소식이 있다. 만성적으로 늑장을 부리는 사람도 이 주기에서 벗어날 수 있다. 도움과 격려가 있으면 늑장 부리는 사람은 큰 책임을 작은 과제들로 나누고, 가까운 기한을 설정하는 법을 배운다. '10쪽짜리 보고서 작성'과 같은 큰일은 손발을 묶을 수 있지만, '하루에 두 단락씩 쓰기'는 해볼 만하다. 불안 치료와 병행하면 늑장 부리는 사람은 생산성과 신뢰도와 자신의 능력에 대한 자신감을 높일 수 있다.[12]

무관심한 사람들

정말로 동기 부여가 안 되는 사람은 어떠한가? 그저 관심이 없어서 일을 미루는 사람은 어떠한가? 제임스는 친구들이 지나치게 엄격한 학교에 대한 반항심에서 숙제를 미뤘다고 말했다. 이 친구들은 불안과 우울 때문에 혹은 잘하는 법을 잘 몰라서 게을러진 경우가 아닌 것 같다. 일부는 정말 관심이 없는 것 같다. 그렇다면 무관심한 게 정말 그토록 잘못된 일인가? 그런 사람은 비난받아 마땅하다고 설파하는 '게으름이라는 거짓'이 옳은가?

믿든 말든 나는 그렇게 생각하지 않는다. 누군가 정말 무관심해 보일 때, 나는 그들을 실패자로 보지 않는다. 그 대신 그들이 어떤 면에서 방치된 것이라고 생각한다. 대수학이 '실생활'에서 사용되지 않으리고 생각해 대수학 수업에 열심히 하지 않는 아이를 예로 들어보자. 나도 수학을 그렇게 생각했다. 대학 시절 나는 통계학에서 C 학점을 받았다. 수업이 어렵고 (지루했으며) 중요하다고 생각하지 않았기 때문이다. 너무 추상적이고 모호해서 내 삶과 관련이 있는 것처럼 보이지 않았다. 그 과목이 전공인 심리학에 어떻게 중요한지 아무도 설명해 주지 않았다. 통계학 수업 시간에서조차 그렇게 보이지 않았다.

나는 대학원에서 연구생으로 훈련받고 나서야 통계학에 대해 관심이 생겼다. 실험이 제대로 되었는지 판단하려면 통계가 필요하다는 것을 금세 깨달았다. 수집한 데이터를 분석하는 법을 모르면 내 커리어는 실패할 게 뻔했다. 그래서 노력했다. 조금씩 나는 통계를 잘하기 시작했다. 요즘 통계학을 열정적으로 가르치며, 조직들의 데이터 분석을 지원한다. 하지만 나는 이 지루하고 어려운 과목이 인생에서 왜 중요한지 이해하고 나서야 비로소 이 경지에 도달했다. 이제 통계를 가르칠 때마다 나는 학생들에게 이 과목에 *왜* 관심과 시간을 투자해야 하는지 이해시키려고 애쓴다. 학생들에게 통계가 가장 우선에 두어야 할 과목 중 하나인 이유를 보여준다. 내 설명이 통하면 학생들은 열심히 한다.

그래서 누군가 특정 목표에 무심한 것을 보면, 그것이 경제적 독립이든 학위 과정을 마치는 일이든 간에 나는 '이 일이 그들에게 중요하지 않아 보이는 이유가 무엇일까'를 생각한다.

제임스와 친구들은 학교가 지나치게 엄격했기 때문에 과제를 대충했다. 전적으로 이해가 된다. 아무도 믿어주지 않고 통제하는 환경에 갇혀 있다고 느끼면, 사람은 당연히 그것에 저항하려 든다. 부모가 삶의 모든 면에서 이래라저래라 간섭할 때 십 대들이 스스로 동기 부여되기는 당연히 쉽지 않다. 학교가 제임스와 친구들에게 자유와 자율성을 더 많이 부여했다면, 손을 놓기보다 적극적으로 과제에 임했을지 모른다.

때때로 사람들은 우울증이나 트라우마 때문에 무심해진다.[13] 반복적으로 권리를 박탈당한 후 관심을 잃어버리는 경우도 있다. 심리학자들은 이 현상을 '학습된 무기력'이라고 부르며, 우리는 이 현상을 학대 피해자, 감금된 사람, 대대로 가난과 인종 차별을 겪은 가정에서 볼 수 있다.[14] 자신의 삶에 대한 영향력을 잃으면 에너지를 얻거나 동기가 부여될 이유가 없다.[15] 그래서 손을 떼고 포기해 감정적으로 자신을 보호한다. 예컨대 직장에서 관리자가 무능하면 직원들은 열심히 해봤자 알아주지 않기 때문에 손에서 일을 놓게 된다.[16] 이런 상황은 미국의 낮은 투표율에서도 볼 수 있다. 투표하지 않는 사람의 대다수는 유색 인종이며 가난하다. 그들은 그들이 택할 수 있는 정치적 선택지들이 그들의 이익을 대변한다고 느끼지 못한다고 말한다.[17] 그런 상황에서는 노력을 덜 하는 게 훨씬 합리적이다. 좋다고 볼 수 없지만 이것은 개인의 잘못이 아니다.

많은 경우 우리가 게으름이라고 부르는 것은 여러 과제에 대처할 때 자신의 욕구에 따라 우선순위를 정하려는 시도일 수 있다. 한계에 몰리면 우리가 게으르다고 여기는 감정과 행동이 나타난다. 무관심, 낮은 동기, 집중력 저하, '아무것'도 안 하며 시간을 낭비하고 싶은 욕구 등 이 모든 것은 관심을 기울여야 할 중요한 경고 신호다. 이 신호들은 우리의 한계와 욕구에 대해 많은 것을 알려준다. 하지만 이 고도로 진화되고 역동적인 경고 시스템의 혜택을 입으려면, '게으름'으로 치부하는 일을 멈추는 법을 배워야 한다.

게으름은

경고다

생산성과 소진과 같은 주제에 관한 과학적 연구에 따르면, 한 사람이 할 수 있는 일의 양에는 한계가 있다. 그 한계는 당신이 깨달을 수 있는 것보다 더 극단적이다. 예컨대 (미국에서 꽤 타당하고 인간적이라고 여겨지는) 주 40시간 근무는 대부분 사람에게 너무 길고 힘들다.[18] 우리는 기계가 아니다. 우리의 몸과 마음은 하루에 8시간 이상 반복적이거나 정신적 에너지가 소요되는 일을 할 수 있게 설계되어 있지 않다. 하지만 많은 사람이 이 한계까지 몰아붙이며 더 열심히 더 오랫동안 일한다.

게으름이라는 거짓은 실제로 타당하거나 지속 가능한 것 이상으로 우리가 더 큰 생산성을 낼 수 있다고 기대하게 한다. 그 결과 많은 사람은 무너지기 일보 직전의 상태에서 계속 살고 있다. 어떤 사람들에게 그 한계점은 드라마틱하다. 줄리는 정신적으로, 신체적으로 무너지고 나서야 일과 생활 사이에서 타당한 경계를 설정하는 일의 중요성을 깨달았다. 나도 수개월 동안 병과 싸우고 나서야 비로소 쉬는 법을 배웠다. 하지만 꼭 이런 식일 필요는 없다. 우리의 몸과 뇌는 한계에 다다르면 브레이크를 밟고 생산성보다 건강을 우선시하라고 말해주는 미묘하고 점진적인 신호를 보낸다. 안타깝게도 게으름이라는 거짓은 그러한 신호들을 최대한 무시해야 한다고 우리에게 말한다.

레오는 스스로 좌절과 소진을 겪게 하는 기이한 재능을 가졌다. 감당하기 어려운 책임을 많이 짊어진 후 너무 무리해 아주 안 좋은 결과를 낳는 재주다. 레오는 이제 막 자신의 한계를 이해하고, 내면에서 보내는 '게으름'이 필요하다는 신호에 경청하는 법을 배우고 있다. 하지만 이 과정은 길고 고통스럽고 장애물이 많다.

내가 레오를 대학에서 알았을 때 그는 줄곧 과잉 성취자이자 일 중독자였다. 학생 시절 레오는 야심에 차고 지적이고, 정치에 관심이 많아 때때로 정치인들을 위한 모금 행사를 조직하고 선거운동에 자원봉사자로 참여했다. 캠퍼스 내 무신론자 동아리부터 대학생 민주당원 캠퍼스 지부에 이르기까지 수많은 교외 활동에 참여했다. 생각할 수 있는 모든 정치 문제에 관심을 갖고 할 수 있는 모든 방법으로 자신의 가치를 위해 기꺼이 싸웠다. 중서부 지역을 돌며 투표 독려 운동에 참여해 유권자들의 관심을 끌었다. 학교에서는 허용되는 한 최대한 많은 수의 과목에 등록했다. 당연히 매 학기가 시작된 후 몇 주 만에 다 따라가지 못해 몇몇 과목을 포기하고, 과제 기한들을 놓치고, 그토록 마음 쓰며 조직한 캠퍼스 내 행사들 가운데 일부에 참여하지 못했다. 레오는 자주 소진되고 심하게 우울했지만, 그것을 입 밖으로 내고 싶지 않았다.

"너무 창피하고 지쳐서 며칠 동안 방 밖으로 나가지도 못했어. 룸메이트들은 내가 대낮에 물을 마시거나 뭔가를 먹기 위해 아래층으로 내려갈 때까지 내가 밖에 나간 줄 알곤 했지."

한번은 소진 상태에 빠져 약속한 일들을 다 할 수 없었다. 기한은 눈 깜짝할 사이에 다가오고, 행사는 제대로 관리도 안 되고, 책상 위에는 더러운 접시가 수북이 쌓여 있었다. 하지만 다음 학기가 시작될 때면 레오는 또다시 많은 과목을 신청하고 다른 여러 책임을 맡았다.

"나는 항상 '이번엔 다를 거야'라고 생각했어. 지난번에 제대로 하지 못한 건 내가 체계적이지 못해서, 모든 걸 다 할 수 있을 만큼 열심히 하지 않아서라고 생각했어."

대학 시절 내내 레오는 자신의 문제는 너무 많은 책임을 맡아 감당하지 못해 생긴 소진이 아니라 동기나 노력의 부족이라고 확신했다. 자신의 행동에 자기 파괴적인 패턴이 있다는 것을 이해하지 못했고, 설령 이해했다고 해도 게으름이라는 거짓이 그 패턴을 깨고 나오는 것을 막고 있었다.

✦

대학 졸업 후 레오는 여전히 정치 활동에 적극적으로 참여했고 계속 무리했다. 2012년 대선에서 그는 자신이 할 수 있는 모든 방법으로 오바마의 선거운동에 시간을 바쳤다. 또한 전일제 일을 하면서 동시에 대학원을 다니기 시작했다. 아울러 자유 시간을 최대한 활용하여 그와 의견이 다른 사람들과 대화를 나눴다. 성 소수자들의 권리와 의료 개혁과 같은 문제들에 무관심한 오하이오주 사람들의 마음을 바꾸기 위해 기꺼이 많은 시간을 투자했다.

레오는 전략 게임을 매우 좋아하고, 역사와 철학 서적을 탐독한다. 단기적인 충동과 욕구보다 장기적인 결과에 대해 생각한다. 나는 이 점이 바로 레오가 자신의 욕구와 한계를 때때로 인식하지 못하는 이유일 것이라고 생각한다. 레오는 벽에 부딪히고 나서야 자신이 피곤하다는 사실을 인식한다. 그 때문에 레오는 게으르다는 느낌이 위협이 아니라 자신이 무리하고 있다는 신호라는 것을 깨닫기까지 수년이 걸렸다.

게으르다는 느낌은 일상의 요구를 최적의 방식으로 관리하고 있지 못하다는 신호다. 몸은 우리에게 필요한 것을 얻도록 놀라운 방법으로 우리를 이끈다. 배가 고프면, 우리의 정신은 음식에 집착하게 되고, 위는 꾸르륵거리며 소화를 촉진하는 산으로 가득 차고, 하는 일을 멈추고 먹을 때까지 점점 짜증이 나고 기력이 없어진다.[19] 충분히 자지 못하면, 몸은 점점 더 피곤함을 느끼게 하여 낮잠을 자도록 유도한다. 잠자기를 거부하면, 뇌는 종일 1000분의 1초 단위로 '마이크로 수면microsleep'을 하게 만든다.[20] 그리고 충분히 쉬지 않으면, 집중력을 잃고 싶은 강력한 욕구가 일상 전반에 스며든다.

내가 지도하는 대학원생 마빈은 최근에 게으름이 사람들의 의지에 반해 삶에 침투하는 방식을 연구하기로 했다. 페이스북과 온라인 쇼핑몰을 브라우저 프로그램으로 탐색함으로써 스트레스와 탈진에서 벗어나려 하는 현상을 중점적으로 탐구하는 것이다. 이것은 우리 대부분이 직접 경험(나는 거의 매일 이것을 한다)을 통해 잘 아는 형태의 늑장 부리기로, 사회 과학 문헌에서는 '사이버로핑cyberloafing'이라고 부른다.

보통 사람은 하루에 여러 번 사이버로핑을 하지만, 지적으로 힘든 과업을 막 끝냈을 때 혹은 한 가지 활동에서 다른 활동으로 정신적인 '기어 변경'을 해야 할 때 특히 발생할 가능성이 높다.[21] 연구에 따르면 사람들은 뇌에 휴식과 활력을 주는 한 가지 방법으로 사이버로핑을 하는 경향이 있다. 즉, 사람들은 정수기 옆에서 수다를 떨거나 사실 필요도 없는 펜을 찾으며 비품 창고에서 빈둥거리는 것과 같은 이유에서 사이버로핑을 한다.[22]

고용주들과 생산성 전문가들은 사이버로핑을 극도로 싫어하는데, 끔찍하게 게으른 행동으로 회사의 시간을 갉아먹는 '도둑질'이라고 보기 때문이다. 2014년에 실시한 한 연구에 따르면, 기업들은 사이버로핑으로 한 해에 540억 달러에 달하는 생산성 '손실을 입는다'고 추정한다.[23] 하지만 이러한 추정치는 우리가 당연시하지 말아야 할 거대한 가정을 하고 있다. 즉, 사이버로핑에 소요되는 시간이 직원들이 그토록 게으르지만 않다면 전적으로 생산적인 시간이라는 가정이다. 마빈은 이 가정이 정말 사실인지 궁금했다.

마빈은 과학 문헌들을 조사하면서 사이버로핑에 나름의 이점이 있음을 밝혀낸 연구를 여럿 발견했다. 예컨대 샤파트 후사인Shafaat Hussain과 트럽티메이 파리다Truptimayee Parida가 에티오피아의 행정 직원들을 대상으로 실시한 2017년 연구는 잠깐의 사이버로핑이 문서를 작성하고, 파일을 정리하고, 복사를 하고, 사무실 심부름을 하는 데서 오는 지루함을 퇴치하는 데 실제로 도움이 되었다는 것을 발견했다. 잠깐의 사이버로핑은 생산성을 갉아먹기보다 직원들이 정신적인 '새로고침' 버튼을 누르는 데 도움을 주어 새로이 기운을 차리고 다시 일을 할 수 있게 돕는 장치였다.[24] 또 다른 여러 연구는 양질의 사이버로핑 시간을 가진 후 더 집중을 잘하게 된다고 보고한다.[25]

아울러 마빈은 사이버로핑이 기능을 더 잘하게 도움을 준다는 사실과, 사이버로핑을 하는 직원들이 업무상 문제에 더 독특한 해법을 제시한다는 사실을 보여주는 연구들을 발견했다.[26] 쉬어가는 것이 실제로 창의성과 사색에 도움이 되는 것이다. 또한 마빈은 어느 정도의 사이버로핑은 피할 수 없다는 강력한 증거들을 발견했다. 모든 직원이 화장실 갈 시간이나 점심시간이 필요한 것처럼, 뇌가 쉴 시간도 필요한 것이다.

직원이 무언가에 몇 시간 동안 집중할 때, 의지력이 줄어들고 사이버로핑을 하고 싶은 충동은 점점 더 커진다.[27] 결국 의지력이 무너지고, 정신을 분산시킬 무언가 혹은 무엇이든 찾게 된다. 고용주들은 직원의 컴퓨터 사용을 살펴보고 페이스북과 같은 웹사이트를 차단하는 소프트웨어를 사용하거나 사이버로핑을 하다가 걸리면 질책하는 방식으로 이 행동을 제한하려 한다. 하지만 많은 연구에서 사이버로핑이 어떤 식으로든 계속 일어나게 된다고 밝혔다.[28] 대부분의 사람은 행복감을 유지하고 일에 집중하기 위해 나태해질 시간이 약간 필요하다. 이것을 시간 낭비로 보는 것은 화장실 가는 일을 불필요한 호사로 보는 것과 다름없다.

직원들이 인터넷을 이용해 한숨을 돌릴 수 없다면 정신적인 탈출을 위해 다른 방법을 찾게 된다. 차를 끓이고, 연필을 깎고, 안부 인사를 하려고 동료의 자리에 들르며 시간을 낭비한다. 직장의 생산성에 관한 대부분 연구는 이러한 행동들을 낭비하는 것으로 보지만, 아무도 이것을 없애는 방법을 제시하지 못했다. '시간 낭비'가 중요하고, 건강에 이롭고, 정상적이기 때문이다. 경영진은 매우 싫어할지 모르지만, 이런 식으로 시간을 보내는 것은 사실 '도둑질' 이 아니다. 한숨을 돌리는 한 가지 방법일 뿐이다. 직원들이 자신이 좋아하는 방식으로 게으름을 떠는 것을 막으면, 그들의 뇌는 어떡해서든 휴식을 취할 방법을 찾는다. 설령 유일한 방법이 허공을 멍하니 응시하는 것이라 해도 말이다.

십중팔구 '게을러' 보이는 행동을 하고 싶은 욕구는 충분히 열심히 일했으며 이제 잠시 앉아 쉬어야 한다는 신호다. 인간이 수행하는 일의 대부분은 사색, 계획 혹은 창의력을 위한 시간을 요구한다. 우리는 컴퓨터도 로봇도 아니다. 먹고 자야 하는 것처럼 빈둥거리며 아무것도 하지 않을 시간이 필요하다. '게을러' 보일 게 두려워서 재충전의 욕구를 무시하면 끔찍한 결과를 초래한다.

레오는 결국 한계점에 도달했다. 이십 대 중반에 대학원을 그만두었다. 읽어야 할 자료들을 다 읽을 수 없었던 게 이유의 일부였다. 이로 인한 엄청난 실망에 대처하려고 일과 정치에 몰두했고, 그 어느 때보다 더 많은 캠페인에 참여했다. 하지만 끊임없이 받는 스트레스를 무시하기가 점점 더 어려워졌다. 레오는 완전히 다른 두 가지 일을 병행하며 다양한 캠페인과 명분을 위해 기금을 마련했다. 어느 곳에 취직하든 이 좋지 못한 패턴을 그대로 유지했다. 삼십 대 초반에 이르자 일중독과 늑장 부리기는 정신 건강뿐만 아니라 인간관계에도 심각한 부담을 주었다.

"나는 2년간 연애를 못 했어. 휴가라곤 가 본 적이 없어. 너무 바빠서 혹은 일을 시작한 지 얼마 안 돼서 짬을 낼 수 없었거든. 친구들과 여행 가는 걸 상상조차 할 수 없었지. 다른 사람에게는 삶이 있지만 내겐 없어."

이즈음에 레오는 상담을 받기 시작했다. 상담사는 레오의 미친 듯이 서두르는 버릇과 방 전체를 불안하게 힐긋거리며 살피는 태도, 만성적인 주의 산만과 과로를 재빨리 살펴보더니 문제의 근원을 추측해 냈다.

"두 번째 상담에서 상담사가 내게 ADHD로 평가받은 적이 있는지 묻더라고. 테스트를 해보니 높은 점수가 나왔어."

그 전에 레오는 자신이 ADHD일 것이라고 생각해 본 적이 전혀 없었다. 사람들은 이 병에 대해 아주 정형화한 이미지를 갖고 있다. 이를테면 ADHD 환자는 아둔해 보이거나 야심이 없어 보인다고 생각한다. 그렇지만 레오처럼 ADHD 환자가 다양한 일을 과도하게 맡은 후, 현실적으로 시간을 낼 수 없어서 결국 빠르고 갑작스럽게 열의를 잃어버리는 일은 아주 흔하다.

나는 레오가 ADHD 약을 복용하고 과도하게 많은 일을 하는 것에 대해 상담을 받은 후 레오와 다시 만났던 때를 결코 잊을 수 없다. 과거와 달리, 내가 논리를 따라갈 수도 없는 수많은 의견과 질문으로 내 말을 가로막지 않았다. 편안한 유머 감각을 보이며 대학 시절이 얼마나 힘들었는지 솔직하게 말했다. 거실을 끊임없이 돌아다니지도, 불안하게 물건들을 정리하지도, 삼천포로 빠지거나 반복되는 소리를 내면서 긴장감을 배출하지도 않았다. 자리에서 일어나거나 딴 데 정신을 팔지 않고 영화 한 편을 다 보았다. 이 강인하고 성실한 친구는 마침내 긴장을 풀고 '게으름'을 두려워하는 것을 멈추는 방법을 찾았다.

이때 즈음 레오는 지금의 여자 친구와 사귀었다. 마침내 자신의 감정과 욕구를 우선시할 수 있는 정신적 여유가 생겼고, 그 덕에 다른 누군가와 가까워지는 게 훨씬 편해졌다. 둘이 사귄 2년 동안 그들은 여러 차례 긴 여행을 했고, 국립공원과 박물관을 가고, 등산을 하고 카약을 탔다. 레오는 예전에 이런 식으로 쉬면서 여유를 누리는 사람이 아니었지만, 이제 그런 시간을 만끽하는 것처럼 보인다. 반복해서 과도하게 많은 일을 맡고 자신의 욕구를 무시하고 그 바람에 크게 소진된 후, 레오는 삶에서 즐거움을 찾는 법을 서서히 배웠다. 요새 나와 정치에 대해 논할 때, 여전히 관심이 많고 아는 것도 많지만 자신이 좋아하는 정치인들이 얼마나 잘하는지를 자신의 자아상과 정서적으로 연결하지 않는다. 이제 그는 예전에는 결코 할 수 없었던 방식으로 손을 뗄 줄 안다.

우리가 게으름으로 판단하는 겉보기에 '나쁜' 행동들은 실제로 우리 삶에서 무언가가 바뀌어야 할 필요가 있다는 강력한 신호다. 조직 차원에서 볼 때, 직원들이 보이는 게으름의 패턴은 일터가 제대로 관리되고 있지 않다는 신호다. 산업 조직 심리학자인 아네트 타울러Annette Towler 박사는 내게 직원들이 괴롭힘을 당하거나 제대로 관리되지 못할 때 결근 일수가 올라가는 등 미묘한 '게으름'의 신호를 통해 부당함에 대처하는 일이 자주 있다고 했다.

"일터가 유해하다는 초기의 미묘한 신호 중 하나예요. 많은 직원이 설명과 이유도 없이 출근을 하지 않아요. 관리자들은 그걸 보고 이렇게 생각하죠. 아, 모두가 너무 게으르구나, 혹은 믿을 수 없구나. 하지만 이것은 학대적이거나 유해한 환경을 피하려는 시도죠."

누군가 무리해 한계에 다다르면, 마음이 콩밭에 가기 시작한다. 지각을 하거나 친구와의 약속을 막판에 취소한다. 청소를 하거나 요리를 할 마음이 생기지 않고, 자주 낮잠을 자거나 계속 비디오 게임을 하면서 머리를 비우려 한다. 전반적으로 충동 조절 능력이 떨어지고 예전보다 기력이 없다. 이러한 현상들은 실패자라는 신호가 아니다. 벼랑 끝으로 내몰렸다는 신호다.

이러한 '게으른' 행동들이 수세기 동안 나쁘게 취급되어 왔지만, 사실 나쁠 것도 해로울 것도 없다. 빈둥거리기는 삶의 정상적인 일부다. 맑은 정신과 건강을 유지하려면 한가로운 시간을 가져야 한다. 게으르고 싶은 마음은 더 많은 도움과 휴식이 필요하거나 해야 할 일을 줄여야 한다고 우리에게 알리는 강력한 내면의 경고이기도 하다. 이 게으름에 경청하면 우리는 우리의 욕구를 더 잘 이해하고 진정으로 살 가치가 있는 삶을 꾸릴 수 있다.

게으름에

경청하라

쓸개를 제거한 후에 맥스는 비로소 침대 위 휴식을 취하고 혹독한 일로부터 잠시 벗어날 수 있었다. 그는 공식적으로 너무 아파서 일할 수 없었다. 의사의 소견서와 수술 자국이 그 증거였다.

"쓸개 제거 수술 후 몇 주 동안이 내 생애 최고의 시간이었어." 반어법이 아니다. "자거나 그냥 누워서 빈둥거리거나 영화를 봤어. 진짜 너무 즐거웠어. 더 쉴 수만 있다면 내장 하나쯤은 더 내줄 수 있어."

맥스는 일터에서 받는 스트레스가 최악일 때, 정신적으로 너무 고갈되어 앉아서 영화도 끝까지 보지 못한다고 말했다. 그는 공포 영화와 실화에 바탕을 둔 범죄 다큐멘터리, 그리고 온갖 어두운 영화를 무척 좋아하지만 일이 너무 힘들면 에너지를 다 빼앗겨서 영화에 집중할 수 없다.

마침내 며칠간 잠을 자고 회복할 시간을 가진 후, 맥스는 끝까지 앉아서 긴 영화와 다큐멘터리를 볼 수 있었다. 침대 위에서 회복하는 동안 취미에도 다시 관심이 생겼다. 그는 마술용 수공예품 만들기를 다시 시작했다. 절망감과 우울감이 크게 줄었다.

우리는 보통 의학적인 응급 상황이 트라우마와 고통을 주는 경험이라고 생각하지만, 맥스의 쓸개 수술은 삶에서 중요하고 긍정적인 전환점이 되었다. 맥스는 쉴 겨를이 생기자 삶을 재평가했다. 더 건강하고 지속 가능한 삶이 어떤 모습일지, 잠을 충분히 자는 게 얼마나 좋은 일인지 조금씩 깨달았다. 이런 깨달음을 얻자 과거의 패턴으로 돌아갈 수 없었다.

게으름은 맥스에게 통찰이라는 선물을 주었다. 그리고 허락하기만 하면 우리도 통찰을 얻을 수 있다.

게으름은 창의력을 높인다

우리가 휴식을 취하고 게으름을 피울 때, 자신에 대해 새로운 것을 알게 되거나 일에 집중할 때라면 절대 떠오르지 않았을 환상적인 통찰이 떠오를 수 있다. 창의력을 연구하는 심리학자들은 '아하 aha' 하는 이 위대한 깨달음의 순간을 촉진하기 위해 무엇을 할 수 있는지 연구하는 데 많은 노력을 쏟아부었다. 결론은 게으름이 그런 순간에 도달하는 가장 효과적인 방법들 중 하나라는 것이다.

통찰과 창의력의 순간들은 억지로 한다고 해서 나오지 않는다.

정신 활동을 하지 않는 기간이 필요하다.[29] 좋은 아이디어들은 종종 아이디어를 내려고 애쓰는 것을 중단했을 때, 예컨대 샤워 중이거나 한가롭게 산책을 하는 동안 떠오른다. 이러한 아이디어들이 갑자기 떠오르는 것처럼 보이지만, 사실 뇌가 쉬는 동안 머릿속에서 조용히 무의식적으로 만들고 있었던 것이다. 심리학자들은 이 생산적인 휴식 시간을 '부화기incubation period'라고 부른다. 건강한 병아리가 태어나려면 알을 따뜻하고 안전하게 보호해야 하는 것처럼, 우리 정신의 창의적인 부분도 아이디어나 통찰을 낳기 위해 안전과 휴식, 이완이 필요하다.[30]

이 원칙을 사람들에게 설명할 때마다 드라마 〈매드맨〉의 한 장면이 떠오른다. 카리스마 넘치는 성공한 광고회사 중역인 돈 드레이퍼는 젊고 야심에 찬 카피라이터 페기가 고객사의 신제품을 위한 광고 문구를 내놓지 못하고 있자 조언을 한다. 돈은 짧은 몇 문장으로 창의력을 부화시키는 개념을 완벽하게 설명한다. "일단 그것에 대해 깊게 생각해. 그리고 나서 잊어. 그러면 아이디어가 갑자기 떠오를 거야."[31]

나도 그런 식으로 좋은 아이디어가 떠오른 적이 있다. 2013년 초췌한 대학원생이었을 때 논문의 연구 주제를 잡지 못해 고심하고 있었다. 오랜 시간 학술 논문들을 살펴보고, 억지로 창의적인 아이디어를 내려고 애썼다. 예상대로 통하지 않았다. 나는 형편없이 '실패'한 나의 모습에 매우 좌절했다. 낙담하고 죄책감이 든 상태로 생일 파티를 하고 친구들을 만나려고 며칠 쉬었다.

그 휴가 기간 중 하루, 나는 친구와 긴 산책 중에 어쩌다 보니 마이클의 공예점 주차장에 다다랐다. 그곳에서 스프레이 페인트와 조화를 샀고 친구가 그것들로 화환을 만들었다. 갑자기 너무나 완벽한 연구 주제가 머릿속에 떠올랐다. 잊지 않기 위해 그 자리에 멈춰 서서 스마트폰에 그 내용을 저장했다. 그 주 내내 '게을러서' 논문을 준비하지 않고 있다는 죄책감을 느꼈지만, 사실 내 무의식은 그 사이 많은 일을 하고 있었던 것이다. 그저 한발 물러서서 내가 창의적인 사람이 될 여지를 주면 되었다.

게으름은 문제 해결에 도움이 된다

맥스의 사례를 보면, 삶을 대대적으로 바꿔야 함을 깨닫기 위해 한동안의 침대 위 휴식(그리고 유혈이 낭자한 공포 영화 다수)이 필요했다. 더불어 그 변화를 시작하는 법을 알아내기 위해 창의적인 통찰이 필요했고, 그 통찰은 길고 여유로운 부화기가 주었다.

맥스는 자신을 위해 지속 가능한 삶을 구축하고 유지하기 위해 싸워야 한다는 것을 알았다. 그냥 주어지는 게 아니었다. 병가를 끝내고 복귀했을 때 사무실은 여전히 비효율적이고 제대로 관리가 되고 있지 않았다. 상사는 여전히 학대적인 성격을 가진 여성으로, 직원들이 병가를 쓰는 일을 막았다. 다시 찾은 건강을 지키기 위해 맥스는 이러한 권력 구조에 대항하고 자신의 웰빙을 최우선에 두어야 했다. 그리고 전략적으로 그렇게 할 방법을 찾아야 했다.

맥스는 복귀하자마자 상사가 앞뒤가 안 맞는 지시를 내릴 때마다 기록으로 남기기 시작했다. 부서에서 일이 진행되는 과정에 대한 증거를 수집해 지원서가 늦게 오면 자신이 비난받지 않을 수 있게 했다. 거기서부터 시작해 맥스는 업무가 할당되는 방식에서 발견한 문제에 대해 대화하고자 경영진들과 면담 일정을 잡았다. 그 결과 경영진은 인력을 추가로 고용해 맥스가 오랫동안 도맡아 왔던 일들을 분담하게 했다. 업무량은 점차 줄어들었다. 이제 맥스는 병가가 필요할 때 상사가 뭐라고 하든지 말든지 병가를 낸다.

"상사가 병가가 꼭 필요한지 '확신'하느냐고 물을 때, 나는 강하게 나가. 예컨대 이메일로 병가 신청을 했는데 상사가 피하면, 내가 아파도 일하러 오라고 요구하는 거냐고 물어. 직원들의 병가 신청을 거부하는 건 사실 불법이라는 걸 그도 알지. 하지만 나도 안다는 걸 그에게 은근히 알릴 방법을 찾아야 해."

이것이 극단적인 방법처럼 보일지 모르지만, 상사의 전적을 감안했을 때 이해가 된다. 어떤 사람들은 일과 생활의 경계를 설정하는 법을 내적인 활동을 통해 배운다. 하지만 너무 많은 경우, 무리하게 만드는 압박은 외부로부터 온다.

과로하고 제대로 관리를 받지 못하는 직원들은 모든 법적 보호 장치를 이용해 자신의 권리를 옹호해야 한다. 다른 직원들과 힘을 합쳐서 회사 정책의 변화를 꾀해야 한다. 맥스는 그렇게 했다. 같은 문제가 몇 달 동안 반복되자, 다른 직원들과 같이 기록을 비교해 상사가 일을 정확하게 하지 않고 있다는 사실을 더 높은 상관들에게 증명할 수 있었다. 그 결과 맥스는 더 여유로운 근무 일정을 협상할 수 있었다.

맥스의 일에서 완벽한 것은 없다. 아직도 늘 그만두기를 꿈꾸고, 일은 여전히 보람이 없고 지치게만 한다. 하지만 현재 맥스는 일 년 내내 주당 80시간 일하는 게 아니라 한 달에 한 번 정도 그렇게 일한다고 한다. 그 대신 그림을 그리고, 자원봉사를 하며 시간을 보낸다. 더불어 수년간의 과로가 사생활에 끼친 피해에서 회복되기 위해 상담도 받는다. 무엇보다 중요한 점은 맥스의 뇌가 이제 유혈이 낭자한 공포 영화를 원하는 만큼 실컷 볼 수 있는 여유가 생겼다는 것이다.

맥스의 병은 좋은 게으름이 어떤 느낌인지 기억할 기회를 주었다. 침대에서 보낸 몇 주 동안 맥스는 기력을 되찾고 인생에서 진짜 중요한 것들에 다시 집중할 수 있었다. 스트레스로 인해 심신이 상처받고 위축되는 일이 줄어들자 자신을 더 잘 옹호하고 일터에서 문제점들을 고치기 위한 전략을 세울 수 있었다.

의식적으로 한가로운 시간을 만들고 자연스럽게 드는 게으르고 싶은 감정을 밀어내지 않고 수용하면 무엇이 우리에게 중요한지, 어떤 일의 강도를 줄여야 하는지 알 수 있다. 마음이 기력을 회복해 편안해지면 해묵은 문제들에 대한 새로운 해법을 찾고 있는 줄도 몰랐던 자신의 강인함을 발견할 수 있다.

게으름은 무엇이 중요한지 알려준다

너무 많은 책임을 떠안으면 본능은 일할 태세를 갖추고 가능한 한 많은 일을 하려 한다. 하지만 많은 연구에 따르면 멈춤 버튼을 누르고 게으를 시간을 찾고, 어떤 깨달음과 반응이 떠오르는지 지켜보는 게 낫다. 우리는 속도를 늦추고 일을 줄임으로써 삶에서 어떤 요구들을 놓아버릴 수 있는지 파악한다. 게으름을 적으로 보는 것을 멈추면, 놓아버리는 행위를 편하게 느낄 수 있다.

오거스트 스톡웰August Stockwell은 업스윙 애드보케이트Upswing Advocates단체를 운영한다. 이 단체는 자폐와 ADHD와 같은 장애를 가진 내담자와 성 소수자 내담자에게 필요한 것을 충족해 주는 방법에 대해 정신 건강 전문가들을 훈련시킨다. 이것은 시간이 오래 걸리고 힘든 일로, 많은 행정 업무와 면담과 전화 회의가 필요하다. 이 일은 정서적으로도 힘든데, 심리 치료사와 상담사가 내담자들과의 사이에서 겪는 어려움을 다뤄야 하기 때문이다. 오랫동안 이러한 일들은 오거스트의 정신 건강에 좋지 않은 영향을 주었다.

"언젠가 제가 항상 과경각 상태로 살고 있다는 걸 깨달았어요. 저에게는 직업적으로 좋은 경계가 없었어요. 세상에는 해야 할 좋은 일이 너무도 많기 때문에 모든 일을 맡았어요! 그러다 나 자신과의 접촉을 잃게 되었죠."

오거스트는 오랫동안 이 단체에서 벌어지는 큰일을 우선 과제로 삼았다고 한다. 무엇이든 진화가 필요한 가장 큰 '화재'처럼 보이는 일에 관심을 쏟았다.

오거스트는 내게 주간 과업과 목적을 기록하기 위해 사용하는 스프레드시트를 보여주었다. 일과 관련된 목표뿐만 아니라 연인과 시간 보내기, 명상하기, 산책하기, 사랑하는 사람들과 통화 일정 잡기와 같은 일을 적은 것도 있었다. 오거스트의 삶에서 중요한 모든 것이 스프레드시트에 담겨 있는 셈이었다.

오거스트는 이 시트의 우측에 그 주의 특정 목표를 달성했는지 여부를 표시한다. 면담에 참석했는가? 내 의도대로 친구와 통화를 했는가? 게다가 그 특정 목표의 달성 여부에 관해 어떻게 느끼는지 기록하는 부분도 있다. 오거스트의 스프레드시트의 예시는 다음과 같다.

스프레드시트 관리법 덕분에 오거스트는 어떤 목표들을 주로 놓치는지, 목표를 놓쳤을 때 어떤 기분이 드는지 파악할 수 있다. 목표를 달성하지 못한 것에 대해 자책하기보다 동기 부여와 '게으름'으로 그에게 어떤 결과가 발생했는지, 게으름이 가르쳐주어야 할 교훈은 무엇인지 알 수 있다. 예컨대 오거스트가 집안일에 대한 목표를 반복해서 놓치지만 그것에 대해 별로 기분이 나쁘지 않다면, 완벽하게 깔끔한 집이 그에게 그렇게 중요한 목표가 아니라는 뜻일 수 있다. 이것은 항상 모든 일을 할 수 없는 것을 자책하기보

목표 분류	금주의 목표	우선순위	완수 여부	느낌
반성 / 사색	최소 이틀 동안 명상하기	높음	완수	좋음
신체 건강	최소 하루 운동하기	중간	해야 함	괜찮음
휴식	사흘 휴가 내기	높음	이틀 휴가 다녀옴	괜찮음
업무	후원자들에게 감사 카드 보내기	높음	감사 카드 남음	괜찮음
인간관계	친구들에게 내 근황 알리기	높음	완수	괜찮음
생활 속 일처리	아파트 청소, 은행 예금 확인	중간	완수, 비밀번호 변경도 함	좋음

다 실제 가치를 반영하는 새로운 목표들을 세우는 데 도움이 된다.

"이 모든 것은 제가 타인이 아닌 나 자신과 나의 실제 경험에 초점을 맞추는 데 도움이 됩니다. 이렇게 하면 스스로 묻게 돼요. 내가 어떻게 하고 있나? 내가 정말 원하는 건 무엇인가? 나는 행복한가? 만일 그렇지 않다면, 이러한 목표들에 계속 집중할 가치가 있을까요?"

게으름이라는 거짓이 지배하는 세상에서 의무를 포기하는 것은 고통스러울 수 있다. 하지만 비판하지 않고 자신의 패턴을 관찰하고 그것으로부터 더 많이 배울수록, 우리가 번영할 진정한 삶을 만들 수 있다.

뮤지컬 영화 〈해밀턴〉의 작가이자 출연자인 린-마누엘 미란다는 아내와 휴가를 보내면서 역사책을 읽다가 이 뮤지컬의 콘셉트를 떠올린 것으로 유명하다.[32] 새로운 뮤지컬의 콘셉트를 발견하기를 바라며 휴가를 간 게 아니었다. 자신의 작품 〈인 더 하이츠〉에 7년간 쉼 없이 공연했기 때문에 그 후에 휴식을 취할 방법을 찾으려 했을 뿐이었다. 하지만 진정으로 재충전할 시간을 갖자 바로 미란다의 삶을 영원히 바꾼 창의적인 발상이 떠올랐다.

〈해밀턴〉이 전례 없는 대성공을 거둔 후, 미란다는 다시 억지로 휴가를 낼 짬을 찾아야 했다. 이 작품의 팬들은 그가 출연을 그만두자 매우 실망했다. 하지만 인터뷰에서 미란다는 게으름의 중요성을 강조했다.

"내 생에 지금까지 중 최고의 아이디어, 그리고 앞으로도 최고일 그 아이디어가 휴가 중에 떠오른 건 우연이 아닙니다. 뇌가 잠시 쉬자 곧 〈해밀턴〉이 떠오른 겁니다."[33]

게으름은 우리가 통찰력 있는 창작자와 문제 해결사가 되는 데 도움을 준다. 하지만 게으름의 가치는 그보다 훨씬 더 심오하다. 삶의 속도를 늦추고, 휴식을 취하며, '아무것'도 하지 않을 여유를 얻으면 우리가 가진 큰 상처가 치유되고 우리에게 영양분이 되는 삶을 꾸릴 수 있다.

덜 하는 것이

우리를 치유하는 원리

심리 치료사 제이슨이 '내 감정을 느끼도록' 30분 동안 가만히 앉아서 아무것도 하지 말아 보라고 처음 말했을 때, 나는 완전히 헛소리라고 생각했다.

나는 이렇게 말했다. "아무도 그렇게 할 수는 없어요. 말 그대로 어떤 인간도 그렇게 긴 시간 동안 가만히 앉아서 전혀 *아무것도* 하지 않을 수는 없다고요."

제이슨이 이 조언을 했을 당시, 나는 감정을 잘 다루지 못했다. 연방 정부는 트랜스젠더에 대한 차별 금지 보호 조치를 철회했고, 사람들이 미국과 멕시코 국경의 '우리' 안에 갇혀 있었다. 많은 친구가 건강보험개혁법(오바마 케어)이 사라져 의료 서비스에 대한 접근을 잃을까 봐 걱정하며 살고 있었다. 세상이 불타서 무너지는 것처럼 느껴졌다. 나는 절망감과 분노를 너무 크게 느껴 감당할 수 없었다. 그래서 할 수 있는 한 입을 다물어버렸다.

나는 일과 운동activism에 집중하기 위해 종일 슬픔과 불안을 밀어내며 시위와 집회에 갔다. 내 정당의 의원들에게 전화를 걸었다. 겁먹은 친구들을 지지하고 굳게 버티려고 노력했다. 밤마다 감정이 홍수처럼 밀려들어 울거나 분노에 잠 못 드는 날이 많았다. 내 애인은 내가 무엇 때문에 신경이 곤두섰는지 말하지 않고 몇 시간 동안 아무것도 하지 않는 채 맥 빠져 있는 모습을 싫어했지만 나는 맞닥뜨린 어떤 문제도 그에게 말하지 않았다. 며칠이 지난 후 사소한 일에 대해 분노를 터뜨렸다. 나는 친구들이 말한 무언가에 며칠 동안 분개하며 시간 낭비를 했지만, 그들에게 상처받았다고 결코 말하지 않았다. 감정은 나약하고 비생산적인 사람을 위한 것이라고 생각하면서 애써 감정들을 억눌러야 했다.

제이슨은 '감정을 밀어내고 감정 없는 로봇처럼 구는' 나의 계획에 동의하지 않았다. 이 방법은 전혀 통하지 않았고, 스트레스나 과거의 트라우마를 다루는 지속 가능한 방법이 아니라고 했다. 제이슨은 내게 최소한 일주일에 한 번 앉아서 아무것도 하지 말고, 어떤 감정이든 떠오르는 대로 온전히 느끼는 시간을 갖도록 일정을 잡을 것을 권유했다.

몇 주 동안 나는 거부했다. 이 방법은 완전히 사기처럼 들렸고, 누가 봐도 어리석은 생각인 것 같았다. 나는 제이슨에게 말했다. "누군가 이걸 한다는 게 내겐 미친 소리처럼 들려요. 가만히 앉아서 이유 없이 울면 기분이 나아진다는 걸 이해할 수 없네요. 그렇게 한다고 말한 환자가 있다면, 치료를 끝내기 위해 거짓말하는 겁니다. 분명해요."

모든 불평과 저항에도 제이슨은 웃으며 동의하지 않는다는 듯이 눈동자를 굴렸다. 그는 어떤 사람들은 실제로 가만히 앉아 느껴지는 대로 감정을 느끼며, 이 방법은 큰 도움이 된다고 주장했다. 그리고 내게 정말 꼭 해보라고 다시금 강조했다.

알고 보니 제이슨의 제안을 뒷받침하는 과학적 증거가 많았다. 가만히 앉아서 아무것도 하지 않고 자신의 감정에만 집중하는 시간을 갖는 것이 치료의 효과가 있으며 개인의 신체적, 정신적 건강을 개선한다는 게 수십 년 동안 연구를 통해 증명되었다.

1985년 심리 치료사 제임스 페니베이커James Pennebaker가 고통스러운 감정을 글로 표현하는 게 어떻게 상처를 치유하는지 연구했다.[34] 연구자들은 심리 치료사에게 힘든 감정을 말하는 것만으로도 도움이 되며, 친한 친구에게 털어놓는 것 역시 감정을 다루는 데 효과적이라는 사실을 이미 알았다. 하지만 페니베이커는 사람들이 자신의 감정에 대해 글을 써서 *자신*과 감정을 공유한 후에 기분이 좋아지는지 알고 싶었다.

페니베이커는 트라우마 생존자와 만성질환자 표본을 모아 매일 20분간 앉아서 '어떻게 느끼는지' 글로 적으라고 했다. 그가 표본들에게 내린 지시는 다음과 같다.[35]

1. 방해받지 않을 시간과 장소를 찾는다.
2. 최소한 20분간 계속 쓴다.
3. 철자법이나 문법에 대해 걱정하지 않는다.
4. 오직 자신을 위해 쓴다.
5. 매우 사적이고 자신에게 중요한 무언가에 대해 쓴다.
6. 현재 다룰 수 있는 사건과 상황에 대해서만 다룬다.

페니베이커는 연구 참가자들에게 그들의 삶에 있었던 '정서적 격변'의 근원에 대해 20분간 쉬지 않고 글로 적을 것을 요청했다. 글이 두서가 없거나 말이 안 돼도 상관없었다. 이 훈련의 핵심은 감정을 종이에 옮기는 일이지 멋들어지게 글을 잘 쓰는 것이 아니었다. 참가자들이 할 말이 더 이상 없을 때도, 페니베이커는 그들에게 계속 글을 쓰라고 지시했다. 도입부에 이미 적은 내용을 반복해서 적는 것이어도 상관없었다. 20분이 지난 후 참가자들에게 그 종이들을 버리라고 했다.

페니베이커와 동료들은 2주가 지난 후 글쓰기 훈련에 참가한 사람들이 스트레스와 우울을 덜 보고하는 것을 발견했다.[36] 그들은 더 잘 자고 에너지도 더 생겼다.[37] 바이털 사인과 면역계 기능도 현저하게 좋아졌다.[38] 후속 연구에서 페니베이커와 동료들은 이런 식으로 감정에 대해 글을 쓰는 것이 불편한 일을 곱씹는 것을 줄이는 데 도움 되고 대처 능력을 향상시킨다는 사실을 발견했다. 점점 더 많은 연구자가 환자들에게서 이 방법을 시험해 본 결과, 글쓰기 훈련이 가진 수많은 이점이 더 뚜렷해졌다.

페니베이커는 사람들이 자신의 감정과 욕구를 수용하는 데 도움을 주는 간단하고 쉬운 치료법을 발견했으며, 이는 다양한 신체적, 정신적 질환을 가진 사람에게 이로운 것으로 보였다.[39] 이 연구는 페니베이커의 명저서인 《글쓰기치료Writing to Heal》의 기초이자 그가 '표현적 글쓰기'라고 부르는 방법이 되었다. 표현적 글쓰기는 현재 PTSD를 앓는 퇴역 군인부터 미래가 불확실한 암 환자, 스트레스와 불안, 슬픔, 우울로 고통받는 사람에 이르기까지 모든 사람을 돕는 데 자주 사용된다.[40] 나는 아직도 믿기 힘들지만, 속도를 늦추고 비생산적인 상태로 자신의 감정에 귀 기울이는 것이 갖는 치유의 힘이 수많은 연구를 통해 지속적으로 증명되었다.

표현적 글쓰기는 왜 그렇게 효과가 있을까? 우리가 흔히 경시하는 고통스러운 감정을 마주해야 되기 때문이다. 우리는 자수성가를 칭송하고 강인한 사람을 미화하는 세상에 살고 있다. 이 문화적 메시지와 그것이 우리에게 가하는 모든 압박 때문에 우리는 우리의 욕구를 간과하도록 배운다. 심지어 나약하다는 느낌을 갖거나 힘든 감정을 품었다고 스스로를 혐오하기도 한다. 표현적 글쓰기는 종일 꾹꾹 참고 발설하지 않은 취약한 측면을 찾아내고 그것에 경청할 기회를 주기 때문에 효과가 있는 것이다.

또한 글쓰기 과정이 다른 사람을 염두에 두지 않았다는 점도 매우 중요하다. 타인이 볼 글을 쓸 때, 우리는 스스로 검열하고 글이 충분히 좋은지에 관심을 두게 된다. 표현적 글쓰기는 특히 비생산적이도록 고안되었다. 두서없고, 누가 읽기에도 적합하지 않은 글을 쓴 후 버리면 된다. 이것은 자신이 가진 모든 감정과 교감하는 데 도움을 줄 수 있다.

벨라 에틴전Bella Etingen 박사는 일리노이주 하인스에 있는 퇴역 군인 전문병원에서 일하는 연구자다. 그는 PTSD를 앓는 퇴역 군인을 돕는 데 표현적 글쓰기를 종종 사용한다. 표현적 글쓰기가 퇴역 군인을 위한 효과적인 치료법인 것은 글을 쓰는 사람이 무방비 상태가 되어 완전히 사적이고 당황스럽지 않은 방식으로 자신의 감정에 귀 기울일 수 있기 때문이다.

"이 마초적인 군인들은 대개 감정이나 트라우마에 대해 치료사와 이야기하는 걸 싫어합니다." 벨라가 표현적 글쓰기의 힘에 관한 연구를 처음 시작했을 당시 내게 말했다. "하지만 그들에게 앉아서 어떻게 느끼는지 글로 쓰라고 요청하고 나중에 그 글을 버릴 수 있다고 말하면 글을 씁니다. 자신이 가진 남성성을 훼손하지 않을 거라는 생각 때문이죠."

나는 벨라가 말한 '마초적인 군인 아저씨들'을 이해한다. 나는 터프하거나 남성성이 강하진 않지만, 가만히 앉아서 내 감정을 이야기하는 게 싫다. 그 과정이 민망하고 부끄럽다고 생각한다. 가부장제와 게으름이라는 거짓이 수십 년 동안 함께 작동해 내게 눈물을 흘리거나 감정을 말하는 것에 대해 좋지 않은 생각을 심어주었다. 심지어 억압이 나를 산 채로 갉아먹을 때조차 그랬다.

사회에서 가장 인기 있는 '자기 관리' 방법들 가운데 다수는 이런 식으로 부당한 평판을 얻은 적이 있다. 거품 목욕을 하고, 촛불을 켜고, 마사지를 받는 것과 같은 일들은 게으르고 낭비적인 사치이지 꼭 필요한 일로 보지 않는다. 혹은 그렇다고 배웠다. 하지만 결국 많은 사람이 이러한 부드럽고 치유적인 활동이 아주 멋진 일이며, 그것들을 피하라고 말하는 문화적 세뇌에 대항해 싸워야 한다는 것을 깨닫는다.

꽃

제이슨의 제안을 몇 주간 거부한 끝에 마침내 나는 '내 감정 느끼기'를 한번 해보기로 했다. 일주일에 한 번 한 시간을 할애해 인생에서 나를 불행하게 하는 것들에 대해 글로 적었다. 글을 쓰면서 나는 울거나 짜증이 나는 것을 느꼈다. 매 순간이 엉망이었다. 글쓰기는 내가 지닌 모든 슬픔을, 내 안 깊이 억압되어 묻혀 있던 모든 슬픔과 상처를 떠올리게 했다. 글쓰기 시간 동안 내가 정말 불쌍하게 느껴졌고 고통스러웠다. 글쓰기가 끝나면 종이를 버리고 산책을 하며 인간의 취약성과 나약함을 가진 것에 대해 내가 느낀 수치심을 털어버리려고 애썼다.

제이슨이 권한 '내 감정 느끼기'를 2주 동안 행한 후, 나는 더 이상 울면서 잠들지 않게 되었다. 감정을 몇 주 동안 품는 대신 감정이 생기자마자 애인과 친구들에게 말하기 시작했다. 갑자기 내가 슬프거나 화가 났다는 사실을 인정하는 게 덜 위협적으로 느껴졌다. 그런 감정들로부터 계속 도망가지 않았기 때문에 감정들을 표출할 때 드는 수치심이 현저히 줄어들었다.

또한 매주 글의 소재로 삼는 것들 가운데 어떤 패턴을 발견했다. 젠더퀴어genderqueer(남성과 여성이라는 기존의 이분법적 성별 구분 이외의 성 정체성을 가진 사람—옮긴이) 지지 집단 모임에 매주 참석하는 일과 같은 어떤 의무들이 항상 스트레스의 원천으로 등장했다. 매주, 나는 그 모임에 가기가 겁났다. 이 패턴을 발견하자 그 모임에 나가지 않기가 훨씬 수월해졌다.

몇 달간 시간을 내어 내 감정 느끼기를 해본 후 마침내 애인과 마주 앉아 내가 수년간 미룬 돈에 관한 이야기를 나눌 수 있었다.

돈에 관한 대화는 어렵지만 꼭 필요했다. 그 결과 집에서 해야 할 일을 나누는 방식과 함께하는 미래에 대해 생각하고 대화하는 방식이 크게 변했다. 글쓰기를 한 지 6개월쯤 된 어느 날, 어머니가 전화로 의도치 않게 내게 상처 주는 말을 했다. 그런 경우 보통 나는 나머지 통화 중에 어머니와 거리를 두고 다음 며칠 동안 그것에 분개했다. 하지만 이번에는 대화를 멈추고 어머니가 한 말에 화가 났다고 전할 평정심이 생겼다. 분노의 악마가 바로 내 몸에서 쫓겨나간 것처럼 느꼈다.

나는 점점 더 내 감정에 충실해지고 있었다. 바보처럼 들리던 '내 감정 느끼기'는 사실 매우 효과적이었다. 표현적 글쓰기는 내게 아주 효과적이어서 어렵고 정서적으로 힘든 상황에 있는 지인과 시험 불안에 시달리는 학생에게 권했다. 또한 나처럼 세상의 미래에 대한 두려움에 빠진 친구에게도 추천한다.[41] 내가 이것을 심리 치료사에게 말할 때마다, 제이슨은 '내가 그럴 거라고 했지'라고 말하는 듯한 표정으로 미소를 짓는다. 하지만 내가 뭐라 하겠는가? 나약해 보이고 헛소리라 여겼던 방법은 사실 헛소리가 전혀 아니었다.

❧

인기 있고 효과적인 또 다른 방법은 바로 명상이다. 연구에서 표현적 글쓰기의 이점을 강조한 것처럼, 명상이 혈압,[42] 면역계 기능,[43] 그리고 정신 건강[44]까지 개선해 준다는 사실이 과학적으로 입증되었다.

오거스트 스톡웰은 주간 목표 스프레드시트에 명상을 주기적으로 포함하며, 명상을 많이 할수록 신경이 안정되고 삶에서 가장 중요한 것이 무엇인지 파악하는 능력이 커진다는 것을 발견했다. 이 것은 그가 경계를 더 잘 설정하는 데 도움이 되었다.

"명상을 하면 저는 제가 머물기 원하는 차분한 정신 상태에 최대한 오래 머물 수 있었어요. 명상은 언제 더 많은 일을 거부해야 하는지 파악하는 데 도움이 됩니다."

명상을 하기 전에 오거스트는 얼마나 끊임없이 불안한지, 너무 많은 일을 하고 있는지 깨닫지 못했다. 지나치게 바쁜 것에 너무 익숙해져서 대안이 있다는 것을 잊었다. 명상은 그에게 천천히 움직이고, 침묵을 음미하고, 지금 이 순간을 느낄 수 있음을 알려주었다.

"저는 계속 스스로에게 알려줘요. 명상이 문제를 해결할 수는 없다고요. 하지만 시작할 수 있는 가장 중요한 지점입니다."

이 말을 달리 표현하자면 이렇다. 명상은 어떤 문제 해결을 위한 것이 아니기 때문에 시작할 수 있는 가장 중요한 지점이다. 표현적 글쓰기와 '아무것'도 하지 않는 다양한 방법과 마찬가지로, 명상은 잠시 목표를 내려놓고 스트레스를 놓아버리고 그 과정에서 에너지와 웰빙을 회복하는 일에 관한 것이다.

게으름을 받아들이는 것은 삶의 질에 혁명적인 영향을 준다. 해야 할 일 목록에서 몇 개를 해치웠는지로 우리의 가치를 측정하는 것을 멈출 때, 우리는 비로소 진정으로 중요한 활동을 찾아 추구한다. 사회가 부가한 '당위'가 아니라 진정한 느낌을 바탕으로 우선순위를 정하면, 훨씬 더 큰 진정성을 느낀다. 그리고 자유 시간을 만끽하고 더 느리고, 게으르고, 직관적인 속도로 일에 임할 때 수년간 과로가 남긴 피해를 없애고 회복할 것이다.

3장

일을
덜 해도 된다

아네트 타울러 박사는 산업 조직 심리학자다. 그의 연구는 일터의 변화가 사람들이 느끼고 행동하는 방식에 어떻게 영향을 주는지를 중점적으로 다룬다. 오랫동안 타울러는 이 나라에서 직원이 어떻게 관리되는지, 경영진의 결정이 생산성과 웰빙에 어떠한 영향을 주는지에 관한 다양한 주제를 연구했다. 관리자가 좀 더 카리스마를 갖도록 훈련되는지 여부(할 수 있다),[1] 교사의 급여 수준이 학교에서 학생들의 수행 수준과 관련이 있는지 여부(관련이 있다),[2] 건강한 인간관계를 지닌 사람이 그렇지 못한 사람보다 더 좋은 직원이 되는지 여부(더 좋은 직원이 된다)[3]와 같은 문제들을 조사했다.

아네트는 방대한 분야에서 전문가다. 그의 연구는 해당 분야에서 가장 저명한 학술 저널들에 소개되었다. 내가 일하는 곳과 한 블록 떨어진 시카고의 드폴대학교에서 수년 동안 종신 교수로 일했다. 하지만 어느 날 아네트는 좀 더 진실 되고 기쁨이 충만한 삶을 찾아 모든 것을 뒤로하고 떠나기로 결심했다.

프리랜서 작가 겸 컨설턴트가 되기 위해 안정적인 종신직을 떠나기로 했을 당시 아네트는 커리어의 절정에 있었다. 그래서 많은 사람이 보기에 이것은 말도 안 되게 위험한 행보였지만 그의 눈에는 가야 할 길이 분명했다. 무엇이 직장을 건강하게 만드는지, 또 반대로 무엇이 직장을 유해하게 만드는지 수십 년간 연구한 끝에 아네트는 자신이 속한 학과가 점점 더 '유해한' 쪽으로 기울고 있음을 발견했다.

"종신 교수가 되자 저는 제 밑의 사람들을 괴롭히기 시작해야 한다는 압박감을 느꼈어요. 우리 과에서 교수들은 학생을 괴롭히고, 오래된 교수들은 신입 교수들을 괴롭히죠. 당연히 나도 그 문화의 일부가 될 거라는 생각이 들었어요."

아네트는 자신의 과에서 교수와 학생 모두 스트레스를 많이 받고 있다는 것을 알아챘다. 휴식과 반성의 시간도 없이 항상 높은 수준의 수행을 보여야 하는 압박이 무척 컸다. 사람들은 다른 사람의 행동과 생산성을 감시하고 평가하는 경향이 있었다. 소진되고 비참한 교수들은 그들의 스트레스를 아랫사람에게 전가했다. 전반적으로 비통함과 냉소주의가 만연했다. 즉, 아네트의 사무실은 미국에 있는 수많은 사무실과 흡사했다. 트라우마를 입고 탈진한 사람을 양산하기에 안성맞춤이었다. 아네트는 그런 일터가 직원들에게 주는 폐해에 대해 몸소 연구했기 때문에 거기서 빠져나가기로 한 것이다.

"저는 그 후 교수 일에서 많은 걸 포기했어요."

현재 아네트는 자신의 연구가 권하는 삶을 살고 있다. 마라톤에 참가하고 미술품을 만들 시간을 찾았다. 추리소설을 집필 중이고, 가정 폭력 생존자를 지원하기 위해 정기적으로 자원봉사도 한다. 프리랜서로서도 해야 할 일이 많지만, 의도적으로 다른 일들을 우선에 둔다. 예컨대 나와의 인터뷰를 위해 시간을 내는 일 말이다.

"나는 중요한 일들을 우선에 두고 내 시간과 관심을 그것들에 투자합니다. 그게 바로 심리학 문헌들이 건강한 삶을 위해 사람이 해야 할 일이라고 말하는 것이에요. 그러니 임의적으로 정한 데드라인 때문에 걱정하며 일할 수도 있지만, 내가 *하고 싶은 일*, 바로 당신과 대화하는 걸 택할 수도 있는 거죠."

아네트는 삶에 대해 개방적인 관점을 견지하며 스스로 삶을 개척했다. 하지만 아네트가 그런 종류의 삶을 구축할 수 있었던 것은 무엇이 자신에게 나쁜지 알고 피할 수 있는 특권과 지식을 가졌기 때문이다.

많은 조직이 게으름이라는 거짓의 역사와 가치의 영향을 받았고, 그로 인해 자주 재앙과 같은 결과가 발생한다. 보통 근무일은 8시간 이상 줄곧 앉아서 결과를 양산해야 한다는 기대를 중심으로 구성되어 있다. 이것이 비현실적임을 보여주는 압도적으로 많은 증거가 있음에도 말이다. 관리자들은 직원들을 세세하게 관리해야 하며 그들로부터 생산성을 끝까지 쥐어 짜내야 한다고 믿는다. 하지만 연구에 따르면, 이런 행태는 사람들을 짜증 나게 하고 동기를 잃게 한다.[4] 과로한 직원들은 서로의 업무 습관을 감시하고 부서 전반에 걸쳐 그들이 공유하는 비참함을 확산시키도록 종용당해 건강하지 못하고 한계선이 전염병처럼 퍼지는 결과가 일어난다. 디지털 업무 도구가 개발되는 바람에 언제든지 고용주가 찾으면 달려가 도움을 주어야 하는 압박감만 커졌고, 모두가 탈진되고 소진되고 있다는 느낌만 점점 더 강화되었다.

많은 사람이 충분히 생산적이지 못한 것에 대한 죄책감을 느끼지만, 사실 대부분은 건강에 영향을 미칠 정도로 충분히 많은 일을 하고 있다. 우리는 몸과 정신을 한계까지 밀어붙이며, 피로하니 한가롭게 쉬어야 한다는 자연이 보내는 경고 신호를 무시하고, 다른 사람들도 그렇게 하도록 부추기고 있다. 장기간 이런 식으로 자신을 몰아붙이면, 심각한 피로와 소진을 겪을 위험이 있다. 이러한 파괴적인 패턴에서 벗어나길 원한다면, 인간으로서 갖는 욕구와 '게으름이 필요하다'는 자연스러운 신호를 수용하고 더가 아니라 덜 일할 방법을 찾아야 한다.

우리는 그 어느 때보다

더 일하고 있다

1장에서 나는 집단으로서 우리가 게으름에 대해 가진 두려움과 혐오가 어떻게 노예제와 자본주의의 역사에서 비롯되었는지 다뤘다. 더불어 산업혁명 시대 노동자에게 위험과 학대로 가득 찬 하루 16시간 노동을 강요하기 위해 게으름이라는 거짓이 어떻게 이용되었는지 살펴봤다. 불행히도 이 역사적 유산은 지금도 남아 영향을 주고 있다.

(노조와 노동 운동 덕분에) 평균 주당 노동 시간이 점점 더 짧아질 때도 있었지만,[5] 안타깝게도 그 패턴이 최근 몇 년간 역전되었다.[6] 평균 근무일은 점점 더 길어지고 있으며 거의 모든 산업과 직업에서 초과 근무를 해야 하는 압박이 존재한다. 스마트폰, 노트북, 이메일과 슬랙과 같은 디지털 업무 도구들 때문에 우리는 하루를 마치고 귀가한 후에도 일에서 벗어나는 게 더 어려워졌다. 게다가 '긱

경제gig economy'의 출현으로 여유 시간을 추가적인 노동과 '부업'으로 채워야 한다는 압박감을 느끼고 있다.

더 길어진 노동 시간

산업혁명으로 창고 기반 산업 현장이 생겨났다.[7] 공장 근로자들은 위험한 근로 조건에서 온종일 고되게 노동하며 잠자는 것을 제외하고는 삶에서 다른 무엇도 할 시간을 찾을 수 없었다. 노동자를 위해 수립된 법적 보호책은 매우 적었으며, 많은 사람이 근무 중 부상을 당해도 보상을 받지 못했다.[8] 노동자를 학대하는 일이 비일비재했으며, 점심시간이나 화장실에 가는 시간이 주어지지 않는 경우도 많았다.

노동자들은 정당한 처우를 보장받기 위해 연대해 작업을 중단하고 시위와 파업을 벌였다. 오랫동안 이런 현상이 계속되었고, 고용주들과 경찰과 미군은 이에 대해 강압적이고 폭력적으로 대응했다.[9] 하지만 결국 노동 운동이 법적인 승리를 거두었고, 노조들이 협상 테이블에 앉게 되었다. 서서히, 그렇지만 확실하게 노동자들은 더 많은 수당과 법적 보호책을 누릴 권리를 얻게 되었고, 해가 될 정도로 길던 일일 노동 시간도 줄어들었다.[10]

그 후 수십 년 동안 미국에서 전반적인 추세는 근무 시간 축소, 급여와 수당의 확대로 가고 있었다. 20세기 중반에 많은 근로 계층이 전에 누리지 못한 수준의 안락함과 부를 누렸다. 나와 같은 밀레니엄 세대는 부모와 조부모로부터 이 시대에 대한 이야기를 듣고 자랐다. 예컨대 나는 그 시절 애팔래치아 조부모가 테네시주의 가난한 컴벌랜드 갭 지역에서 내가 자란 중산층이 모여 사는 클리블랜드 교외로 이사를 간 이야기를 들어 익히 알고 있다. 그 시절은 미국이 경제 호황을 크게 누리던 때로, 특히 나의 친척들과 같은 백인, 그리고 백인으로 통하는 사람들이 그 혜택을 누렸다.

하지만 그 시기는 오래가지 못했다. 지난 20년간 주당 평균 노동 시간은 과거 한때 그랬던 것처럼 짧아지는 대신[11] 점점 더 길어졌다.[12] 2014년 당시 미국인의 평균 주당 근무 시간은 40시간에서 47시간 이상으로 늘었다.[13] 2018년 갤럽Gallup이 실시한 조사에서 응답자의 44퍼센트가 주당 45시간 이상 일한다고 답했다.[14] 그 44퍼센트 가운데 12퍼센트는 주당 60시간 이상 일한다고 했다. 하루에 12시간 일한다는 뜻이다. 미국을 제외한 최소 134개국에서 한 사람이 일하도록 허용되는 시간에 대한 법적 제한이 있지만[15] 미국에는 법적으로 정한 최장 근무 시간이 없으며, 그 결과 주당 노동 시간은 한없이 늘어가고 있다.[16]

일부 조직에서 초과 근무는 부가적인 노력으로 여겨지지 않으며 매주 해야 하는 의무로 본다. 친구 엘리가 작년에 실리콘밸리에 있는 거대 기업에 취직했을 때, 부서에 있는 모든 직원이 매주 10시간의 초과 근무에 대해 사전 동의했다는 말을 듣고 경악을 금치 못했다. 이 이유 하나만으로도 엘리는 이 일자리를 수락해야 할지 말지 주저했다. 10시간 추가 노동이 일상적으로 기대된다면 그것을 과연 초과 근무라고 할 수 있을까?

지난 수십 년 동안 노동자들은 자신들이 일하는 한 시간 한 시간에서 더 많은 생산성을 뽑아내는 다양한 방법을 찾았다. 디지털 업무 도구, 자동화, 컴퓨터 처리 속도의 개선과 다른 수많은 변수 덕분에 이제 보통의 노동자는 1950년대에 40시간에 걸쳐 처리한 일을 11시간이면 완수한다.[17] 하지만 얼마나 더 많은 일을 하는지, 얼마나 더 많은 결과물을 내는지와 상관없이 그 기간 동안 급여는 올라가기는커녕 내려가기만 했다.[18]

현재 노동자들은 더 많은 시간 일할 뿐만 아니라 직전 세대보다 더 많은 스트레스에 시달리고 있다. 특히 업무상 책임과 미흡한 관리와 관련된 스트레스다.[19] 많은 산업에서 연금과 건강보험이 완전히 사라지거나 10여 년 전보다 훨씬 줄어들었다.[20] 많은 기업이 수당을 지급하지 않기 위해 전일제 직원을 고용하는 대신 파트타임 직원에게 점점 더 많이 의존하고 있다.[21] 실제로 많은 사람이 과거 그 어느 때보다 훨씬 더 많이 일하고 더 생산적이지만, 그 대가는 훨씬 덜 받고 있다.

직장 밖에서도 일해야 하는 현실

아네트는 미국에 살며 수년간 미국의 직장들을 연구했지만, 원래 영국 출신이다. 그는 유럽인보다 미국인이 특히 일과 역기능적

관계를 지니고 있음을 발견했다. "유럽인들은 출근하면 자기 일만 하고 귀가합니다. 그들은 휴식의 중요성을 이해하죠. 하지만 이런 균형을 미국에서는 찾아보기 힘듭니다."

미국인들이 일과 삶의 나머지 부분 간에 경계를 확실히 설정하지 못하는 경향이 있다는 것은 사실이다. 유럽인들은 해마다 20일 이상의 유급 휴가를 누리는 반면, 미국의 노동자들은 10일에서 14일만 가도 운이 좋은 편이다.[22] 게으름이라는 거짓은 수많은 미국 노동자들에게 영향을 주어 '휴가에 대한 죄책감'을 갖게 했고, 그 바람에 우리는 실제로 휴가일을 다 쓰는 것에 대해 불편함을 느낀다.[23] 글라스도어Glassdoor가 실시한 한 조사에서 2018년 미국인들은 유급 휴가일의 절반 정도만 사용했으며, 나머지는 그냥 버려졌다.[24]

우리는 병가에 대해서도 이와 비슷한 왜곡된 관계를 지닌다. 미국 노동자들의 거의 절반이 신체적, 정신적 건강을 위한 유급 병가를 누리지 못하며,[25] 유급 병가 제도가 있더라도 사용하기를 꺼려한다. 맥스와 같이 상사가 병가를 내지 못하도록 조종하는 경우도 비일비재하며 많은 사람이 휴가를 내면 게으르고 믿을 수 없는 직원으로 보일까 봐 두려워한다. 이런 두려움은 지나치거나 과장된 게 아니다. 2019년 아메리칸에어라인American Airlines은 병가를 사용한 직원들을 처벌하고 위협한 혐의로 뉴욕시의 소비자노동보호부로부터 소송을 당했다.[26]

기업들이 적절한 병가 정책을 제공하지 않고 관리자들이 직원이 아파도 일하게 만들 때, 공중 보건에 초래하는 여파는 막대하다. 많은 아픈 직원이 팬데믹 초기에 휴가를 내지 못하는 바람에 코로나바이러스가 동료들과 출퇴근길에 접한 사람들에게 확산되었다.[27] 더 일상적인 차원의 예로, 식당 노동자들은 아파도 출근할 수밖에 없어서 동료들과 고객들에게 병을 옮긴다. 요식업 노동자의 81퍼센트는 고용주로부터 병가를 받지 못하고 있다.[28]

일터를 벗어날 기회가 생겨도 원격으로라도 계속 일하고 싶은 유혹을 뿌리치기 어렵다. 이메일, 슬랙, 트위터와 다른 애플리케이션들 때문에 언제 어디서든지 일할 수 있고, 그 결과 일은 종일 계속된다.[29] 연구자들은 이것을 '일-집 간섭work-home interference'이라고 부르며, 스마트폰과 다른 도구들의 접근성이 확대되면서 이 현상은 점점 더 심해지고 있다.[30] 갤럽이 실시한 조사에서 응답자의 36퍼센트가 정규 근무 시간 외에도 업무 이메일을 자주 확인한다고 답했다.[31] 직원들이 24시간 온라인 상태여야 한다는 사회적 압박을 느끼는 조직에서 일-집 간섭률은 훨씬 더 높았다.

니미시르는 나이지리아에서 활동하는 성건강 운동가이자 교육자로 내게 자신의 웰빙을 위해 활동에 확고한 디지털 경계를 세워야 한다고 말한다. "저는 온라인으로 교육과 지지 활동을 많이 합니다. 매우 지칠 수 있어요. 그래서 예컨대 트위터에서 뮤트mute(특정 계정을 언팔로우하거나 차단하지 않고 해당 계정의 트윗을 삭제하는 기능−옮긴이) 기능을 사용해 성적 트라우마나 대상화에 대한 말들을 삭제해야 해요. 때로는 그냥 휴대폰을 멀리 두죠. 사람들을 교육하는 게 제 일의 일부지만, 저는 교육하는 방식에 제한을 두고도 중요한 일은 하고 있다고 생각합니다."

많은 사람은 니미시르 수준의 자기 관리self-discipline를 하지 못한다. 우리는 공식적인 근무 시간이 끝난 지 한참 지난 후에도 메시지에 답하고, 새로 온 알림을 확인하고, 무급으로 일을 하는 끝없는 루프에 갇혀 있다. 긱 경제와 같은 현상이 출현함으로써 일-집 간섭은 더욱더 심각한 문제가 되고 있다.

우리는 긱 경제에 갇혀 있다

앨릭스는 시카고 루프 지역에서 전일제 행정 보조로 일한다. 종일 문서를 편집하고, 회의록을 작성하고, 복사를 하고, 심부름을 한다. 사무실에서 어쩌다 가끔 한가한 시간이 생기면 못했던 창의적인 일을 하려 한다. 앨릭스는 배우 겸 공연 예술가로, 항상 외워야할 대사가 있고 지원해야 할 오디션이 있다. 길고 바쁜 하루가 끝나면 집으로 가 업워크Upwork 사이트를 켜놓고 부업으로 카피라이팅이나 트랜스크립션transcription(음성 파일 등을 듣고 글로 옮기는 작업−옮긴이) 일을 열심히 찾는다.

"돈은 덜 되지만 어쩌다 보니 글쓰기보다 트랜스크립션을 더 자주 하고 있어요. 에너지가 덜 들죠. 좀비처럼 느껴지긴 해도 그냥 아무 생각 없이 단어들을 써 내려가면 되니까요."

업워크에 내야 하는 수수료와 새 고객을 찾는 시간을 감안할 때, 앨릭스의 트랜스크립션 일은 최저 임금에 훨씬 못 미친다. 하지만 그는 아무것도 안 하는 것보다 낫다고 한다. 이 일을 하면 하루에 몇 시간이라도 더 돈을 벌 수 있기 때문이다. 많은 사람이 추가 수입을 얻으려고 업워크와 같은 사이트에 의지한다. 사실, 전일제 일자리가 좋다는 말은 빠르게 과거지사가 되어 가고 있다.[32] 과거와 달리 9시에 출근해 5시에 끝나는 일로 돈 벌기가 어려워질수록 점점 더 많은 사람이 주말, 저녁, 다른 여유 시간을 이처럼 부업을 통해 채워야만 한다.

나는 앨릭스와 같은 사람을 많이 안다. 긱 경제가 무서운 기세로 도래해 내가 아는 모든 열정적인 밀레니엄 예술가들의 자유 시간과 뇌를 삼켜버렸다. 리키는 노래 강습과 합창단 공연이 없는 저녁에 택시 운전을 한다. 아이스크림 가게 매니저인 디오는 애플리케이션을 이용해 개 산책하는 일을 찾아 추가 수입을 번다. 나는 너무 바빠져서 더 이상 할 수 없을 때까지 업워크를 통해 시간당 약 20달러를 받고 논문을 수정하는 일을 한 적이 있다. 아직도 자유 시간이 생기면 그 일을 해서 돈을 벌고 싶은 충동을 때때로 느낀다.

이렇게 사람들은 끝까지 무리해서 일하며 살고 있다. 경제 생태계는 게으름에 대한 혐오를 중심으로 구성되어서 우리는 해가 갈수록 더 오랜 시간 일하고 있다. 많은 사람이 그것이 휴가이든 병가이든 업무가 끝난 후 집에서 그냥 쉬는 것이든 일에서 손을 떼는 법을 모른다. 우리는 여유 시간에도 일을 해야 한다는, 더 힘들고 지속 가능하지 않은 목표를 설정해야 한다는 유혹에 쉽게 빠진다. 힘들고 많은 일을 짊어지고 과로하는 것은 결국 자기 패배적이고 해롭다. 한 사람이 할 수 있는 일에는 한계가 있기 때문이다.

당신이 할 수 있는 일에는

한계가 있다

　인간은 로봇이 아니다. 우리는 몇 시간이고 계속해서 결과물을 내놓을 수 없다. 사실 우리는 하루 2시간 이상 꾸준한 결과물을 낼 수 없다. 사람들은 이 사실을 알면 놀라곤 하지만 이게 진실이다. 우리는 하루 8시간 내내 일하도록 만들어지지 않았다. 그럼에도 대부분의 국가에서 하루 8시간이 타당하고 '인간적인' 일일 근무 시간이라고 여겨진다.

　일터에서 생산적이고 유능한 것은 의지와 결단력의 문제가 아니다. 일을 잘하려면, 휴식을 취하고 삶의 아름다움을 만끽할 수 있는 시간을 가져야 한다. 몇 시간 더 일한다고 해서 생산성이 그만큼 올라가지 않는다. 인간의 주의와 의지력에는 한계가 있으며, 양질의 일을 하려면 휴식할 시간이 필요하다.

더 오래 일해도 생산성은 늘지 않는다

헨리 포드Henry Ford는 노동 시간을 주당 48시간에서 40시간으로 줄이자 생산성이 실제로 높아지는 것을 발견했다.[33] 포드의 이러한 발견은 노동자들의 웰빙을 위해 주당 근무 시간을 줄여야 한다고 주장하는 노동권 운동과 정확하게 일치했다. 그 후 20년 동안 주당 40시간 근무는 다양한 산업에서 점점 더 많이 채택되었고, 결국 미국 노동 시간의 표준이 되었다.

주당 40시간 이상 일하면 어떤 일이 발생할까? 40시간 한계선을 넘어 일할수록 일에서 효율성과 정확성은 점점 더 떨어지는 것으로 보인다. 50시간을 넘어서면 생산성은 급격하게 떨어진다. 55시간을 넘어가면, 생산성은 매우 심하게 떨어져 차라리 일을 안하는 게 낫다.[34] 게다가 주당 근무 시간이 길수록 그다음 주에 결근할 가능성이 커진다.

"결근이 바로 직원들의 스트레스에 대한 경고 신호인 거죠. 사람들이 갑자기 출근하지 않으면 그건 뭔가 잘못되었다는 조기 신호입니다." 아네트가 한 설명이다.

표준 주당 근무 시간이 40시간이 된 데는 타당한 이유가 있다. 그 이상의 노동은 노동자들이 지쳐서 일을 제대로 하지 못해 고용주에게 돌아갈 수익이 줄어들기 때문이다. 하지만 이러한 기준은 반복적인 육체노동이 대부분이던 산업혁명기에 개발된 것이다. 대부분의 반복되는 일은 기계가 하고 대부분의 사람은 복잡한 정신

노동을 하는 지금도 이러한 수치가 타당할까?

아네트와 같은 산업 조직 심리학자들은 직원들이 어떻게 일하고 하루를 계획하는지 관찰했다. 그들은 8시간 근무가 여러 면에서 비현실적이라는 것을 발견했다. 많은 노동자가 직장에서 하루 8시간 넘게 보내지만, 그들의 활동을 자세히 들여다보면 대부분 시간이 일에 투입되지 않음을 알 수 있다. 연구자들은 사무직에서 하루 평균 3시간 정도만 생산적일 수 있음을 계속해서 발견한다.[35] 나머지 시간은 음식과 음료를 준비하고, 동료와 잡담하고, 소셜 미디어를 보고, 온라인 쇼핑을 하거나 심지어 그냥 멍하니 허공을 바라보며 보낸다. 관리자들이 더 장시간 근무를 요구해 이 '게으른' 시간을 보충하려 하면, 되레 역효과가 나서 실제로 일하는 시간은 더 줄어든다.[36]

고용주들이(그리고 심지어 일부 연구자들이) 이런 추세를 논할 때, 그들은 '잃어버린' 혹은 '낭비된' 시간의 측면에서 보려고 하거나 사람들이 더 열심히 일하도록 동기를 부여하는 방법을 짜내려 궁리한다. 하지만 게으름이라는 거짓에 넘어가 그것을 받아들이기 전에, 사이버로핑에 대한 마빈의 연구를 다시 생각해 보라. 한가한 시간을 '낭비'라고 말할 때, 의지력만 더 있다면 8시간 동안 쉼 없이 일하는 게 *가능하다고* 암시하는 것이다. 하지만 사람은 한동안 열심히 집중해서 일한 후에 휴식할 시간이 필요하다. 그토록 많은 관리자가 질색하는 직원의 게으름은 분명 존재하지 않는다. 집중하지 못하고 빈둥거리듯이 보이는 직원들은 이미 그들이 할 수 있는 일을 다 한 것이다. 이 현상의 주된 이유는 인간의 뇌가 주의를 처리하는 원리와 관련이 있다.

인간의 주의는 제한적이다

나는 지금까지 10년 동안 대학생을 가르쳤기 때문에 누군가의 주의를 끄는 것이 얼마나 어려운지 잘 안다. 내 학생들은 어른이 된 후 다시 학교로 돌아온 성숙하고 노련한 성인이다. 학업에 전념하며 공부하고자 하는 동기가 있는 사람들로, 게으름이라는 거짓이 우리 모두에게 칭송하라고 가르친 끈기가 많다. 하지만 이런 학생들에게서조차 계속 집중하는 것은 꽤 어렵다.

교육 연구자들은 수십 년 동안 보통의 학생이 쉼 없이 한 시간 이상 학업에 집중할 수 없다는 것을 알고 있었다.[37] 정기적으로 수업을 이끄는 사람이라면 강의실을 가득 채운 학생들이 계속 집중하도록 다양한 도구, 매체, 활동을 사용해야 한다고 말할 것이다. 교수가 활발한 수업을 유지하기 위해 할 수 있는 모든 것을 한다 해도, 주의력은 시간이 지나면서 서서히 낮아진다.[38] 온라인 강의를 설계하면서 학생들이 약 6분만 동영상에 집중한다는 사실을 알게 되었다.[39] 동영상이 그보다 길면, 학생들이 원하든 원치 않든 주의가 산만해지기 시작한다.

직장에서도 이 패턴은 유사하다. 노동자들은 한 번에 20분 이상

과업에 집중하기 힘들며, 그들이 대처해야 하는 주위를 산만하게 하는 요인들(이메일, 주변 소음, 메시지 등)이 많을수록 주의 집중 시간은 짧아진다.[40] 이것은 의지력이나 '게으름'과 상관없다. 그보다 인간의 뇌가 기본적으로 작동하는 원리와 관련이 있다.

내가 처음으로 맡은 심리학 관련 일 중 하나는 오하이오주립대학교에 있는 신경과학 연구실 업무였다. 당시 상사는 제이 판 바벨 Jay Van Bavel 연구자로, 내게 한 시간 이상 fMRI 뇌 스캐너에 앉아 있던 참가자들에게서 얻은 데이터를 보여주었다. 제이는 그들의 주의 수준이 어떻게 분당 여러 차례 오르내리는지 설명했다. 이 참가자들은 실험 시간 내내 주의를 바짝 집중하라는 지시를 받았지만, 그럼에도 그들의 주의는 매 순간 공상, 정신적 피로 때문에 자연스럽게 분산되었다. 우리가 의도한 무언가에 집중하고 있다고 생각할 때조차 주의는 심지어 1000분의 1초 단위로 흩어진다. 제이는 이렇게 주의가 오르내리는 것은 연구자들이 참가자들의 주의를 집중시키기 위해 무엇을 하더라도 불가피하다고 했다.

제이의 연구 참가자들은 게으르거나 심지어 산만하기 때문에 공상에 잠기거나 연구에 제대로 임하지 않은 게 아니었다. 사실 컴컴한 fMRI 기계 속에 앉아 있으면 할 일이나 쳐다볼 것이 별로 없다. 뇌가 새로운 정보, 잠재적 위협, 사회적 접촉의 기회 등을 찾아 환경을 끊임없이 스캔하기 때문에 주의가 오르내리는 것은 당연하다.[41] 우리가 무언가에 의도를 갖고 작업할 때조차, 주의의 일부는 주변 환경을 추적하고, 주의 분산 요인이나 위협이 갑자기 나타날 경우 바로 우리를 방해하도록 되어 있다.[42] 주의는 (우리가 원하는 하나의 특정한 지점을 가리킬 수 있는) 레이저빔과 같다기보다 등대의 불과 같아서 계속 회전하면서 개별 바위들에 잠시 빛을 쏜다고 생각하면 된다.

주의는 원래 그렇게 흩어져 있으므로 무언가에 집중하기 위해서는 어느 정도의 진지한 노력이 필요하다. 하지만 그 노력은 영원히 지속될 수 없으며, 이것이 바로 대부분 노동자가 많은 시간을 게으르게 보내야 하는 가장 큰 이유다. 시간을 내어 한가롭게 잡담을 하고, 식수대에서 어물대고, 작업대에서 공상을 하는 게 중요하다. 양질의 노동을 하길 원한다면 특히나 그렇다. 무리하면 할수록 노동의 질은 나빠진다.

양질의 노동을 하려면 휴식 시간이 필요하다

너무 열심히 오랫동안 일할 때, 노동의 질은 하락하기 시작한다. 쉽게 짜증이 나고 간간히 들리는 주변 소음과 같은 것에 주의가 쉽게 분산된다.[43] 일을 대충하게 되어 오타를 더 많이 내는 것과 같이 단순하고 별로 중요하지 않은 문제든[44] 의사가 수술 중에 저지르는 대참사든 실수를 더 많이 하게 된다.[45] 심지어 피로하면 일을 제대로 하는 것에 대해 무심해진다.

응용심리학 저널에 실린 한 연구는 보건 의료 종사자들(의사나

간호사)이 긴 교대 근무로 인해 지칠 때, 기본적인 위생 규칙을 지켜야 할 동기를 잃어 손 씻는 횟수가 줄어든다고 했다.[46] 450명의 콜센터 직원들에 대한 조사에 따르면, 직원이 더 피로하고 힘들수록 심리적 철회를 보이는 경향이 더 커지고 출근할 가능성이 줄어들었다.[47]

또한 업무로 인한 피로는 창의력을 말살시킨다. 앞 장에서 나는 창의적인 통찰을 얻으려면 부화기, 즉 무의식적으로 새로운 아이디어와 해법을 내놓게 하는 평온한 휴식이 필요하다고 설명했다.[48] 이 부화기 현상의 반대도 진실이다. 즉, 사람들이 휴식과 '게으른' 시간을 갖지 못할 때보다 인습적이고 창의적이지 못한 방식으로 사고해 생각이 막힐 가능성이 더 커진다.

아네트는 이렇게 말한다. "일터의 분위기가 좋으면 사람들은 매우 적극적인 사람으로 변해 아무도 이전에 시도하지 않은 새로운 것들을 제안합니다. 하지만 일거수일투족을 관여하는 방식으로 관리하면 사람들은 일을 계속하고 순응하는 것처럼 보이지만 적극적으로 사고하지 않습니다."

조직이 직원들에게 이로운 이상으로 열심히 하도록 강제하려 들면 일에서 활기와 창의력이 사라진다. 레딧Reddit이 운영하는 페이지에는 고용주가 정한 규칙을 지나치게 융통성 없이 따르다 질려버려 악의적으로 업무 속도를 늦춘 사례로 가득하다. 예컨대 급여는 적고 업무량은 과해 마음이 콩밭에 가 있는 보안 요원들은 고객들에게 모든 옷의 주머니, 심지어 누가 봐도 아동복의 장식용 주머니인 것 안에 담긴 물건들까지 비우라고 요청함으로써 고객들이 행사장에 입장하는 시간을 지체되게 한다.

종종 지친 직원들의 업무는 단순한 분노 외의 다른 이유들로 질이 떨어진다. 또한 피로한 사람들은 좀 더 편향된 방식으로 사고해 부정적인 것에 집중하고[49] 부당한 판단을 더 많이 내린다.[50] 하루 9시간 혹은 10시간째 일하는 직원은 그날 첫 시간에 보여준 생생하고, 집중을 잘하고, 적극적인 사람의 껍데기에 불과하다.

이 모든 연구는 일을 더 많이 할수록 성취하는 것은 줄어들고, 우리가 하는 일에서 독창성과 의미가 점점 더 줄어든다는 것을 충분히 보여준다. 지나치게 길고 할 일이 많은 근무일은 제대로 사고하고, 하는 일에 관심을 갖고, 의미 있는 결과를 생산하는 능력을 갉아먹는다. 그런 직원의 결과물은 좋을 수가 없다. 초과 근무가 장기적으로 직원의 웰빙과 건강에 어떠한 영향을 미치는지 조사해보면, 이야기는 훨씬 더 암울해진다.

초과 근무 시

무슨 일이 벌어지는가?

사회심리학자 크리스티나 매슬랙Christina Maslach은 1970년대와 1980년대의 소진에 관한 연구의 선구자였다. 매슬랙은 처음에 심리치료사, 사회복지사, 간호사와 같이 '도움을 주는 직업'에 속한 사람들의 소진을 이해하기 위해 연구를 시작했다. 왜 이러한 종류의 직업에 종사하는 사람들이 쉽게 지치고 직업을 유지하지 못하는지 그 이유를 이해하고 싶었다. 하지만 이 분야의 노동자들을 관찰하고 대화를 해본 결과 밝혀진 사실은 상상하는 것 이상이었다. 사람들은 단순히 지치기만 한 게 아니었다. 그들은 이런 업무로부터 정신적, 심지어 철학적으로 피해를 당했고 때로는 트라우마를 입었다.[51]

남을 돌보는 직업을 가진 사람들이 소진되었을 때 그들은 우리가 긴 일과를 끝낸 후 겪는 것과 같은 방식으로 불안하거나 피곤하기만 한 게 아니었다. 환자, 동료, 심지어 자신과의 교감을 잃었다. 그들은 타인에게 마음을 쓰고 싶어서 이 분야에 뛰어들었지만, 결국 자신들이 돕는 사람들에 대해 진정한 공감을 느낄 수 없게 되었다. 그들은 무감각과 무망감을 보고하고 심지어 자신의 일에 질려버렸다고 했다. 일부는 억울한 마음까지 들며 그들이 맡은 환자들을 매우 싫어했다.

나는 이 책을 위해 인터뷰를 하면서 이런 종류의 정서적 무감각을 조금 맛본 적이 있다. 강박적으로 무리해서 일하는 많은 사람과 마주 앉아 게으름에 대한 두려움과 그러한 두려움이 삶에 미친 폐해에 대해 이야기를 나누었다. 하지만 나는 그들이 들려준 수많은 비극적인 이야기를 들을 준비가 되어 있지 않았다. 친구들과 잘 모르는 사람들이 내게 속마음을 털어놓았고, 뼈 빠지게 일한 극한 경험에 대해 성토했다.

처음에는 나와 유사한 경험을 한 사람들과 대화하는 데서 진정한 카타르시스를 느꼈다. 하지만 곧 고통스러웠다. 내가 들은 상실, 질병, 스트레스에 관한 모든 이야기 때문에 동요되었다. 2014년에 내가 겪은 소진은 트라우마를 남겼다. 나는 자주 그 시절을 '잃어버린 해'라고 생각한다. 그 경험은 인생 전반을 바꿔놓았다. 그해가 어땠는지 반복해서 떠올리게 되자 초조하고 불안해지기 시작했다. 세상에서 물러나고 싶어졌다. 집에 머물며 재충전을 하기 위해 일정을 취소했다.

그러고 나서 얼마 동안 내 감정은 한층 더 어두워졌다. 인터뷰를 하는 게 두려워졌다. 누군가 내 앞에 앉아 과로로 힘들다고 이야기하기 시작하면 지루해졌다. '주여, 제발 이 지루한 하소연을 멈춰주세요. 더 이상 이런 이야기를 들을 수가 없어요'. 이 사람들이 뱀파이어처럼 내 감정과 에너지를 모두 앗아가고, 결국 나는 빈껍데기만 남을 것 같아 비통하고 짜증스러워졌다. 공감은 많은 에너지가 요구되는데, 탈출할 방법도 없이 타인의 고통을 반복해서 덜어주는 일은 고통스럽고 나를 탈진하게 했다. 소진의 징후가 빠르게 나타나자 소진을 피하기 위해 인터뷰 전략을 바꿔야 했다. 나는 인터뷰 하나당 걸리는 시간을 줄였고, 한 주에 최소한의 인터뷰만 진행하려 했다.

매슬랙은 소진된 사람들이 나가 떨어지고 무망감을 느끼는 것을 발견했다. 고객에 대한 공감을 잃어 정체성과 목적의식의 심각한 상실을 경험하기 시작했다. 자신의 직업이 전혀 보람이 없다고 묘사했다. 한때 사랑하고 열정을 느낀 모든 것으로부터 마음이 멀어졌다. 일과 무관한 소중한 취미에 대한 관심까지 사라졌다.[52] 일부는 애초에 간호사, 심리치료사 혹은 사회복지사라는 일에 자신이 왜 관심을 가졌는지 더 이상 이해할 수 없었다. 소진으로 자신들의 과거 모습은 사라졌다. 때로는 예전의 모습을 되돌릴 수 없었다.

1980년대 중반 매슬랙은 연구 대상을 남을 돕는 일 이외의 직업까지 확장했다. 그는 서비스업 종사자와 사무직 근로자와 육체노동자의 소진을 조사했다. 소진이 (심리치료사와 사회복지사와 같이) 단순히 고된 *정서적* 노동의 부산물일 뿐만 아니라 일반적으로 너무 열심히 일한 결과일 수도 있다는 생각이 들었다. 연구 결과 그 의심은 매우 정확했다.

매슬랙이 사무실, 식당, 창고에서 일하는 사람들과 면담을 했을 때, 남을 돕는 직업군 종사자들이 자신에게 털어놓았던 것과 유사한 증상을 발견했다. 이 사람들 역시 밤잠을 못 자고, 병가가 늘고, 자기 회의로 소심해지고, 자신의 직업에서 공허함이 커지는 경험을 했다.[53] 지친 간호사와 심리치료사와 마찬가지로, 그들은 자신의 일이 의미가 없다고 보기 시작했다. 삶에서 낙담과 무관심이 팽배해져 그들이 하는 모든 일로부터 즐거움을 앗아갔다.

또한 매슬랙은 소진이 이러한 노동자들의 행동에 영향을 미치는지, 미친다면 어떠한 영향인지 알고 싶었다. 특히 소진이 그들이 일하는 능력에 영향을 주는지 알고 싶었다. 연구 결과, 소진되지 않은 사람과 비교했을 때 소진된 직원은 아무리 오래 일하더라도 오히려 생산성과 관심이 떨어졌다. 이렇게 과로한 직원은 불안을 겪고 약물을 사용할 가능성이 더 컸는데, 휴식을 취하는 것보다 약물을 손에 넣기가 훨씬 더 쉬웠기 때문이다. 아울러 그들은 사무용품을 훔치거나 거짓으로 타임 시트를 작성하는 등의 방식으로 고용주에 대해 작은 '복수'를 하는 방법을 찾았다. 제임스와 그의 친구들 혹은 레딧에 글을 올린 직원과 마찬가지로, 이 소진된 노동자들은 분노를 표현하기 위해 작은 비행을 저질렀다.

더불어 매슬랙은 일을 덜 한다고 소진을 피할 수 있는 게 아니라는 것을 발견했다. 이것은 한 사람의 관점 그리고 조직이 그의 노력에 대해 보상을 해주는지 여부와 관련이 있었다. 예컨대 자신에 대해 비현실적으로 높은 목표를 설정하는 사람이 그렇듯이 완벽주의자는 특히 소진에 취약했다. 목표가 명확하지 않고 프로젝트가 결코 끝나지 않는 직장에 소진된 직원이 더 많은 경향이 있었다.[54] 달리 말해, 일이 끝이 없고 직원들이 자신이 한 일에 대해 제대로 인정받지 못한다고 느끼면, 소진은 훨씬 더 많이 나타난다.

매슬랙은 소진된 사람들이 직장이 고마운 줄 모르고 일만 시킨다고 불평하는 경향이 있음을 발견했다. 같이 일하는 동료들도 분노가 점차 쌓여 한 직원에게서 다른 직원으로 불평이 확산되어 '소진 전염 효과burnout contagion effect'[55]가 일어났다. 이런 종류의 집단 소진이 직장에서 일단 시작되면 멈추기 어려웠다.

이러한 관찰 끝에 매슬랙과 동료 수전 잭슨Susan Jackson은 소진 척도를 개발했다. 바로 매슬랙 소진 측정 도구MBI, Maslach Burnout Inventory다. MBI는 연구자들과 심리치료사들이 현재까지 많이 사용하는, 타당성을 널리 인정받는 척도다.[56] MBI는 소진이 *정서적 탈진, 몰개인화(정체성 상실), 개인적 성취감의 상실*이라는 세 분야로 구성된다고 본다. 다음은 MBI 항목들의 예시다. 이 항목들에서 소진 증상의 특징인 자포자기와 탈진을 볼 수 있다.

- 더 이상 견디기 힘들다고 느낀다.
- 아침에 일어나 직장에서 또 하루를 보내야 할 때 피로를 느낀다.
- 일 때문에 정서적으로 고갈되었다고 느낀다.
- 자신의 일을 통해 타인의 삶에 긍정적인 영향을 주고 있다고 느끼지 않는다.
- 이 일에서 가치 있는 일을 많이 달성하지 못했다.

2014년에 소진에 대해 더 많이 알았더라면 내가 겪은 심각한 건강 악화를 피할 수도 있었으리라고 생각할 수밖에 없다. 이번에 소진이 다가왔다는 것을 느꼈을 때, 나를 지키기 위해 매우 적극적으로 경계를 설정할 수 있었다. 우선 인터뷰의 수를 제한했다. 인터뷰 자체를 재구성해 슬프고 어두운 이야기뿐만 아니라 긍정적이고 행복한 주제에 대한 질문도 포함했다. 더불어 게으름을 수용해 과로에서 벗어나 삶을 바꾼 사람들에게 연락했다. 나를 괴롭게 하는 정보의 양을 제한하고 더 힘이 되는 성장 지향형 대화를 위한 시간을 가짐으로써 너무 늦기 전에 소진을 막을 수 있었다.

고용주 눈으로 볼 때, 소진은 직원이 하는 일의 질을 떨어뜨리기 때문에 피해를 준다.[57] 일에서 정서적 한계점에 도달하면 우리는 며칠간 쉬거나 아예 그만둔다.[58] 소진을 겪으면 일을 대충 하고 사무실에 있을 때마다 '딴생각'을 하게 된다. 소진은 자기감으로부터 우리를 소외시키면서 동시에 선택과 집중력에 영향을 준다. 하지만 이것은 소진의 가장 끔찍한 부분이 아니다. 그 근처도 못 갔다.

소진이 가진 최악의 면은 그것이 삶의 질에 미치는 영향이다. 소진은 여러 색으로 세상을 보다가 흑백으로만 세상을 보게 되는 것과 같다. 소진되면 감정을 강하게 느끼지 못하고, 심지어 고통과 배고픔도 제대로 경험할 수 없어서 우리 자신에게 친절해야 한다는 사실을 기억하기도 힘들다. 게다가 소진된 사람들은 타인의 감정을 인식하는 능력이 떨어지는데, 이것은 곧 그들이 가족과 친구와도 쉽게 교감할 수 없다는 뜻이다.[59] 이렇게 되면 사회적 고립이 악화된다. 소진의 원인이 된 상황에서 벗어난다 해도, 감정적으로 무뎌지고 무심해진 상태가 몇 달간 계속될 수 있다. 일부의 경우, 소진은 인간관계를 아주 심각하게 파괴해 관계가 영원히 회복되지 못하기도 한다.

그뿐만 아니라 소진되면 전반적으로 사고 능력과 의사결정 능력이 약화된다. 소진된 사람들은 술을 더 많이 마시고[60] 충동 조절을 잘 못하게 된다. 이것은 곧 도박이나 불법 행동과 같은 나쁜 결정을 할 가능성이 커진다는 뜻이다.[61] 우울과 불안을 훨씬 더 많이 경험하며, 이미 지닌 다른 정신 질환의 증상이 악화될 수 있다.[62] 게다가 잠을 제대로 자지 못해서 짜증이 나고 아플 가능성이 더 크다.[63] 삶에 목적이 없다고 보기 때문에 위험을 더 많이 감수하고, 실제로 그것이 원치 않는 끔찍한 결과로 이어질 수 있다. 만성적인 소진에 걸리면 뇌의 부피가 줄어들 수 있다.[64]

이런 식으로 소진은 노동의 문제일 뿐만 아니라 공중 보건의 문제이기도 하다. 과로하면 건강, 인지능력, 삶에 대한 열정이 사라진다. 사생활과 직업적인 삶 모두 생산성이 떨어지고 파괴된다. 가장 극단적인 경우, 기대 수명이 몇 년 줄어들거나 일하다 과로사로 죽을 수 있다. 하지만 많은 사람은 아직도 게으름이라는 거짓에 이끌리고 속아 소진된 사람들이 그저 기운을 내서 더 열심히 하면 된다고 생각한다.

때로 우리는 무리해서 일하며, 개인이 그것을 자유롭게 한 선택일 때에는 본질적으로 파괴적이지 않다. 예컨대 어느 주말 친구들과 파티를 하느라 늦게까지 자지 않을 수도 있고 진심으로 마음이 가는 창의적인 프로젝트를 하느라 밤을 샐 수도 있다. 하지만 자신의 열정을 따르는 것과 게으름이라는 거짓이 우리에게 그렇게 해야 한다고 설득했기 때문에 주기적으로 무리해서 과로하는 것은 완전히 다르다. 안타깝게도 너무 많은 직장이 한계를 넘어서까지 스스로를 몰아붙이며 계속 일해야 한다는 가정에 따른다.

지나치게 열심히 일하는 것은 나쁘다. 그렇게 한다고 생산성이 올라가지 않는다. 과로는 심오한 해를 입히는데, 우리는 이제 겨우 피해의 정도를 이해하기 시작했다. 하지만 꼭 이런 식으로 살 필요는 없다. 우리는 열심히 일하는 것을 가치 있게 여기는 만큼 게으름도 우선에 두는, 더 건강하고 조화로운 삶을 꾸리기 위해 싸울 수 있다.

일을

덜 하는 법

아네트 타울러처럼 케이틀린 스미스Kaitlin Smith도 한때 학자로, 자신을 위해 더 지속 가능하고 소진되지 않는 삶을 찾으려고 큰 변화를 꾀한 사람이다. 케이틀린은 스트레스를 받고 소진된 학자들에게 적절한 일-생활 경계 찾기, 진정한 열정 파악하기, 학계 내 편견과 편향에 대적하기 등과 같은 문제에 대해 이야기를 나누는 디지털 공간을 제공하는 조직인 와일드 마인드 컬렉티브Wild Mind Collective를 운영한다. 이 사이트는 건강하고 균형 잡힌 삶을 꾸리길 원하는 다양한 작가와 사상가와의 인터뷰를 보여준다. 그의 블로그는 삶을 보다 관리 가능하고 평온하게 만들려고 노력하는, 과로한 사람을 위한 조언을 제공한다.

케이틀린이 이 중요하고 시의적절한 일을 하는 것은 전혀 놀랍지 않다. 우리는 십 대 시절부터 알고 지냈는데, 케이틀린은 사색적이었고 주어진 대로 살려고 하지 않았다. 신중하고 꼼꼼하게 말해 듣는 사람을 매우 차분하게 만든다. 동시에 나는 그의 말을 들으면 항상 사물을 새로운 관점으로 보게 되었다.

"사람들이 직장에서 커피에 대해 어떻게 말하는지 봐봐." 케이틀린이 몇 년 전 점심에 내게 말했다. "모두가 커피가 얼마나 필요한지, 얼마나 더 원하는지 끊임없이 떠들어대. 어떤 직장은 직원들에게 원하는 만큼 커피를 무상으로 제공하지. 그건 일을 더 하게 만들려는 자극제이고, 끔찍한 불안을 느끼게 해. 하지만 대부분의 사람은 왜 그토록 커피를 많이 소비해야 하는지를 묻지 않아. 그 대신 커피에 대해 낭만적으로 떠들어댈 뿐이지."

케이틀린의 말은 수년간 내 머릿속을 떠나지 않았다. 나와 아는 사람들의 모습이 그 안에 분명하게 반영되었기 때문이다. 나는 열다섯 살 이후 매일 하루를 커피 한 잔으로 시작한다. 사실 십 대 시절에는 커피를 마신다는 것에 자부심을 느꼈다. 좀 더 '어른'인 것처럼 느껴졌기 때문이다. 하지만 커피에 의존하는 게 성공하려는 욕구가 얼마나 강한지 보여주는 신호일 것이라는 생각은 전혀 해보지 않았다. 내가 제대로 기능하기 위해 불안을 촉발하는 자극제에 매일 의존해야 한다면, 나는 건강한 방식으로 삶을 꾸리고 있는 게 맞는가? 나는 나 자신에 대해 지속 가능한 기대를 설정하고 있는가? 게으름을 너무나 두려워해서 내 몸을 그냥 그대로 두지 못한 게 아닌가?

케이틀린은 게으름이라는 거짓이 가하는 압박을 피하는 데 선수다. 타인이 정한 우선순위가 아니라 자신의 이상을 반영하는 삶을 용감하게 만들었다. 와일드 마인드 켈렉티브 사이트에서 삶이 올바른 길을 가고 있는지 판단하는 여러 질문을 공유한다.[65]

- 언제 나는 물속의 물고기처럼 가장 편안한가?
- 무엇이 나의 생기를 앗아가는가? 무엇이 두려운가?
- 무엇이 무궁무진하게 환상적인가?
- 언제 가장 행복했는가?
- 함께 일하고 싶은 사람들은 누구인가?
- 신체적으로 건강하기 위해 무엇이 필요한가?

케이틀린의 질문들은 우리에게 즐겁고 마음이 풍요로워지는 삶을 꾸리는 게 얼마나 중요한지 잘 보여준다. 그는 이 질문들로 자기 삶을 판단한 후, 한때 집이라고 부르던 학과와 유해하고 지나치게 힘든 환경을 떠나기로 했다.

케이틀린은 무미건조한 학술 논문 작성에 시간을 쏟아붓는 것을 멈추고 대신 대중에게 소개할 연구 발표와 블로그 글에 에너지를 더 많이 할애했다. 그리고 학계를 포함해 그토록 많은 직업 환경에서 발견되는 지나치고 비현실적인 업무량을 지적하며 사람들이 게으름이라는 거짓의 실체를 보게 하고 자신을 위한 새로운 경로를 만들어가는 데 도움을 준다.

✒

게으름이라는 거짓이 우리에게 최대한 많은 일을 수용하고 몸의 모든 요구를 무시하라고 가르쳤기 때문에, 이것을 거부하기 위해서는 자신에 대한 지식과 자신감이 많이 필요하다. 전통적인 직장은 많은 면에서 근본적으로 문제가 있다. 잘 살기 위해서 우리는 시간을 쓰는 법에 대한 주류의 도덕주의적 기대에서 벗어나야 한다. 이런 종류의 반란은 정말 드물며, 많은 분야에서 사실 매우 위험하다. 비교적 소수의 사람이 직업적 삶을 완전히 재구성하는 여유와 특권을 누린다.

하지만 우리가 건강을 좀 더 중시하고 덜 일하기 시작하는 방법을 배우기 원한다면 취할 수 있는 구체적인 방법들이 있다. 이 조언들은 산업조직 심리학 연구, 그리고 과로하고 소진된 내담자를 돕는 심리치료사들과 정신 건강 상담사들과 내가 진행한 인터뷰를 근거로 작성되었다. 크게 세 가지로 구분된다.

- 자율성을 주장하라.
- 몇 시간 일했느냐가 아니라 일의 질을 중시하라.
- 일-집 간섭 고리를 깨라.

이러한 조언들은 어느 산업에 종사하든 얼마만큼의 지위와 자유를 가졌든 상관없이 모든 과로한 사람에게 적용되도록 설계되었다. 케이틀린과 아네트와 같은 사람은 고학력이 주는 지위를 누리기 때문에 매일의 일상을 그들에게 맞게 조절할 힘이 많다. 마찬가지로 나는 박사 학위와 기술 덕분에 프리랜서로서 두둑한 시간당 보수를 받아서 직업 생활을 재구성할 수 있었다. 만일 소매업이나 식당 종업원이라면, 그런 종류의 재량은 거의 없을 것이다. 그런 상황이라면 동료 직원들과 함께 자원(그리고 협상력)을 모아 당신에게 필요한 마땅한 처우를 얻기 위해 집단행동을 해야 할 것이다. 이러한 조언들은 직원, 프리랜서, 혹은 항상 긱 경제의 바쁜 희생양으로서 당신이 통제할 수 있는 선택지들에 초점을 맞추기 위한 것이다. 그런 선택지들은 하루의 일정을 어떻게 짤 것인지, 목표는 어떻게 설정할지, 일에 대한 마음가짐은 어떠한지와 밀접한 관련이 있다.

자율성을 주장하라

직업에 대한 만족과 직원의 동기 부여의 가장 큰 예측 변수는 얼마만큼의 자유를 가졌느냐다.[66] 일거수일투족을 다 관여하는 관리자가 품는 최악의 두려움과 반대로, 감시와 제약을 받지 않는 직원이 비생산적이라는 생각은 틀렸다.[67] 대부분의 사람은 스스로 우선순위를 정하고 자신에게 맞는 속도로 일을 할 수 있는 자율성이 약

간 있을 때 잘한다.[68]

이 점에 대해 내가 대화를 나눈 사람은 마르쿠스 니니Markus Nini 로, 독일에서 사업을 운영하는 관리자이자 기계공학자다. 마르쿠스는 항상 이 주제에 대한 최신 연구 결과를 바탕으로 자신의 관리 전략을 정했다. 과학자로서 공학 일에 필요한 정보를 얻기 위해 데이터에 의존하는 것처럼 그는 사람들을 효과적인 방식으로 이끄는 법에 대해 알려주는 데이터에 의존한다. 몇 년 전 마르쿠스는 시큐넷CQ Net이라는 관리 교육 기업을 설립했다. 리더들에게 '증거 기반 관리'의 원칙들을 가르쳐주는 업체다.[69] 마르쿠스는 관리자들이 사람들에게 영감을 주고 동기를 부여하는 법을 이해하지 못하는 것을 보고 이 기업을 설립했다.

"직원들 대부분은 열정이 있어요. 스스로 동기를 부여하고 무언가 하려는 내재적인 동기가 있습니다. 많은 리더가 사람들이 어떻게 일하는지에 대해 생각하는 바와 완전히 정반대죠."

마르쿠스의 조직에서 직원들은 스스로 목표를 정하고 그들이 가장 흥미롭다고 생각하는 프로젝트를 추구할 수 있다. 그럴 경우 사업에 혼란이 오거나 생산성이 떨어질 것이라고 생각할 수 있지만 마르쿠스는 그 반대 현상을 계속 발견했다. 직원들에게 자유를 주면 줄수록 그들은 더 만족하고 사업의 성과는 더 좋아진다. 직원들이 맡은 임무에 제대로 몰입할 때, 그들은 더 열심히 일하고 지속적으로 양질의 결과를 보인다. 일을 알아서 하리라고 신뢰하는 것이 업무 습관을 감시하거나 오랫동안 일하게 강제하는 것보다 훨씬 더 이점이 많다는 사실이 밝혀졌다.

"리더가 생산성을 높이기 위해 직원을 몰아붙이면, 그건 기본적으로 인간의 천성에 반하는 것이죠. 직원의 동기가 떨어지게 됩니다."

심리학 문헌에서 이것을 때로는 과잉정당화 효과overjustification effect라고 부른다.[70] 기본적으로 사람이 자연스럽게 좋아하는 일을 제시한 후 그 즐거운 활동을 급여 수준이나 질책당하는 것과 같은 보상이나 처벌과 연결하기 시작하면, 그 일은 덜 즐거운 일이 된다.[71] 갑자기 직원들은 그 일을 좋아하기 때문이 아니라 해야 하기 때문에 하게 된다. 이렇게 되면 과로, 스트레스, 비참함으로 이어지는 경향성이 생긴다.

아네트 타울러는 자율성의 중요성도 제기했다. "사람들이 자율성을 느낄 때, 무언가를 성취하고 있다고 생각할 때 일에 대한 통제감을 느끼게 되고 그 결과 일에 대한 만족도가 높아집니다. 일반적으로 직원의 웰빙에 좋은 것이 결과물의 질과 생산성에도 좋습니다."

더 개인적인 차원에서 이 연구의 골자는 우리의 '게으른' 면을 극복하기 위해 애쓸 필요가 없다는 뜻이다. 건강한 워라밸의 수준을 넘는 것을 피하기만 한다면, 동기는 자연스럽게 생긴다. 우리는 내면에서 보내는 '게으름'의 신호들에 경청하고, 일을 천천히 신중하게 하고, 필요할 때마다 자주 휴식을 취할 수 있다. 이렇게 하는 게 일정을 너무 세세하게 관리하고 기력이 달릴 때조차 애쓰도록 몰아붙이는 것보다 장기적으로 훨씬 더 도움이 된다.

그렇다면 당신은 어떻게 직장에서 자율성을 주장할 것인가? 일의 성격과 조직의 상사들이 변화에 얼마나 수용적인지에 따라 당신이 취할 수 있는 몇 가지 방법이 있다. 다음과 같은 조언들을 따르면 좋다.

1. 자율성과 동기에 관한 과학적 증거를 공유하라

수십 년간의 연구를 통해 자율적인 직원이 더 행복하고 더 많은 일을 해낸다고 밝혀졌지만, 사람들 대부분은 이 사실을 전혀 모른다. 그러니 직장에서 자율성에 대한 주장을 정당화하기 위해 이 연구 결과를 널리 공유하라.

당신의 상사가 관리 방식을 바꾸는 데 수용적이라면, 그들에게 이 책에서 소개한 자료와 마르쿠스가 시큐넷에 올린 기사들을 소개하고 직장에서 나타나는 증거를 지목하라. 이를테면 직원을 지나치게 몰아붙이지 않음으로써 그들이 행복하고 유능했을 때를 상사들에게 상기시킬 수 있다. 상사에게 영향을 미칠 힘이 없다면, 동료들에게 이 사실들을 알려주고 노조를 조직하는 것을 고려해 본다. 사람들이 더 많이 알수록 '증거 기반' 일터에 더 다가갈 수 있다.

2. 근무 시간 자율 선택제와 원격 근무 선택권을 요청하라

코로나바이러스의 확산으로 사람들이 평생 처음으로 재택근무를 하게 되었다. 온라인 근무는 대대적이고 갑작스러운 변화였지만, 유연한 스케줄과 원격 근무가 사무실에 직접 출근하는 것 못지않게 효과적이라고 증명되었다. 이제 모든 조직은 비전통적인 업무 시스템과 스케줄을 받아들여야 한다.

유연한 시간 근무제가 효과적이라는 것을 데이터를 보면 알 수 있다. 특정 스케줄을 고수하지 않아도 될 때, 자신만의 우선순위를 정할 자유가 더 많아져 휴식, 가족 돌보기, 업무를 두루두루 할 시간이 생기는 하루를 설계할 수 있다.[72] 직원들이 자신만의 스케줄을 채택할 수 있을 때, 생산성과 만족도가 올라간다. 이번에도 이 데이터를 사람들과 공유한다. 그리고 리더들에게 이것이 미래의 방식이자 현대 세계의 요구에 대한 인간적이고 실용적인 대응법이라고 강조한다.

3. 신바람이 나게 하는 업무를 맡는다

이 조언은 엉뚱해 보일 수 있다. 새로운 책임을 맡는 일이 어떻게 일을 덜 하는 데 도움이 된단 말인가? 하지만 끝까지 들어보라. 직원들은 조직 안에서 자신만의 독창적이고 차별화된 역할을 만드는 자신의 능력을 폄하한다. 우리는 종종 어떤 책임이든 주어진 대로 받아들이며, 그러한 책임에 잘 맞는지 문제 제기하는 것을 두려워한다. 프리랜서이거나 긱 경제에서 일하는 사람들의 경우, 좋든 싫든 주어진 기회를 모두 잡아야 한다는 압박감이 어마어마하다.

이러한 자기 패배적이고 혹독한 패턴에서 벗어나려면 우리가 바라는 직업적 삶이 무엇인지 정의해야 한다. 직원이 자신이 원하는 대로 일을 만들 때 일에 더 적극적이고 성과 또한 탁월하다는 사실이 여러 연구를 통해 꾸준히 드러났다.[73] 할 수 있다면 고용주에게 당신의 강점을 보여주고 가장 잘할 수 있다고 생각하는 일을 최우선으로 삼아라. 관리자에게 당신이 잘할 수 있는 업무를 수행하는 게 당신의 시간을 가장 잘 쓰는 법이라는 것을 설득하라. 이 방법이 모든 조직에서 가능하진 않지만 서서히 당신의 포지션을 당신에게 맞는 것으로 바꿀 수 있을 때, 만족과 승진의 가능성이 커진다.

새로운 수준의 책임을 요청하고 진정한 동기를 찾으려면 진지한 자기 옹호 기술이 필요하다. 하지만 할 수만 있다면 정말 해볼 가치가 있다. 그 과정에서 당신은 고통스럽고 불쾌하거나, 혹은 일을 그만두는 것을 고려해야 할 수도 있다. 물론 모두가 처벌적이고 지치는 일을 그만둘 수 있는 것은 아니다. 하지만 이 책을 위해 인터뷰를 진행하는 동안 나는 사람들이 일을 그만두는 게 '포기' 혹은 '게으름'일까 봐 그들을 망가뜨리는 일을 그만두는 것을 생각조차 하지 못하는 모습을 여러 번 발견했다. 또한 그들이 무능해서 다른 어떤 일에도 맞지 않는다는 고용주의 믿음을 내면화하기도 했다. 만일 이런 식으로 생각하고 있다면, 그것이 진실인지 확인하기 위해 그런 생각을 자세히 검토하고 그것에 도전해야 한다. 학대하는 관리자는 직원이 실제로 가진 것보다 대안이 더 없다고 믿게 만들 수 있다. 만일 직장이 변화를 수용하지 않고 당신에게 더 나은 대안이 없다면, 동료 직원들과 대화하고 변화를 도모하기 위해 힘을 합치는 것을 고려해 보라. 집단이면 직장을 더 인간적인 곳으로 만드는 힘이 훨씬 더 커진다.

일한 시간이 아니라 일의 질에 주목하라

게으름이라는 거짓은 덕망 있고 가치 있는 사람이라면 일터에서 오랜 시간을 보내며 아무리 고갈된다고 느껴도 묵묵히 일한다고 말한다. 게으름이라는 거짓이 지배하는 조직에서 사람들은 남의 눈에 보이는 모습, 즉 이른 출근과 업무 시간이 끝난 후에도 오랫동안 머무르는 것에 집착하며, 타인의 습관을 관찰한다. 생산성의 관점에서 볼 때 이것은 정서적으로 건강하지 못하고 전적으로 불필요한 짓이다.

인간으로서 당신의 가치를 몇 시간 동안 일했는지와 연결해 생각하지 말고 일의 결과에 초점을 맞춰야 한다. 이렇게 하면 자신에 대한 생각과 감정 그리고 고용주에게 당신의 입장을 옹호하는 방법을 근본적으로 바꿀 수 있다. 아래와 같은 질문들을 중심으로 당신의 일을 고려하라.

- 이번 달에 내가 달성한 것 중 진심으로 자랑스러운 일은 무엇인가?

- 작년에 나의 기술은 어떻게 성장했는가?
- 오래된 과업을 처리하는 더 효과적인 방법을 발견했는가?
- 직장에서 업무 프로세스를 개선하거나 일이 좀 더 수월하게 풀리도록 했는가?
- 나는 다른 사람들이 일을 좀 더 효과적으로 하도록 어떻게 지원했는가?

이러한 질문은 당신의 업무를 전체적으로 살펴보고 당신이 어떤 역할이나 조직에 맞도록 성장했는지 전체적으로 확인하는 과정이다. 아울러 당신이 항상 '생산적'이라고 여기지 않는 일들에 대해서도 당신의 공을 인정하게 한다. 예컨대 다른 부서의 직원에게 어떤 기술을 가르쳐주거나 오래된 과업을 처리하는 새로운 방법을 깨달은 일이다. 이러한 항목 하나하나는 직원이 좀 더 효율적이고, 기술을 갖추고, 현명해지는 방법들을 다룬다. 이 가운데 어떤 항목도 다른 사람보다 더 일찍 출근하는지 여부와는 관련이 없다.

이런 식으로 일을 바라보면, 아무 결과도 낳지 못하는 스트레스만 가중하는 반복적인 과업이 아닌 당신을 성장하게 하고 의미가 있는 일에 에너지를 쏟을 수 있다. 또한 측정 가능하고 지속적인 방식으로 당신의 가치를 고용주에게 증명할 수 있다. 기술을 발전시키고 성과를 내는 데 집중할 때, 무리해 일하면서도 그것을 입증할 만한 실질적인 성과는 없는 나쁜 패턴에서 벗어날 수 있다. 하지만 이렇게 하려면 약간 '게을러'지고 당신에게 더 이상 보탬이 안 되는 업무를 줄여야 한다.

마르쿠스는 최근에 이 원칙을 일을 완수하는 데 어려움을 겪은 한 직원에게 실천하게 했다. 이 직원은 분명히 스트레스를 받고 있었고 양질의 결과를 내놓지 못하고 있었다. 결근이 잦아지고 생기가 없고 감정이 둔화되는 등 소진을 나타내는 명백한 신호들이 있었다. 하지만 마르쿠스는 직원을 처벌하거나 질책하는 대신, 앉혀 놓고 해법을 제시하기 위해 애썼다.

"나는 이 직원과 관리자와 면담을 했어요. 업무량이 너무 많을 때 좌절되고 소진되기 시작하는 걸 발견했습니다. 그래서 우리는 그와 새로운 계획을 세우고 감당할 수 있는 업무량을 맡겼습니다."

업무량이 줄자 이 직원은 안정을 되찾았다. 꾸준히 출근했고, 업무의 질이 좋아졌다. 실제로 그 후 더 많은 책임을 맡았다. 특히 그가 관심이 있고 좋아하는 분야의 일을 맡았다. 결국 직원은 자신의 부서에서 주요한 리더가 되었다. 진정으로 잘할 수 있는 틈새를 찾은 것이다. 하지만 이것은 마르쿠스가 연민이 있고 증거를 기반으로 생각하는 관리자이며, 이 직원이 자신의 독특한 기술과 열정을 중심으로 업무를 재편하도록 허용했기 때문에 가능했다.

나 역시 최근에 업무의 우선순위를 바꿔야 했다. 나는 이메일을 읽고 답장하며 하루를 시작하곤 했다. 수신함의 메일을 완전히 비우려고 애썼다. 모두에게 답장을 보낸 후에야 비로소 글을 쓰거나 새로운 강의를 계획하는 등과 같이 시간에 덜 민감한 일을 했다. 그렇다 보니 나에게 가장 중요한 일들을 할 시간이 너무 부족해 자주 좌절했다. 나를 담당하는 심리치료사 제이슨에게 이 이야기를 하자 그는 인상을 쓰며 내가 잘못하고 있다는 듯한 표정을 지었다.

"장기적인 목표와 삶에서 당신이 원하는 위치를 생각할 때 책을 쓰는 일이 당신에게 더 중요하지 않나요? 책을 잘 쓰기 위해 최선을 다하길 원하나요, 아니면 어쩌다 받은 모든 이메일에 매일 발목을 붙잡힐 건가요?"

매일 아침 수십 통의 이메일을 보내는 일은 내가 생산적이라고 느끼게 해주었지만, 그 바람에 시간을 많이 빼앗겼고 충분히 생각하며 책을 집필하는 데 필요한 에너지도 줄어들었다. 그래서 나는 스케줄을 완전히 바꾸기로 했다. 책을 쓰는 시간을 에너지가 가장 많은 아침으로 옮겼다. 여전히 동료들과 학생들에게 답장을 다 쓰지만, 스마트폰의 해야 할 일 목록에 있는 모든 일을 조금씩 다 해내려 애쓰는 대신 가장 중요한 일, 즉 글쓰기를 잘하는 데 좀 더 집중한다. 때로는 어떤 일을 잘한다는 것은 다른 책임들을 적어도 잠시나마 내려놓는다는 뜻이다.

일-생활 간섭 고리를 깨라

이메일은 아침 시간에 그랬듯이 주말과 저녁까지 내 시간을 심하게 잡아먹었다. 과로하는 사람이 그렇듯이 나는 업무 관련 메시지와 학생들이 보낸 이메일을 당장 처리해야 하는 응급 상황으로 대하며 강박적으로 바로바로 읽고 답했다. 회복을 위해, 휴식을 가질 여유가 있는 삶을 꾸리기 위해 나는 디지털로 업무를 처리하는 시간을 크게 줄여야만 했다.

루이즈 디미셀리-미트랑Louise Dimiceli-Mitran은 심하게 스트레스를 받고 과로하는 사람을 전문적으로 다루는 카운슬러다. 상담실에서 내담자들이 더 적절한 일-생활 경계를 세우도록 돕는다. 보통 업무 관련 스마트폰 사용 시간을 줄이는 과정이 포함된다.

"저는 내담자들에게 상사에게 늦은 밤에 이메일을 보내지 말도록 요청하라고 했습니다. 내담자들은 그런 요청을 할 용기를 내는 것조차 도움을 받아야 합니다. 결국 그들은 이렇게 말합니다. '저는 스트레스에 잘 대처하지 못하고 있어요. 앞으론 밤 8시 이후에는 이메일에 답장하지 않을 겁니다.' 이렇게 말하면 때로는 잘 해결됩니다. 더러 그들의 관리자조차 '좋은 생각이다, 그 시간 이후론 메일을 보내지 않겠다'고 말합니다."

어느새 조직은 직원들이 스트레스로 인한 불만이 쌓여 씩씩거리면서도 일을 계속하는 패턴에 빠지고, 늦은 밤 이메일을 보내는 게 당연한 관행이 되어버린다. 루이즈가 말한 대로, 상사들도 부적절한 일-생활 경계로 고통받는다. 때로는 잘못된 기대를 줄이기 위해 단 한 사람만이라도 나서서 기본이 되어버린 업무 관행에 대해 문제를 제기하기만 해도 변화가 시작될 수 있다.

마르쿠스 니니는 일터에서 이와 비슷한 방식을 취한다. 하지만 그의 경우, 적절한 일-생활의 경계를 정하는 것은 전적으로 개별 직원의 선호에 달렸다고 본다.

"이 문제는 개인의 성격에 달려 있습니다. 나는 사람들이 스트레스를 다루는 방식을 파악하는 게 핵심이라고 생각합니다. 한 관리자는 스마트폰의 모든 푸시 알림을 꺼놓길 원했습니다. 밤에 울리는 알림 때문에 스트레스를 너무 많이 받았던 거죠. 하지만 어떤 사람들은 계속 온라인 상태를 유지하며 연락이 닿길 원합니다. 이런 경우라면 그렇게 하지 말아야 할 이유는 없는 거죠."

또다시 이 문제는 사람들에게 자율성을 부여하는 것으로 귀결된다. 사람들이 자연스럽게 지속 가능하고 옳다고 느끼는 속도로 중요한 일을 처리하도록 믿고 맡기는 것이다. 물론 조직에서 이런 종류의 재량권을 얻는 것이 늘 가능하지는 않다. 때로는 전화기를 꺼놓을 권리를 요구하면 질책을 당할 수 있다. 루이즈는 그런 경우 내담자들에게 회사를 그만두고 다른 직장을 찾으라고 말한다.

"이 문제의 많은 부분이 자기 인식에 달렸습니다. 자신의 경계와 한계가 무엇인지 알고, 일이 흥미롭지 않거나 건강하지 않으면 그 일을 그만둬야 합니다."

게으름이라는 거짓이 일터에 뿌리 깊게 확산되었기 때문에 일-생활 간섭이라는 쳇바퀴에서 벗어나는 유일한 방법은 바퀴에서 뛰어내리는 것이다. 하지만 그렇게 하는 것은 겁이 나고 위험하다.

루이즈는 직접 경험을 통해 잘 안다.

"저도 한때 심하게 스트레스를 받는 일을 한 적이 있습니다. 주변 사람들은 제게 그 일을 그만둬야 한다고 말했어요. 하지만 2년을 더 버틴 뒤 해고당했습니다. 해고당한 후에야 '내 개인 치료실을 열 거야'라고 생각했어요. 정말 행복했습니다."

게으름이라는 거짓은 우리에게 선택지가 없다고 믿게 만든다. 우리를 불안하게 하고 충분히 하고 있지 않다고 믿게 만들어 다른 일자리를 찾거나 직원을 부당하게 대하는 조직을 떠날 수 없다는 믿음을 갖게 한다. 우리가 게으르고 밥벌이를 하지 못할 것이라고 믿게 만들어 끊임없이 죄책감과 편집증적인 기분이 드는 상태로 몰아넣는다. 부족하다는 생각에 빠져 있으면 처우 개선을 위한 협상은 거의 불가능하다. 사실 우리에게 덜 고된 다른 일터에서 성공하는 데 필요한 기술과 동기가 있다는 사실을 깨달으려면 정신을 차리게 하는 큰 계기가 필요하다.

아네트와 케이트린, 루이즈 모두 강한 자기 인식을 키워 그들이 원하는 삶의 방식에 맞지 않는 직업 경로에서 벗어났다. 아네트는 산업조직 심리학자로서 자신의 전문성이 탈출구를 찾는 데 도움이 되었다. 케이트린은 어떤 활동이 자신에게 기쁨을 주고 어떤 활동이 비참하게 하는지를 깊이 생각한 끝에 학계에서 벗어날 수 있었다. 루이즈는 스스로 선택한 건 아니었지만 수년간 자신을 괴롭혀 온 일에서 해고당하는 '행운'이 따랐다. 그는 훈련된 카운슬러였고 소진된 사람을 치료했지만, 진정한 자유를 얻기 위해 해고라는 외적인 압박이 필요했다.

물론 루이즈가 그와 같은 과로의 덫에 빠진 유일한 사람은 아니다. 게으름이라는 거짓은 일이란 우리가 숭배해야 하는 '제단'이라고 가르친다. 특히 우리의 가치가 우리가 얼마만큼 일하는지, 무엇을 달성하는지에 따라 결정된다고 믿을 때 끊임없이 성과를 내는 일에서 스스로 벗어나기란 두렵다.

4장

나의 성취가

나의 가치는

아니다

．

1973년 투자 은행가이자 작가인 앤드루 토비아스Andrew Tobias는《The Best Little Boy in the World(모범생 콤플렉스)》라는 회고록을 발표했다. 이 책에서 토비아스는 1960년대와 1970년대에 동성애자임을 숨기고 커리어를 쌓은 과정을 묘사하며, 자신이 어떤 사람인지 숨기고 직업적 성공을 거두기 위해 고군분투한 경험을 다룬다.[1] 그는 십 대 이전부터 자신이 동성애자임을 알았다. 그 시절 남성 동성애자들이 그랬듯이 그 역시 매우 수치스러워했다. 이 책에서 최대한 완벽하고 인기 있고 많은 것을 성취한 사람이 됨으로써 동성애라는 결함을 '보완'하기 위해 얼마나 많이 애썼는지 설명한다. 이를테면 토비아스는 트로피와 메달을 딸 정도로 운동을 아주 잘했다. 주말 내내 공부하며 데이트에 쏟았을 수도 있는 에너지를 좋은 성적을 받는 데 쏟아부었다. 또한 성실하고 단정하고 부모에게 예의 바른 아들이었다.

토비아스는 어른이 되어 직업이 생기자 '모범생'이 되기 위해 쏟았던 에너지를 일터에서 쏟아부었다. 사무실에서 밤을 새워 일하며 그럴 필요가 전혀 없을 때조차 기한보다 며칠이나 앞서 일을 처리했다. 한번은 관리자가 다음 주 화요일까지 제안서를 작성하라고 지시한 적이 있었다. 이 경험에 대해 토비아스는 이렇게 적었다.

"그날은 수요일이었다. 나는 그날 밤 내내 사무실에서 제안서를 작성하고, 복사를 하고, 제본을 한 후 목요일 아침에 관리자가 볼 수 있도록 책상 위에 올려 두었다. 거의 빛의 속도로 일을 처리했다."

토비아스는 자신이 동성애자라는 이유로 사회에서 거부당할까 봐 겁이 났다(타당한 두려움이다). 그래서 많은 것을 달성하고 성실하기 위해 최선을 다해 그 두려움에 대처했다. 어떤 성적 지향이나 사회적 지위를 가졌든 우리는 이런 식으로 칭찬을 쌓아 올려서 인정을 받아야 한다는 압박감을 느낀다. 게으름이라는 거짓은 우리가 뼈 빠지게 많은 일을 해서 사랑받을 권리, 심지어 사회에서 설 자리를 얻어야 한다고 설파한다. 또한 우리의 직관은 믿을 만한 것이 못 된다고 암시한다. 즉, 휴식에 대한 갈망은 무시해야 하며 즐거움, 보살핌, 사랑에 대한 욕구는 나약함의 신호로 치부해야 한다고 말한다. 토비아스는 이런 거짓을 믿었고, 그래서 사회에서 받은 상들로 쌓아 올린 벽 뒤에 진정한 자기를 숨기려 했다.

나는 토비아스가 자란 시대와 완전히 다른 세상에서 살고 있다. 하지만 남의 비위를 맞추고 과도하게 성취하려고 한 그의 절박함 속에서 나 자신(그리고 많은 친구)의 모습을 볼 수 있다. 동성애자들은 '모범생'이 되어야 한다는 엄청난 압박감을 느낀다. 그들은 진정한 자아를 세상에 공개했을 때 존중과 사랑을 되찾을 수 있다는 희망을 품고 많은 것을 성취하고 달성하기 위해 애쓴다. 사회 주변부에 사는 것에 대해 불안해하고 자신이 받은 인정이 언제든지 사라질 수 있다고 생각해 스스로를 보호하기 위해 최선을 다해 열심히 일한다. 부업을 하고, 장시간 일하고, 보고서를 일찍 제출하고, 지치게 하는 책임을 떠안는다. 상을 타고, 저축을 많이 하고, 관리자를 만족시키면 무시당하지 않을 것이라고 믿고 싶기 때문이다.

물론 과도한 성취로 자기 보호를 하려는 것은 동성애자들만의 이야기는 아니다. 사회에서 취약하다고 느끼는 사람은 누구라도 이런 식으로 살아야 할 압박감을 느낄 수 있다. 여성과 유색 인종은 성공하고 싶다면 백인 남성에 대한 기대치 이상을 해내야 한다는 말을 자주 듣는다. 마찬가지로 가난하게 자랐거나 정신 질환을 앓는 사람은 과도하게 성취해야만 할 것처럼 느낀다. 충분하지 않다는 말을 반복해서 듣고 살아온 사람이라면 성취와 보상을 위해 끝없이 열심히 해야 한다는 게으름이라는 거짓의 유혹에 넘어갈 수 있다. 우리 문화는 우리가 훌륭해지면 비로소 안전하고 편안하게 느낄 수 있는 자격이 생긴다고 가르친다.

이 현상을 잘 보여주는 보다 최근의 (그리고 확실한) 예시는 미국 NBC

의 드라마 〈팍스 앤 레크리에이션〉에 등장하는 레슬리 노프다. 많은 밀레니엄 세대가 이 캐릭터에 열광하는데 그 이유는 확실하다. 레슬리는 명랑 쾌활하고, 정계에 진출하고픈 열망이 있다. 정부의 관료주의, 당파적인 내분, 동료들의 편견과 성차별주의를 오직 결단력과 낙관주의만으로 극복한다. 시리즈 초반에 레슬리는 자신이 사는 (가상의) 작은 도시의 공원 여가 시설부의 부국장으로 시작하지만, 이야기가 진행되면서 주 정부로 진출하고 결국 인디애나 주지사가 된다. 그는 가열차게 성공을 추구하며, 그 과정에서 벌어지는 수많은 정치적 대결에서 승리를 거둔다.

팬들은 이 드라마가 근면 성실하고 진보적인 여성이 수많은 억압에도 불구하고 승리하는 삶을 그리기 때문에 좋아한다. 하지만 나는 항상 이 드라마가 전하려는 메시지가 공허하다고 느낀다. 레슬리는 누구나 좋아할 만한 열정적인 캐릭터이지만 동시에 지나치게 밀어붙이고 외골수이기도 하다. 환경과 정의와 옳은 것에 대해 많은 신경을 쓰지만, 가까운 친구들에게 무례하고 남의 말을 쉽게 무시한다. 사람들에게 자신의 목표 달성을 돕도록 강요하며, 그 과정에서 그들의 욕구와 우선과제는 무시한다. 싫다는 대답은 인정하지 않으며 남편과 친한 친구가 원하지 않을 때조차 자신의 계획에 시간을 쓰도록 자주 종용한다. 과로하며 병에 걸리지만 계속 일하기 위해 독감에 걸렸을 때 병원을 탈출한다.

이 드라마(그리고 팬들)는 레슬리를 여권 운동의 상징으로 칭송하지만, 나는 그가 게으름이라는 거짓의 대변인이라고 본다. 그렇다. 레슬리는 훌륭한 일을 많이 성취했지만 자신의 몸의 욕구와 친구들의 한계를 무시하며 이룬 성취일 따름이다. 안타깝게도 이 드라마는 성공에 집착하는 행동에 대해 계속해서 보상을 준다. 그가 속도를 줄이며 사는 법을 배우거나 일 외의 활동에 관심이 생기는 순간은 결코 없다.

이 드라마는 레슬리의 남편 벤이 잠시 실직한 동안 애니메이션stop-motion animation에 빠진 것을 조롱하기까지 한다. 벤이 만든 스톱모션 애니메이션들은 아마추어 수준이다. 어디서 상을 타거나 새로운 일자리를 얻을 수준이 결코 아니다. 그래서 이 드라마와 등장인물들의 눈에 애니메이션에 대한 그의 관심은 딱할 뿐이다. 실직으로 인한 경미한 우울증도 조롱의 대상이다. 이 드라마는 열심히 일해 성취하는 삶이 느리게 사는 삶보다 모든 면에서 더 훌륭하다고 끊임없이 암시한다. 안타깝게도 사람들은 실제 삶에서도 이것이 진실이라고 믿는다.

어떤 식으로든 사회의 가장자리에 있는 사람이라면, 어떤 면에서는 성취에 집착하는 게 전적으로 논리적이다. 성취는 상황이 어려워질 때 보호막이 되어준다. 내가 자랄 때 아버지는 항상 본업 외에 부업도 했다. 이 책의 도입부에서 말했듯이, 아버지는 신체장애가 있었고 그것을 극도로 수치스러워해서 고용주에게 숨겼다. 다른 사람들이 장애에 대해 알게 되면 자신을 일을 할 수 없는 사람으로 볼까 봐 걱정했다. 그래서 최대한 열심히, 가장 바쁘게 일하는 직원이 됨으로써 장애라는 결함을 '보완'하려 애쓴 것이다. 창고에서 3교대로 일하고선 낮이면 몇 푼 더 벌고 자 잔디를 깎았다. 아버지는 낮에는 소금 광산에서 일하고 저녁에는 부업으로 이웃들의 차를 수리했던 할아버지의 전철을 밟았다.

게으름이라는 거짓은 맞닥뜨린 모든 어려움에도 불구하고 열심히 일하는 사람들의 이야기를 미화한다. 하지만 나는 아버지의 삶이, 할아버지의 삶이 어땠는지 곁에서 봐서 안다. 필사적이고, 처량하고, 많이 고통스러웠다. 근면 성실은 아버지와 할아버지가 꿈꾸던 대로 안전한 삶을 주지 않았다. 둘 다 평생 건강이 매우 좋지 않았으며, 오십 대에 세상을 떠났다.

레이철은 교사이며 트랜스젠더 여성이다. 커밍아웃을 하고 여성의 옷을 입고 출근하기 전, 오랫동안 교사로서 많은 상과 칭찬을 받았으며 학교에서 방과 후 업무를 많이 맡아서 했다. 그는 마침내 여성으로 살기 시작할 때 성실한 직원이라는 평판에 의지할 수밖에 없다는 것을 깨달았다. 커밍아웃을 한 순간, 레이철은 평가로 가장한 수많은 편견에 맞닥뜨려야 했다.

"여자 옷을 입고 진정한 나로 일하기 시작하자마자, 사람들은 내가 프로답지 못하고 함께 일할 수 없는 사람이라고 비난했습니다. 저를 냉대했어요. 예전과 백팔십도 달라졌어요."

트랜스젠더 교사를 용납하지 못하는 부모들과 동료 교사들로부터 불만이 접수되자 레이철은 자신을 보호하기 위해 수상 이력과 훌륭한 평가를 내밀었다. 교사로서 그의 이력은 누군가 주장하는 것처럼 레이철이 부적절한 사람이 아니라는 것을 증명했다. 현재와 과거에 가르친 학생들이 레이철을 좋아하는 것도 비난으로부터 그를 보호하는 완충재 역할을 했다. 레이철이 자신의 일에서 '모범생'이 아니었다면, 진정한 자신으로 사는 대가로 해고되는 처지에 놓였을 것이다.

나는 많은 유색 인종들이 무리해서 일하는 것에 대해 이와 비슷한 관점을 표현하는 것을 들었다. 많은 흑인 부모들은 자녀들에게 백인보다 두 배 열심히 일해야 한다고 가르친다. 그래야 겨우 절반 정도 따라갈 수 있다고 생각한다.[2] 소외 계층이라면, 괜찮은 정도로는 부족하다. 최고가 되어야 한다. 하지만 탁월해지려는 노력에는 많은 정서적 대가가 따른다. 끊임없이 부지런하고 동기 부여가 되어 있고 예의범절을 잘 지키며 살아야 하면, 삶이 진짜가 아니고 진정한 자기를 반영하지 않는 것처럼 느낄 수 있다.

성취는 덧없는 것이다. 진정한 만족을 줄 수 없다. 결승선을 지나 트로피를 받자마자 경주의 기쁨은 끝난다. 게으름이라는 거짓의 가르침을 이겨내는 것만큼 훌륭한 승리는 없다. 사실 게으름이라는 거짓은 우리가 결코 만족해서는 안 된다고 가르친다. 즉, 아무리 승리를 많이 하더라도 새로운 기회를 계속해서 좇아야 한다고 가르친다. 이런 식으로 성취에 집착하게 되면 실제로 삶에서 보람과 즐거움이 줄어든다. 우리가 이룬 것이나 현재를 진정으로 음미할 수 없기 때문이다.

게다가 끊임없이 성취를 좇으면 지나칠 정도로 경쟁적으로 변해 다른 사람을 다음에 이룰 성공의 장애물로만 볼 수 있다. 레슬리 노프처럼, 우리는 '승리'에 지나치게 연연해 친구나 자신을 보살피는 일을 잊을 수 있다. 사랑하는 사람들의 성공조차 그들이 우리보다 더 열심히 일하고 더 많이 사랑받는다는 위협적인 신호로 볼 수 있다. 게을러질까 봐 두려워하면 게을러짐으로써 누리는 자긍심과 즐거움의 모든 원천이 사라져 아무것도 남지 않을 것이다.

성취 지향적인 마음가짐을 가질수록 우리가 하는 모든 일 하나하나에 대해 목록을 작성하고, 측정하고, 많이 비판하게 된다. 불행히도 디지털 시대는 이런 집착을 촉진하는 데 큰 기여를 했다. 오늘날 우리는 얼마나 운동을 했는지, 인스타그램에 올린 포스트가 '좋아요'를 몇 개나 받았는지, 올해에 책 몇 권을 읽었는지, 우리의 성과가 친구들의 성과와 비교해서 어떤지 쉽게 평가할 수 있다. 그것이 요리든, 공예든, 여행이든 자유 시간을 즐겁게 보내는 것조차 기록되어 공유되고 타인들과 비교해 본다.

게으름이라는 거짓은 직업을 뛰어넘어 훨씬 더 많은 것에까지 부정적인 영향을 주었다. 심신을 느긋하게 해주는 분야, 생산성과 무관한 분야까지 포함해 상상할 수 있는 모든 영역에서 무언가를 달성하라고 가르친다. 이 과정에서 게으름이라는 거짓은 가장 즐겁고 유익한 활동에서 조차 기쁨과 여유를 앗아갔다.

게임이

되어버린 삶

테일러는 올해 코딩을 배우기 시작했다. 파이썬과 자바와 같은 프로그래밍 언어를 아는 사람들이 좋은 일자리를 많이 얻는다는 말을 들었고, 보람 없는 사무직 일에서 벗어나는 방법을 찾고 싶었기 때문이다. 자신만의 기술을 가진 삶은 수월하고 편해 보였기 때문에 그도 이 분야에 뛰어들길 원했다.

"제 친구 헤더는 정말 산만해요. 하지만 코딩을 알기 때문에 돈 잘 버는 직업을 가졌고 매일 사무실에서 공짜로 근사한 점심을 먹어요. 직장에는 요가실도 있어요. 저는 영어를 전공하지 말았어야 했어요."

그래서 테일러는 매일 저녁 코드 아카데미 사이트에서 강의를 본다. 이 사이트는 다양한 프로그래밍 언어를 개인별 속도에 맞게 배울 수 있는 강의를 제공한다. 프로그래밍 관련 주제에 대한 짧은 수업이 많다. 각 수업은 짧은 동영상, 인터랙티브interactive 훈련 모듈, 온라인 시험으로 구성되어 있다.

"예전에는 저녁이면 온라인에서 사람들과 토론을 하곤 했어요. 이제 저는 그 시간에 코드 아카데미에서 강의 몇 개를 꾸준히 듣고 있어요."

테일러가 한 가지 종류의 강박적 행동(온라인에서 모르는 사람들과의 토론)을 또 다른 행동(온라인에서 짧은 퀴즈 풀기)으로 대체하게 된 것은 당연하다. 코드 아카데미 사이트가 최대한 흥미롭고, 보람되고, 중독되도록 설계되었기 때문이다. 이 사이트는 당신의 마음을 사로잡아 계속해서 재방문하게 만드는 방법을 사용한다. 복잡한 주제들을 여러 작은 단원으로 세분화해 한 단원을 끝내면 작은 배지를 받는다. 더 많은 과정을 끝낼수록 더 자주 이 사이트를 이용하게 되고, 더 많은 보상을 받는다.

나도 이와 유사한 사이트 데이터캠프Datacamp를 가끔 이용하는데, 내가 듣는 수업은 프로그래밍과 통계를 알려준다. 이 사이트는 학습을 게임처럼 보이게 하는데, 이는 학생들에게 동기 부여를 준다. 짧은 수업을 들으면 들을수록 더 많은 체험 포인트를 얻고, 연습을 계속하면 보상을 주는 일일 활동을 할 수 있다. 학생의 진도는 소셜 미디어 계정에 연결되어 친구와 동료들이 그가 얼마나 많은 배지와 포인트를 모았는지 볼 수 있다. 그가 얼마나 부지런하고 성실한 작은 일벌인지 알 수 있는 것이다.

외국어 학습 앱 듀오링고Duolingo도 굉장히 유사한 방식으로 운영된다. 매일 완수할 수 있는 짧은 어휘와 문법 연습이 있다. 연습은 사람들이 계속 참여하도록 자극을 주기 위해 다양한 형태로 운영된다. 어떤 연습에서는 여러 단어를 끌어다 맞춰 한 문장을 완성하라고 요청한다. 또 다른 연습에서는 스마트폰의 마이크에 대고 올바른 발음으로 말을 하고 질문에 정확한 대답을 해야 한다. 각각의 연습은 게임처럼 느껴진다. 매일 로그인하면 포인트를 받고 며칠 연속으로 이 앱을 열지 않으면, 듀오링고의 마스코트인 귀여운 녹색 올빼미가 알림을 보내어 충분히 열심히 하고 있지 않다고 질책한다.

이러한 사이트와 애플리케이션은 즉각적인 만족을 준다. 비디오 게임처럼 습관적으로, 정기적으로 이용하도록 독려한다. 그리고 게으름이라는 거짓이 사람들에게 남긴 가려운 곳을 긁어준다. 즉, 무언가 달성하고 자신이 가치가 있다고 느끼고 싶은 열망이다. 학습을 게임화함으로써 우리가 점점 더 많은 생산적인 시간을 갖도록, 돈이 될 수 있는 새로운 기술을 배우는 데 쓰지 않는 매 시간이 마치 '낭비'인 것처럼 느끼도록 유도한다.

테일러의 경우, 코딩을 배우는 일은 곧 자유 시간을 많이 잡아먹기 시작했다. 그림을 그리거나 글을 쓰는 것과 같은 다른 열정을 좇을 여유가 줄어들었다.

"지금으로서는 글쓰기는 스트레스만 줄 뿐이에요. 코딩이 더 중요하게 느껴져요."

때로 테일러는 동네 서점과 카페에서 글을 쓰지만, 최근 몇 개월 동안 글쓰기를 할 시간도 에너지도 없었다. 이 시점에서 나는 테일러의 코딩 학습 일정이 건강하지 못한 수준으로 지나친 것은 아닌지 매우 궁금했다. 테일러는 이에 대해 확신이 없어 보인다. 그저 잠시일 뿐이라고 말할 것이다. 1, 2년이 지나면 지금의 직업을 그만둘 만큼 충분한 기술을 얻을 것이다. 그때까지 코드 아카데미에서 기술을 쌓으며 계속 꾸준히 공부한다. 자신을 위한 미래를 만들기 위해 노력하는 것이다. 게으름이라는 거짓이 가르쳐준 방식대로, 뼈 빠지게 열심히 공부하고 자유 시간을 포기하면서 말이다.

삶의 많은 측면이 게임화되었다. 요리 블로그와 유튜브 채널은 음식 만들기를 퍼포먼스로 바꿔버렸다. 트위터는 친구와 농담을 주고받는 일을 점수가 매겨지는 코미디 수업처럼 느껴지게 할 수 있다. 핀터레스트와 인스타그램과 같은 사이트는 공예품 만들기조차 경쟁적으로 바꿔버렸다. 나는 사람들이 다양한 형태의 슬라임을 만드는 동영상을 시청하는 것을 무척 좋아한다. 사람들이 염료와 스팽글을 섞어 형태가 있는 무언가를 만드는 모습은 내게 위안을 준다. 하지만 이 동영상들을 다루는 온라인 커뮤니티('슬라이머'

라고 부른다)는 험담과 분노로 가득 차 있다. 인기 있는 계정들은 새로운 슬라임 만드는 법을 개발한 공을 누가 차지해야 하는지 혹은 특정 방식으로 동영상을 찍은 최초의 사람이 누구였는지를 두고 서로 끊임없이 다툰다. 마음에 위로를 주는 매우 단순한 행위여야 하는 것이 논쟁적이고 지위에 목을 매는 행위로 전락해 버렸다.

이런 게임화는 우리가 건강을 관리하는 방법까지 침투했다. 운동 습관을 스마트폰과 손목시계가 추적해 모든 친구에게 공유한다. 언제든지 핏빗Fitbit 애플리케이션을 열어 내가 아는 사람들 중 누가 신체 활동 '순위표'에 올라가 있는지, 누가 가장 많은 단계를 해냈는지 볼 수 있다. 그런 후 나는 그 정보를 내가 더 활동적인 사람이 되도록 동기를 부여하는 데 사용할 수 있으며, 아니면 다른 사람의 성취를 통해 나를 깎아내릴 수 있다.

당신이 소셜 미디어를 비교적 수동적으로 사용하는 사람이더라도, 삶에서 모든 것이 게임화되어 가는 강력한 힘을 느낄 수 있다. 페이스북과 인스타그램은 자신들의 플랫폼을 정기적이고 강박적으로 사용하면 보상을 주기 위해, 그리고 게임하듯이 참여해 점수 따는 법을 잘 아는 파워 유저power user가 아닌 모든 사람을 고립시키고 침묵하게 만들기 위해 알고리즘을 맞춤 제작했다. 예컨대 페이스북을 매일 수차례 열어보지 않으면, 알고리즘은 당신의 친구 목록에 있는 사람들의 포스트를 숨김으로써 당신을 '처벌'을 하는 것처럼 보인다는 게 많은 사람의 생각이다.[3] 때로는 이러한 플랫폼은 그날 충분히 활동적인 사용자가 되기 전까지 당신이 받은 '좋아요'나 댓글에 대한 소식을 즉각 알려주지 않는다. 그리고 좋아요와 팔로워를 많이 얻는 유일한 방법은 오랜 시간 동안 머물면서 타인의 포스트에 좋아요를 달고, 댓글을 남기고, 참여를 늘리는 것이다.[4] 이것들을 사용하면 할수록, 당신은 점점 더 인기가 있다고 느낀다.

페이스북과 인스타그램 모두 다른 사람의 포스트가 받은 좋아요의 수를 숨기는 작업을 시작했다. 하지만 개별 사용자들은 여전히 자신의 좋아요와 팔로워의 수를 볼 수 있으며, 얼마나 많은 반응을 얻었는지를 기준으로 성공을 측정할 수 있다.[5] 이러한 식으로 타인과 연결된 상태를 유지하는 기본적인 행동마저도 간절히 원하는, 성취에 목매는 과정이 되어버렸다. 사람들은 끊임없이 주목과 좋아요, 팔로워, 영향력을 갈망한다. 그리고 이런 갈망은 거의 모든 것으로부터 즐거움을 앗아간다.

성취에 목맬 때

경험은 어떻게 망가지는가

프레드 브라이언트Fred Bryant 박사는 낙관주의와 행복, 무엇이 사람들이 잘 살도록 하는가를 연구하는 긍정심리학자다. 40년 넘게 의미 있는 삶이란 어떤 것인지 연구했다. 프레드는 이 주제를 매우 직관적이고 개인적인 차원에서 이해한다. 그는 긍정심리학자에 대한 사람들의 기대에 맞게 아주 명랑 쾌활하다. 항상 크게 웃으며, 그가 하는 모든 말은 사색적이며 경이로움으로 가득하다.

"심리학은 대부분 부정적인 증상을 치료하는 데 중점을 둡니다. 우울증과 불안과 같은 증상들을 다루죠. 우리는 우울의 반대가 우울하지 않은 것인 양 행동합니다. 하지만 그건 진실이 아니에요. 우리는 우울하지 않은 것 이상을 할 수 있습니다. 이를테면 무엇이 사람을 진정으로 행복하게 만드는지, 무엇이 인생을 아름답고 의미가 있다고 느끼게 만드는지 연구할 수 있습니다. 부정적인 면을 줄일 뿐만 아니라 긍정적인 면을 극대화할 수 있습니다."

프레드의 연구에서 기쁨과 의미를 찾는 일은 모두 '음미savoring'로 귀결된다. 음미란 긍정적인 경험을 지금 이 순간 깊게 만끽하는 과정이다.[6] 음미는 세 가지 시점에 나타난다. 우선, 다가올 사건을 낙관적인 관점으로 예상할 때 나타난다. 그런 후 긍정적인 순간이 일어나는 동안 그것을 온전히 인식할 때 나타난다. 마지막으로 그 경험이 끝난 후 경외감이나 감사한 마음으로 그것을 되돌아볼 때 나타난다.

사람들은 음미할 때 그들이 좋아하는 것을 만끽하고 마음을 쓰면서 제대로 인식하는 방식으로 경험하는 데 오롯이 집중한다. 그림 같은 자연경관 속에서 등산하는 것이든, 피로를 풀어주는 시원한 칵테일 한 잔을 즐기는 것이든, 유독 어려운 낱말 맞추기 퍼즐을 푸는 것이든 당신이 즐겁다고 느끼는 것은 무엇이든 음미할 수 있다. 대상을 해치워야 할 일로 보는 것이 아니라 감사한 마음으로 천천히 유념하며 대하기만 하면 된다.

"딴생각을 하면서 무언가를 음미할 수는 없습니다." 프레드의 설명이다. "세상에서 가장 맛있는 피자를 먹는다고 칩시다. 하지만 학생들의 과제물을 채점하면서 그걸 먹는다면, 피자가 얼마나 맛있는지 인식하는 걸 완전히 잊게 됩니다. 갑자기 고개를 들고 '어, 피자가 다 어디 갔지? 사라졌네? 음. 내가 맛있게 먹었나 보네. 정말 빨리 먹었군!'이라고 생각하게 되죠. 그런데 먹을 때 어떤 느낌이었는지 기억조차 나지 않을 겁니다."

프레드는 이 예시에서 음미를 잘하는 사람들은 피자에만 오롯이 집중한다고 말한다. 그런 사람은 피자를 한 입 한 입 계획하면서 먹고, 심지어 가장 맛있는 부분을 마지막에 먹기 위해 남겨두는 식으로 즐기며, 먹는 과정이 끝날 때까지 무언가를 기대한다.

프레드와 동료들이 실시한 연구에 따르면 음미에는 많은 이점이 있다. 음미할 때 시간은 느리게 흐르는 것처럼 느껴진다. 그 순간의 세부적인 사항들이 풍성하고 선명해진다.[7] 행복한 순간들을 음미하면 더 행복하게 느껴지고, 그 경험이 끝난 후에도 행복감이 더 오래 지속되는 것처럼 느껴진다.[8] 더불어 음미하는 사람은 긍정적인 경험을 되돌아보고 되새길 줄 알기 때문에 삶이 녹록지 않은 때조차 행복감을 높일 수 있다.[9] 그 결과, 음미를 자주 하는 사람은 음미를 잘하지 못하는 사람보다 삶에 대해 훨씬 높은 수준의 만족과 긍정적인 기분을 느낀다.[10]

음미를 자주 하는 사람은 우울을 덜 겪는다. 이런 사람은 음미하지 않는 사람보다 노화와 체력 약화와 같은 문제에 훨씬 잘 대처한다.[11] 만성 통증, 심장병, 암을 겪는 사람들이 삶에서 좋은 것들을 음미하는 법을 알면 장기적으로 건강이 더 좋아지며, 병으로 인한 우울과 스트레스를 덜 겪는다.[12] 행복이 전반적으로 건강할 가능성을 높여주기 때문에, 음미는 수명을 늘리고 질병을 예방하는 데 중요한 역할을 할 수 있다.[13]

음미의 백미는 누구나 배울 수 있다는 점이다. 프레드와 동료들은 음미가 배울 수 있는 기술이라는 것을 반복해서 발견했다.[14] 음미하는 능력을 키우기 위해 연습할 수 있는 정신적 전략이 있다. 안타깝게도 게으름이라는 거짓 덕에 돌아가는 세상에서는 부정적인 사고 패턴이 훨씬 더 흔하다.

음미의 반대는 '가라앉히기dampening'다. 가라앉히기는 긍정적인 경험에 집중하지 못하고 미래에 대해 걱정하거나 무시해야 할 소소한 불완전한 면에 집중해 긍정적인 경험에 찬물을 끼얹었을 때 나타난다. 그 유명한 〈새터데이 나이트 라이브〉에 나온 데비 다우너를 생각해 보자. 데비는 자연재해에 대해 이야기하고 모두에게 생일 케이크가 건강에 얼마나 나쁜지 일장 연설을 늘어놓음으로써 생일 파티를 망친다. 데비는 분위기를 망치는 데 선수다. 사람들을 행복하게 하는 것들을 깊게 음미하지 못하도록 주의를 분산하는 법을 알기 때문이다. 이런 식으로 충동적이게 부정적인 것은 그뿐이 아니다. 연구를 통해 행복감을 약화시키고 비참함을 강화하는 네 가지 사고 습관이 밝혀졌다. 게으름이라는 거짓은 이 네 가지 습관을 강력하게 장려한다.[15]

게으름이라는 거짓이 우리의 행복감을 약화시키기 위해 사용

행복감을 '가라앉히는' 사고 습관	
억압	수줍음, 겸손 혹은 두려움 때문에 긍정적인 감정을 숨기거나 억누른다.
주의 분산	이 순간의 즐거움을 무시하고 다른 것들에 신경을 쓴다.
트집 잡기	경험의 긍정적인 측면을 무시하고 부족한 것이나 더 나아질 수 있는 면에 집중한다.
부정적인 시간 여행	미래에 벌어질 수 있는 부정적인 사건을 예상하거나 과거에 있었던 고통스러운 경험에 대해 곱씹는다.

하는 방법들을 잠시 생각해 보자. 게으름이라는 거짓은 나약함이나 취약함의 신호를 드러내지 못하게 함으로써 행복의 징후를 억압하도록 가르친다. 즉, 진지하거나 성숙해 보이기 위해 행복한 티를 내지 않는 것이다. 또한 우리가 *주의 집중*을 못하게 한다. 과도하게 성취 지향적인 일중독자인 우리는 종일 멀티태스킹을 하며 맛있는 식사, 황금빛 석양, 한가로운 동네 산책조차 한순간도 오롯이 음미하지 못한다. 게으름이라는 거짓은 완벽주의를 조장하기 때문에 많은 사람이 *트집 잡기* 선수가 된다. 우리는 스스로에게 생산성과 질에 대한 비현실적으로 높은 기준을 세우고, 그 기준에 도달하지 못하면 자책한다. 마지막으로 게으름이라는 거짓은 우리 모두를 *부정적인 시간 여행자*가 되도록 훈련시킨다. 미래에 대해 늘 두려워하고 최악의 시나리오에 대비해 앞으로 벌어질 일을 너무 염려하는 나머지 지금 이 순간에 가진 것을 음미하지 못한다.

이것이 바로 우리 문화에서 성취를 좇는 집착이 우리에게 가한 해악이다. 즐거워야 할 무언가, 예컨대 휴가를 가거나 상을 타는 일이 소셜 미디어를 통해 세상과 공유해야 할 새로운 의무가 되어버린다. 경험이 끝나면, 게으름이라는 거짓은 우리가 그것에 대해 잊고 서둘러 새로운 자격증, 인스타그램에 올릴 다음 이야깃거리, 시간을 '생산적으로' 사용할 수 있는 대단한 방법을 추구하게 만든다. 이렇게 되면 우리는 지금 이 순간을 살거나 우리가 한 일에 대해 진정한 자부심을 느낄 수 없다.

내 애인 닉의 옛 동료 중에 스탠드업 코미디언이 있었다. 그는 자신의 농담이 소셜 미디어에서 얼마나 잘 통하는지에 굉장히 집착했다. 아침마다 페이스북과 트위터에 새로운 농담을 올리고, 그게 얼마나 잘 먹혔는지 보기 위해 한 시간 동안 알림을 강박적으로 확인했다. 농담이 좋았는지 아닌지 그가 판단하는 유일한 기준은 올린 후 한 시간 동안 '좋아요' 100개를 얻는 것이었다. 이 목표를 달성하지 못하면 그 농담은 실패한 것으로 간주했다. 그는 자신이 올린 농담들이 정말 마음에 들었는지 스스로에게 묻는 것 같지도 않았고, 농담을 만드는 일을 창의적인 일로 보는 것 같지도 않았다. 그는 자신이 하는 일에서 어떠한 자부심이나 즐거움도 느낄 수 없었다. 가진 것이라곤 집착해야 할 목표와 매일 달성해야 할 성취뿐이었다.

연구에 따르면, 스트레스를 받고 루틴에 빠져 있을 때 시간이 더 빠르게 지나가는 것처럼 느낀다.[16] 몇 주, 몇 달, 심지어 몇 년이 불안과 의무로 점철된 안개 속에 혼재될 수 있다. 당신의 존재가 즐거움 없이 달성해야만 하는 의무로만 구성되어 있다면 당신은 인생을 음미할 수도, 심지어 자세하게 기억할 수도 없다.[17] 고맙게도 과도하게 성취 지향적인 패턴에서 벗어나기 위해 취해야 할 방법들이 있다.

삶의 가치를
재설정하는 법

삶은 생산적이거나 남에게 인상을 남기는 것 이상이 되어야 한다. 목표에 집착하고 사회적 인정을 얻기 위해 애쓰기만 하면 결코 만족할 수 없다. 사실, 그렇게 살면 삶에서 좋은 것들을 인식하는 능력이 사라질 수 있다. 대신 한발 물러서서 우리의 가치를 재고하고, 우리가 무엇을 성취하든 못 하든 상관없이 삶에 내재된 가치가 있다고 보는 법을 배워야 한다. 사고방식을 이런 식으로 바꾸기는 어렵다. 특히 오랜 세월 게으름이라는 거짓에 세뇌된 뒤라면 말이다. 하지만 우리가 생각을 바꾸기 위해 따를 수 있는, 연구에 근거한 전략들이 있다. 이러한 전략들 가운데는 음미하는 법을 배우고, 경외심을 느낄 시간을 내고, 우리가 정말 못하는 무언가를 주기적으로 시도해 보는 일이 포함된다.

음미하는 법을 배워라

우리는 앞서 이미 사람의 행복 수준을 낮추는 사고 습관들에 대해 살펴보았다. 이제 그 반대를 볼 차례다. 즉, 우리가 기쁨이라는 감정을 인식하고 극대화하는 데 실제로 도움이 되는 사고 방법이다.[18]

이러한 사고 습관은 모두 '가라앉게' 하는 습관의 거울상이다. 우선 행동으로 *나타내기*는 행복하길 원하고 삶을 제대로 인식하길 원한다면 기쁨을 느꼈을 때 그것을 보여주어야 한다고 제시한다. 신이 나면 손을 마구 펄럭이고 강아지를 볼 때마다 요란하게 반응하는 사람으로서, 나에게 이것은 큰 희소식이다.

행복감을 높여주는 또 다른 방법은 삶의 즐거운 순간에 오롯이 *머무는* 것이다. 이것은 주의를 분산시키는 요소들을 물리치고, 멀

행복을 음미하는 데 도움이 되는 사고 습관	
행동으로 나타내기	행복감을 행동으로 보여준다. 예를 들어 미소 짓기, 노래하기, 기뻐서 껑충 뛰기 등이다.
지금 이 순간에 머물기	지금 이 순간에 머물며 경험이 일어날 때 집중한다. 주의를 분산시키는 요인들을 무시하고 경험에 집중한다.
소통의 기회로 이용하기	긍정적인 경험에 대해 타인과 소통한다. 경험에 대해 기뻐하며 축하한다. 좋은 소식을 타인과 공유한다. 다른 사람을 신나게 만든다.
긍정적인 시간 여행	행복한 기억들을 돌이켜보거나 사람들에게 과거에 공유한 기쁜 일을 상기시킨다. 바라는 미래의 모습을 계획하고 예상한다.

티태스킹을 하지 않으려고 노력하며, 지금 이 순간을 온전히 만끽한다는 뜻이다. 이 방법을 삶에 통합하기 위해 나는 매일 진정한 점심 휴식 시간을 갖고 있다. 항상 점심시간을 '생산적으로' 쓰려고 했다. 이를테면 부리토를 입에 쑤셔 넣으며 메일의 답장을 썼다. 하지만 그렇게 하면 스트레스만 받고 시간이 얼마나 빨리 지나갔는지 보고 놀라기만 한다. 그래서 컴퓨터를 멀리하고, 야외에서 좋은 장소를 찾아 느리게 음식을 음미하면서 먹고, 지나가는 사람들을 관찰하고, 미시간호 근처에서 시원한 산들바람을 만끽하려고 노력한다.

연구에 따르면 우리는 좋은 경험을 소통의 기회로 활용함으로써 삶에서 더 큰 행복을 얻을 수 있다. 달리 말하자면, 사람들에게 벌어진 좋은 일들에 대해 말하고 공개적으로 축하할 시간을 갖는 것이다. 많은 사람이 자신의 성취를 자랑하는 것을 천박하게 여기고, 그것에 대한 보상을 기대하지 말고 그저 묵묵히 계속 열심히 해야 한다고 배웠다. 하지만 연구에 따르면, 그와 반대로 우리가 자랑스럽게 여기는 것을 강조할 때 얻는 여러 이점이 있다. 운이 좋으면, 우리는 좋은 소식을 공유하는 사람들의 기분까지도 끌어올릴 수 있다. 사람들은 친구와 가족이 이룩한 업적에 따른 영광을 함께 누리길 좋아하며, 친구가 성공하고 행복할 때 자신도 뿌듯함을 느낀다는 게 연구를 통해 밝혀졌다.[19]

연습해야 할 건강한 사고 습관 가운데 마지막은 긍정적인 시간 여행이다. 물론 이것은 미래에 대해 끊임없이 불안해하거나 과거의 슬픈 순간을 곱씹는 것과 반대되는 사고다. 음미하기를 잘하는 사람들은 좋은 경험을 되새기는 법을 안다. 또한 미래에 새롭고 즐거운 경험이 많으리라고 믿기 때문에 그들의 삶은 행복과 기대와 희망으로 가득 차 있다.

프레드 브라이언트 박사는 심리학 연구를 하지 않을 때 등산을 즐겨한다. 긍정적인 시간 여행이 무엇인지 잘 보여주는 친구 두 명과 정기적으로 등산을 하는 것이다.

"등산을 함께 가는 한 녀석은 항상 과거에 했던 등산에 대해 얘기합니다. 내게 전화를 해서 '2년 전 오늘 우리가 레이니어산 정상에 올랐던 것 기억해?'라고 말하죠. 그 바람에 나는 그날 우리가 했던 모든 즐거운 일을 떠올리게 됩니다. 함께 등산하는 또 다른 친구는 계획에 능합니다. 그는 항상 다음 등산을 미리 계획하고, '여기가 바로 다음에 우리가 가볼 곳이야'라고 말합니다. 그래서 이 친구 덕분에 다음 등산을 기대하게 되죠."

평생 성취에 집착하고 미래에 대해 걱정하라고 배웠다면, 처음에는 이러한 사고 습관들을 채택하기가 어려울 것이다. 하지만 프레드가 나를 계속 안심시켜 주었다시피, 이런 식의 사고를 원래 잘하는 사람은 극소수에 불과하다. 음미를 잘하는 사람들 대부분은 긍정적인 것을 만끽하는 데 집중하도록 스스로 훈련하며 오랜 시간에 걸쳐 그런 사고방식을 형성한 것이다.

"이건 음악적 재능과 유사합니다. 분명 어떤 사람들은 타고나길 좋은 귀를 가졌지만, 모든 악기 연주자는 연습을 해야 합니다. 음미도 마찬가지죠. 공들여 연습해야 합니다. 그러면 점점 더 잘하게 됩니다."

시간을 내어 경외감을 느껴라

성취에 대한 집착을 줄이는 또 다른 방법은 경외감을 경험할 시간을 의식적으로 찾는 것이다. 경외감은 완전히 새롭거나 깊은 영감을 주는 것, 예컨대 반짝이는 것, 푸른 바다, 녹음이 짙은 숲, 혹은 콘서트에서 뛰어난 성악 공연을 보는 것과 같은 경험을 할 때 일어난다.[20] 경외감은 위협적인 방식이 아니라 짜릿하면서도 마음에 평온함을 주는 방식으로 우주의 거대함과 인간의 하찮음을 떠올리게 한다. 경외감을 느낄 때, 우리 주변을 둘러싼 거대한 아름다움에 휩싸이면서 모든 개인적인 문제와 걱정이 사라지는 것처럼 보인다.

경외감은 환상적인 소진 퇴치법이기도 하다.[21] 간호사와 사회복지사처럼 남을 돕는 직업에 속하는 사람들은 쉽게 소진되는데, 이들에게 경외감을 느낄 시간을 내는 것은 매우 중요한 자기 관리법이다. 대부분의 사람은 자기 관리를 마사지를 받거나, 새 옷을 사거나, 거품을 푼 따뜻한 물에 목욕하는 것으로 생각한다. 이런 종류의 자기 관리는 상품화해 돈을 벌어들이는 가장 쉬운 방법이기 때문에 당연히 가장 잘 알려져 있다. 하지만 자신을 가꾸는 것은 자기 관리가 취할 수 있는 한 가지 형태일 뿐이다. 경외는 영적인 요소를 지니기 때문에 훨씬 더 깊고 더 큰 회복을 안겨주는 자기 관리다.[22] 종교가 없다고 해도, 경외와 놀라움의 순간을 찾음으로써 더 큰 목적의식, 자연과의 교감 혹은 모든 인류와의 깊은 유대감을 느낄 수 있다.[23]

그렇다면 어떻게 경외감을 느낄 것인가? 참신함과 놀라움이 핵심이다. 습관적으로 새로운 상황에 처해보거나 흥미로운 자극에 노출되어 보자. 이것을 시작하는 많은 방법이 있다. 몇 가지를 이야기하자면 다음과 같다.

- 볼일이 있어서가 아니라 오로지 탐색을 하기 위해 새로운 도시를 방문한다.
- 새로운 경로를 따라 출근해 보거나 잘 모르는 동네 골목길을 따라 걸어본다.
- 전혀 모르는 주제에 대해 공부한다.
- 사물을 자세히 관찰하고 얼마나 많은 사람이 그것이 우리에게 도달하는 과정에 관여했는지 생각해 본다.
- 당신이 전혀 모르는 활동에 대해 열정적인 사람들이 모인 축제, 모임 또는 워크숍에 가본다.
- 예전에 많은 시간을 할애해 본 적이 없는 형태의 예술(시, 단편영화, 조각, 춤 등)을 음미하려고 해본다.

- 친구와 동료에게 그들을 신나게 하는 주제에 대해 말해달라고 요청한다. 경청한 뒤 거기서 무언가를 배우려고 노력한다.

경외로 가득 찬 삶은 음미하기가 훨씬 더 쉽다. 뇌가 낯선 장소와 경험을 처리하려면 더 오랜 시간이 걸리며, 이 때문에 시간이 느리게 가는 듯한 착각이 든다. 이것이 바로 차를 몰고 새로운 장소에 갈 때 집에 가는 것보다 항상 더 오래 걸리는 것처럼 느껴지는 이유 중 하나다.[24] 모든 감각이 새로운 경험을 수용하는 데 집중할 때, 일상의 책임과 미래에 대한 걱정을 잊고 세상이 넓고 많은 가능성으로 차 있다는 것을 떠올리기가 더 쉽다. 또한 경외감을 체험할 때와 음미할 때 매우 유사한 정신적 과정이 사용되므로, 음미를 습관으로 만들려는 사람에게 훌륭한 연습이 된다.

잘하지 못하는 일을 해라

습관적으로 과도하게 성취하려 하고 칭찬과 인정을 추구한다면, 십중팔구 잘 못하는 일을 몹시 싫어할 것이다. 이것은 특히 학교에서 '우등생'이었던 사람 또는 어린 시절 똑똑하다는 말을 늘 들었던 사람에게서 공통적으로 발견되는 문제다. 잘한다는 칭찬을 평생 좇았다면, 무언가를 잘 못하는 것은 아주 불쾌한 일이다.

무언가를 잘 못하는 것은 게으름이라는 거짓에서 벗어나는 훌륭한 방법이다. 실패를 인정할 때 우리는 우리가 할 수 있는 (그리고 할 수 없는) 일과 상관없이 삶에 의미가 있다는 것을 배운다. 성공할 가망이 전혀 없는 활동을 추구하면, 결과물이 아닌 과정을 즐기는 법을 스스로 터득하게 된다. 비생산적이고 성공하지 못하는 것에 마음 편히 우리 시간을 '낭비'하면, 사회가 우리에게 부여한 체크리스트를 지워나가는 대신 자신만의 목표와 우선순위를 선택하는 자유가 생긴다.

저서 《The Queer Art of Failure(기묘한 실패의 기술)》에서 잭 핼버스탬Jack Halberstam은 사회가 우리에게 하라고 가르친 무언가를 제대로 못하는 것은 혁명적인 행위라고 제시한다.[25] 실패할 때, 우리는 타인을 위해 가치를 창출해야 할 압박감에 저항하는 것이다. 이것은 모든 것을 바꿔놓는다.

핼버스탬은 이렇게 말한다. "'실패는' 완전한 패배다. 그리고 패배함으로써 삶, 사랑, 예술, 존재를 위한 다른 목표들을 상상할 수 있다."[26] 달리 말하자면, 실패할 때 우리는 타인의 기대를 따르는 대신 무엇을 우리의 진정한 목표와 우선 사항으로 삼을지 선택할 자유가 생긴다. 게으름이라는 거짓은 우리가 잘하는 분야에서 계속 생산적이길 원한다. 그래서 잘 못하는 활동에 빠져 있으면, 우리는 성공해야 한다는 외적 압박이 아니라 진정한 사랑에 의해 동기 부여가 되는 선택을 할 수 있다.

나는 다른 사람들이 보기에 가치 있는 기술을 지녔다. 이를테면 데이터 처리 기술, 가르치는 기술, 글을 쓰는 능력이다. 작년에 매주 정기적으로 내가 정말 못하는 (그리고 앞으로도 못할) 무언가를 하려고 시간을 냈다. 바로 역도다. 나는 체력이 약하고 운동신경이 없어서 수년간 헬스장에 가는 것을 피했다. 잘 못하리라는 것을 알았기 때문이다. 하지만 올해 나는 역기 사용법을 꼭 배워야겠다는 생각이 들었다. 건강을 더 잘 챙기는 법을 배우기 시작했고, 튼튼해지려는 노력이 재미있을 수도 있겠다는 생각이 들었다. 그래서 매주 사나흘씩 서서히 노력한다.

희한하게도 내가 결코 잘 할 수 없는 혹은 누군가에게 깊은 인상을 심어줄 수 없는 기술을 배우는 일에서 기운을 얻었다. 한 달 전보다 아주 조금 더 무거운 역기를 들 수 있음을 깨달을 때 작은 자부심을 느낀다. 내가 근육이 많은 사람이 되거나 유난히 튼튼해질 일은 없을 테지만, 몸서리치게 싫었던 무언가에 매달려 계속하고 최고가 아닌 것을 편안하게 받아들이는 법을 배웠다. 때로는 내가 얼마나 많은 발전을 이뤘는지, 내 몸이 무엇을 할 수 있는지 보고 약간의 경외감까지 느낀다.

삶에 대한 기록을
덜 남기는 법을 배워라

조앤은 인터넷 유명 인사나 다름없었다. 매우 박학다식하고 위트가 넘치며, 오랫동안 트위터와 텀블러에 시사 문제와 대중문화에 대한 재미있는 글을 올리곤 했다. 더러 소셜 미디어 스타들이 거들기라도 하면, 그가 올린 글이 순식간에 집중되어 수십만 건의 반응을 얻었다. 사람들은 조앤이 온라인에서 공유했던 아이디어들을 바탕으로 팬 아트를 만들기까지 했다. 이런 긍정적인 피드백은 중독성이 있었다. 때로는 온라인에서 입소문이 나는 것에 대한 갈망 때문에 조앤은 자신의 건강하지 못한 마음상태를 글의 소재로 삼기도 했다.

조앤의 가장 인기 있는 글은 대부분 자신의 삶에서 가장 어둡고 힘든 경험을 다뤘다. 조앤은 캐나다 농촌에서 가난하게 자랐고, 오랫동안 우울증으로 고생했다. 어린 시절 살았던 동네 주민들은 조앤이 관심을 두었던 유명 인사들의 문화와 할리우드 고전과 같은 것에 무관심했기 때문에, 그들과 교감하는 게 퍽 어려웠다. 우울하고 다른 사람들이 이상하다고 생각하는 주제에 집착하는 것이 어떤 느낌인지에 관한 통렬한 농담을 소셜 미디어에 올리면, 이 농담들은 널리 퍼졌다. 인터넷에 매달리는 전 세계의 소외된 괴짜들이 자신과 조앤을 동일시했다. 하지만 조앤은 이런 인기로부터 아무것도 얻지 못했다.

"어떤 면에서 온라인 커뮤니티가 '콘텐츠'를 얻으려고 저의 취약한 정신을 이용해 먹었다고 느껴요. 내 트라우마에 대해 재치 있고 통렬하게 글을 쓸 수 있지만, 그 대가는 무엇인가요?"

하지만 글에 대한 돈을 받을 기회가 생기자 모든 것이 변했다. 조앤이 올린 글 중 하나가 온라인에서 확산되는 것을 넘어 영화의 콘셉트가 되었다. 갑자기 그의 이야기를 큰 프로젝트로 탈바꿈하고 싶어 하는 영화 제작자들과 감독과 대화를 하게 되었다. 수년간 인터넷 세상에 좋은 아이디어들을 쏟아내고 그 대가로 고작 '좋아요' 수천 개를 받은 후, 마침내 노력이 제대로 인정받은 것이다. 이 일을 계기로 조앤의 우선순위가 바뀌었다.

"저의 생각들이 얼마만큼의 가치가 있는지 깨달았을 때, 더 이상 그것들을 공짜로 주지 말아야겠다는 생각이 들었어요. '좋아요' 수천 개를 받고 글이 매우 빨리 확산되면 도파민이 급상승하지만, 그건 보상으로 인정받는 것과 견줄 바가 못 돼요."

조앤의 행동은 바로 바뀌었다. 시나리오 집필 수업을 듣기 시작했고 매체에서 일을 구하는 데 도움이 되는 포트폴리오를 만들었다. 글을 온라인에서 무료로 배포하는 대신, 돈을 받고 팔았다. 그리고 더 이상 온라인상의 확산과 높은 팔로워 수를 좇는 데 많은 시간을 보내지 않았다.

"재치 있는 글을 쓰는 건 아주 기분 좋은 일이고 쓰기도 쉽고 많은 관심을 받을 수 있지만, 장기적인 프로젝트가 더 만족스러워요. 저는 대규모 프로젝트가 주는 지속적인 성취감을 위해 한발 물러나 온라인상의 확산과 '좋아요'가 주는 즉각적인 만족을 포기해야만 했어요."

현재 조앤은 삶의 아주 적은 부분만을 온라인에서 공유한다. 트라우마에 대해서 함부로 글을 쓰지 않으며, 트위터에 시답잖은 농담을 올리지도 않는다. 대신 시나리오를 위해 아이디어들을 잘 모아둔다. 시나리오를 쓰는 데 더 많은 시간이 걸리지만 훨씬 더 돈이 되기 때문이다. 소셜 미디어라는 경쟁적이고 성취에 집착하는 세계로부터 거리를 두면 둘수록, 삶을 더 많이 만끽하게 된다고 말한다. 정신 건강도 크게 좋아졌다. 조앤은 이제 훨씬 많은 현실 세계의 친구들이 있으며 술을 마시지 않는다. 인터넷을 끊은 것이 마법처럼 건강을 향상한 게 아니다. 그보다는 조앤이 인터넷을 통한 즉각적인 만족과 성취 좇기를 멈추자 자신을 진심으로 대하는 사람들과 정말로 중요한 예술적 추구에 집중할 시간이 생겼기 때문이다. 고통스러운 기억을 잠재적인 생산성과 '콘텐츠'의 원천으로 보는 대신, 그 상처들을 치유하는 작업을 했다.

최근 몇 년간 조앤은 종교친우회(퀘이커 교도로도 알려져 있다)의 정기 회합에 참석했다. 인터넷이 주는 자극 과부하에서 벗어나는 법을 배운 사람이 매주 하루 아침을 낯선 사람들과 함께 앉아 침묵 속에서 명상한다. 이 회합에서는 그 누구도 '콘텐츠'를 제공하지 않는다. 목사가 하는 설교도 없다. 말을 해야 할 압박감도, 주목이나 인정을 받기 위한 사회적인 경쟁도 없다. 누군가 진정으로 감동을 받아 말하고 싶은, 아주 드물게 의미 있는 순간을 제외하고는 그저 함께 모여 침묵 속에 앉아 명상할 뿐이다.

디지털 도구 덕분에 삶이 더 편해졌지만, 유지해야 할 수많은 계정과 걱정해야 할 알림들이 생겨버렸다. 소셜 미디어 애플리케이션들은 성취 포인트를 얻기 위해 삶의 모든 경험을 보여줘야 할 강력한 압박감을 조성했다. 즐거움이 영향력이 되어버린 것이다. 우리 삶의 거의 모든 활동이 기록하고, 측정하고, 그것을 잘 해냈을 때 공유하는 대상이 되어버렸다. 그렇지만 그런 집착적인 기록과 공유가 정신 건강에 해롭다는 것을 보여주는 수많은 증거가 있다.

사람들은 대부분 온라인에서 완전히 벗어날 수 없다. 스마트폰을 창밖으로 던져버리는 상상을 하지만, 사람들은 다른 사람과 연락하기 위해 디지털 도구가 필요하다. 하지만 그렇다고 우리의 삶을 게임화하는 데 적극적으로 투자해야 한다는 뜻은 아니다. 조앤처럼 우리가 디지털 영역과 상호작용을 하는 법에 대해 합리적이고 실용적인 경계를 설정할 수 있다. 이러한 도구들을 사용하는 방법을 재정의함으로써 삶의 방향을 재설정하고 우리의 생산성이 곧 우리의 가치를 정한다는 생각에서 벗어날 수 있다.

스마트폰 없는 시간을 가져라

스마트폰을 항상 곁에 둘 때, 우리는 집착하듯이 확인하고 싶은 충동을 느낀다. 이것은 의도된 것이다. 대부분 애플리케이션은 수많은 알림과 잦은 사용에 대한 '보상', 사용자가 새로운 콘텐츠를 찾아 몇 분마다 사이트를 새로 고침을 하게 만드는 복잡한 알고리즘을 이용해 최대한 중독성 있고 유혹적이도록 정교하게 개발되었다.[27] 게다가 중요한 메시지와 행사 초대, 다른 기회들을 놓칠 것에 대한 두려움 때문에 우리는 스마트폰을 내려놓고 진정한 한가로움이나 게으름을 누리지 못한다.

스마트폰을 통해 정보의 바다에 접근할 수 있기 때문에 우리는 그것을 사용할 때 힘이 있다고 느낀다.[28] 일부 연구에 따르면, 스마트폰을 빼앗기면 불안하고 심지어 자존감의 하락을 경험하기도 한다. 힘이 없어지는 것에 대한 이 두려움 때문에 스마트폰에서 손을 떼기가 더 어렵다.

스마트폰에 대한 의존성이 이토록 크지만, 한편에서는 '디지털 안식일'을 갖자는 운동이 점차 확산되고 있다.[29] 디지털 안식일은 매주 최소 하루를 정해 그 시간 동안 모든 기기와 알림을 무시하는 것이다. 디지털 안식일을 실천하는 대부분 사람이 주말 하루를 정해 자신과 스마트 기기를 완전히 분리하지만, 주중에 하는 것도 가능하다. 어떤 조직들은 심지어 디지털 안식일을 장려하기도 한다. 데이터에 따르면 이메일과 슬랙의 메시지를 끊임없이 확인하는 게 직원들의 주의를 분산시키고 스트레스를 유발하기 때문이다.[30]

하지만 사람들에게 종일 스마트폰 없이 사는 것은 실용적이거나 매력적이지 않다. 그렇다 해도 밤 몇 시 이후부터는 메일에 답장을 안 하거나 알림을 확인하지 않는 등의 방식으로 저마다 경계를 설정할 수 있다. 3장에서 마르쿠스 니니가 말한 대로, 그의 회사 직원들은 저녁에 그들이 원하는 시간부터 메일에 답장하지 않을 수 있다. 또한 당신은 스마트폰으로 어떤 종류의 인터넷 활동에 참여할지 그리고 하루 중 몇 시에 사용할지를 정할 수 있다.

모니카는 심카드가 들어 있지 않은 스마트폰을 한 대 더 갖고 있다. 밤에 인터넷을 하는 데 이것을 사용한다. 그는 열렬한 등반가이자 자연주의자로, 저녁이면 인터넷에 들어가 특정 지역의 동식물을 검색하고 다음 등반을 계획한다. 예전에는 이런 평화로운 시간이 끊임없는 알림과 메시지 때문에 방해를 받았다. 하지만 심카드가 없는 전화기 덕분에 이제 스트레스받지 않고 인터넷을 최대한 활용할 수 있다.

알림과 활동 트랙커를 꺼라

우리가 스마트폰을 통해 받는 리마인더 알림의 대부분은 급한 내용이 아니다. 사촌이 보낸 페이스북 메시지는 당장 답할 필요가 없다. 오늘 스페인어 어휘 연습을 잊었다고 듀오링고의 올빼미가 자고 있는 당신을 죽이지 않는다. 하지만 당신이 촉각을 곤두세우는 이것이 시끄럽고 밝은 신호를 끊임없이 보내면, 그러한 사실들을 쉽게 잊는다. 연구에 따르면 스마트폰의 잦은 알림 때문에 주의가 더 산만해지고 활동 과잉이 될 수 있다.[31] 이미 불안과 우울과 같은 정신 질환에 걸릴 위험이 있는 사람의 경우, 강박적인 스마트폰 사용은 그런 증상들을 악화시킨다.[32]

이런 위험에서 스스로를 보호하는 최선의 방법은 신경에 거슬리는 리마인더들을 꺼둠으로써 끊임없이 알림을 확인하고 싶은 마음을 없애는 것이다. 또한 어떤 앱이 죄책감과 스트레스를 가장 많이 유발하는지 파악한 후 그것들에 대한 의존을 멈출 수 있다. 일부 정리 앱들은 삶을 실제로 개선해 준다. 예컨대 내 스마트폰에 있는 달력 앱 덕분에 나는 약속을 지키는 일로 스트레스를 덜 받게 되었다. 이와 반대로 나는 몇 달 전에 핏빗 앱을 삭제하기로 결심했다. 수면, 걷는 걸음의 수, 운동 수준을 살펴보는 일이 나를 불안하게 한다는 것을 깨달았기 때문이다. 신체 활동을 세상과 공유하자 항상 이 앱이 권하는 하루 만 보 걷기를 '달성'해야 한다는 의무감을 느꼈고 이내 죄책감이 들었다. 해법은 간단했다. 핏빗을 중단하면 되었다.

결과가 아닌 과정에 집중하라

삶이 너무도 심하게 게임화되어 버려서 모든 활동을 경쟁으로 생각하기 쉽다. 오늘 올린 셀카가 어제보다 더 많은 '좋아요'를 받았나? 올해 블로그에 작년보다 더 많은 책에 대한 감상평을 올렸나? 자유 시간을 친구들보다 더 의미 있게 사용하고 있는가? 이런 마음가짐은 불안과 불만족을 낳는다. 여기서 벗어나려면 자기 계발과 성장을 완수해야 할 목표가 아니라 즐겁고 점진적인 과정으로 대해야 한다.

조앤에게 이것은 창의력과 글쓰기를 대하는 법을 완전히 바꾼다는 뜻이었다. 과거에 조앤은 소셜 미디어에서 자신의 글이 얼마나 인기가 있는지에 연연했다. 자신을 인터넷상의 다른 사람들과 쉽게 비교하고 자신의 성공이 타인의 성공에 못 미칠 때에 주목했다. 그는 성취를 좇는 쳇바퀴에 갇혀 있었다. 앞으로 나아가기 위해서는 그 바퀴에서 뛰어내리는 수밖에 없었다.

현재 조앤은 거의 모든 글쓰기를 공개적으로 하지 않는다. 이렇게 하는 것은 준비가 되기 전에 아이디어를 세상에 보여줘야 하는 외적인 압박이 없다는 뜻이기도 하다. 더 이상 몇 개의 리트윗이 주는 단기적인 도파민 상승을 겪지 못한다 해도, 매우 큰 장기적인 보람을 얻을 수 있다.

심리학 연구는 타인과의 경쟁보다 개인의 성장에 중점을 두는 게 훨씬 더 건강하다는 것을 보여준다.[33] 끊임없이 최고가 되고, 가장 생산적이고, 가장 유능하고, 가장 많은 '좋아요'를 받는 사람이 되려고 애쓰는 건 몹시 지치는 일이다. 게으름이라는 거짓은 우리를 늘 불안하게 만드는데, 그래야 우리를 착취하기 쉽기 때문이다. 최고가 되길 원한다면, 결코 숨을 돌릴 수가 없다. 이 세상에는 항상 어떤 식으로든 나보다 '뛰어난' 누군가가 있기 마련이기 때문이다. 이것은 자신에게 해로운 세계관이다. 이런 식으로 생각하면 치유의 여지가 없고, 조용하고 평화로운 사색의 순간도 없다. 자신에 대해 연민을 갖고 최고가 되어야 한다는 기대를 멈출 때, 비로소 모든 느리고 '비생산적인' 활동에서 즐거움을 찾을 수 있다.

프레드 브라이언트는 매우 성공한 심리학 연구자일지 모르지만, 그의 진정한 열정은 등산에서 찾을 수 있다. 상상할 수 있듯이, 그가 등산에서 가장 좋아하는 것은 산 정상에 도달하는 게 아니다. 정상을 향해 조금씩 꾸준히 올라가며 친한 친구들과 함께 자연의 위대함을 음미하는 것이다.

"정상에서 머무는 단 몇 분을 위해 우리는 힘겹게 산을 오릅니다." 프레드가 웃으며 말한다. "하지만 등산은 정상에 오르는 경주가 아니라 과정입니다. 음미하고 즐겨야 하는 경험입니다. 나는 산 정상을 향해 오르는 과정을 좋아합니다. 정상에 머물기 위해서만 가는 게 아닙니다. 내겐 그게 바로 음미입니다. '들판을 달리며 최대한 많은 장미 향을 빨리 맡는' 게 아니라 '멈춰 서서 장미 향을 맡는 것'입니다."

5장

모든 것에

전문가일

필요는 없다

"인터넷에서 모르는 사람하고 또다시 설전을 벌이고 있어요." 어느 날 밤 노아가 내게 메시지를 보냈다. "제발 나 좀 말려봐요."

"시간 낭비이니 그만해요." 내가 말했다. 아마도 오십 번쯤 말한 것 같았다. "사람들은 당신 말을 듣지 않을 테고 당신만 열받을 뿐이에요."

노아는 엔지니어이고 독서광이라서 다양한 주제에 대해 아는 게 많다. 뉴스도 열심히 읽는다. 인터넷에서 아는 게 많다는 것은 장점이지만 그만큼 단점이 될 수도 있다. 걱정할 일도 많고 불만도 많이 생기기 때문이다. 무지한 사람들과 싸움이 번지기도 한다. 노아 역시 종종 싸움에 휘말린다.

"선생님 말이 맞아요. 이 사람은 내 말을 전혀 듣지 않아요. MMR 백신에 수은이 들어 있다고 해요! 이런 헛소리를 믿는 사람들이 아직도 있다니 믿을 수가 없어요!"

이런 식으로 노아는 설전을 벌인 두 시간 동안 상대가 그에게 말한 모든 무지하고 터무니없는 이야기를 내게 읊었다. 게다가 설전을 벌이는 동안 자신이 옳다고 증명하는 의학 연구 자료를 찾아 상대에게 보냈다. 노아는 그에게 다른 생각을 하게 만들 만한 질문들을 던지기도 했다. 그러고 난 후 좀 더 공격적인 태도로 대립각을 세워보기도 했다. 물론 그 무엇도 통하지 않았다.

"그만둬야겠어요. 나는 할 수 있는 모든 걸 말했어요."

"그래요." 나는 잠자리에 들면서 답장을 보냈다.

한 시간 후, 노아가 다시 문자를 보냈다. "백신 반대 운동은 아동들이 장애를 갖게 될 것에 대한 두려움에서 시작되었다고 설명하는 글을 1천 5백 개의 단어로 작성했어요. 완전히 시간 낭비일까요?"

노아는 아마도 시간 낭비를 한 것 같았다. 하지만 나는 또 다른 진실이 될 수 있는 말을 했다. "다른 누군가가 설전의 내용을 읽고 뭔가 배울 수도 있어요."

"그러길 바라요." 노아는 낙담한 것 같았다. 나는 전화기를 끄고 잠자리에 들었다. 몇 주 안에 노아가 내게 다시 문자로 또 다른 인터넷 설전에 대해 알릴 것이며, 나는 또 똑같이 답할 것이라는 느낌이 왔다.

노아는 많은 사람처럼 강박적인 인터넷 사용 습관을 갖고 있다. 결코 설득할 수 없는 사람들을 대상으로 불필요한 설전을 벌인다. 걱정이 생산적인 형태의 운동activism인 양 자신이 해결할 수 없는 사회 문제에 집착한다. 뉴스 중독에 빠져 최대한 많은 불쾌한 정보로 뇌를 채운다.

노아가 작성한 읽어야 할 책의 목록은 정말 길다. 내가 아주 재미있게 읽고 있는 책을 말했더니 서둘러 전화기를 꺼내어 노트 앱을 열고 약 5분 동안 스크롤을 했다. 그러더니 그 책을 목록에 추가했다. 나는 그 목록이 얼마나 긴지, 그리고 인류학부터 시작해 해양 생물학, 개인 재정, 여권 운동에 이르기까지 얼마나 광범위한 주제에 관한 책들인지 보고 놀라지 않을 수 없었다. 노아는 누군가의 집을 방문하면 책장을 훑어보며 목록에 추가해야 할 흥미로운 책이 있는지 살핀다. 어떤 주제의 대화를 하든지 그 주제에 관한 책 한두 권을 추천한다.

내가 대화해 본, 많은 무리하는 사람과 마찬가지로 노아는 노동 계층 가정 출신이다. 디트로이트의 황폐한 지역에서 어렵게 자랐다. 대학은 꿈도 못 꿨고, 장래에 좋은 직업을 가질 것이라는 전망도 없었다. 노아의 부모는 먹고사느라 힘들었다. 이런 배경 때문에 노아는 삶의 가능한 모든 영역에서 '게으름'을 피하려는 동기가 평균 이상이 되었다. 엔지니어 일이 아무리 힘들어도 항상 그 이상의 무언가를 하려 했다. 닥치는 대로 언어를 배우고 이디시어Yiddish(원래 중앙 및 동부 유럽에서 쓰이던 유대인 언어-옮긴이)와 히브리어로 대화를 해보기 위해 해외여행을 갔다. 신경과학에 대한 수업을 들은 적이 없는데도 그것에 대해 정말 많은 것을 안다. 수많은 플랫폼에서 제공하는 뉴스를 팔로우한다. 모든 면에서 많은 정보를 축적하고, 정치적으로 의식이 있고, 독학하기 위해 최선을 다한다.

노아의 컴퓨터는 과부하를 견디지 못해 자주 다운되곤 했다. 노아는 내가 본 사람들 중에 가장 심하게 많은 브라우저 탭을 열어놓고 사는 사람이다. 항상 수십 개의 탭을 동시에 열어둔다. 뉴스 기사, 논평, 과학 보고서, 에세이, 레딧 포럼, 이메일 등등. 이 가운데 일부는 몇 주 혹은 몇 달째 읽지 못한 채 열려 있다. 전일제로 일하고 매일 출퇴근에 두 시간씩 걸리기 때문에 사실 탭들이 줄어들 시간이 없다. 나는 그가 설령 읽을 시간을 언더라도 절반의 시간 동안 읽고 나머지 절반의 시간은 목록에 추가할 새로운 사이트를 찾는 데 쓸 것이라고 생각한다. "그것에 대한 기사를 읽으려고 했는데 아직 못 읽었어요." 노아가 늘 반복하는 푸념이다.

몇 년 전 나는 노아가 만든 페이스북 그룹에서 탈퇴해야만 했다. 그가 그룹의 모든 사람에게 매일 수차례 끊임없이 기사를 공유했기 때문이다. 이 때문에 나는 짜증이 났고 스트레스를 받았다. 내가 탈퇴해서 노아의 기분이 상했으리라고 생각한다. 아니면 내가 그만큼 세상에 대해 깊이 관심이 없다는 인상을 주었을지도 모른다. 하지만 나는 그렇게 해야만 했다. 이미 정보의 바다에서 허우적대고 있었다. 또 다른 정보 중독자로 인해 더 깊은 물속으로 끌려 들어갈 수 없었다. 하지만 노아의 관점에서 자신은 세상에 도움이 되는 중요한 일을 한다고 생각했을 것이다.

노아의 읽기가 그의 삶을 얼마나 풍요롭게 했는지, 삶으로부터 주의를 얼마나 빼앗았는지 알 수 없다. 노아는 미래를 매우 불안해하며, 때때로 뉴스 읽기는 그런 불안을 더 가중하기만 하는 것처럼 보인다. 공부를 많이 했고 현명하며 다방면에 아는 것이 많아 다양한 사회문제가 서로 어떻게 연관이 있는지 이해하는 데 어려움이 없다. 노아의 지력과 열정은 장점이지만 동시에 사람들을 교화하고 자신이 목격한 무지를 모두 고쳐줘야만 한다는 책임감을 느끼게 한다. 나는 그런 강박이 얼마나 많은 스트레스를 주는지 안다. 나도 똑같은 충동을 자주 느끼기 때문이다. 상대방이 원치 않는 게 분명할 때조차 내 안의 선생님은 항상 사람들을 가르치려 애쓴다.

그 누구도 모든 것에 전문가가 될 수 없다. 신경 써야 할 문제가 너무 많고, 뉴스들은 너무 빨리 생산되어 다 따라잡을 수 없다. 우리는 인류 역사상 가장 많은 지식을 지녔다. 그 결과, 우리는 아는 것들로 인해 심각하게 버거워한다. 게다가 더 알아야 한다고 느끼지만 그럴 시간이 없는 것에 죄책감을 느끼며 괴로워한다.

지식은 곧 힘이 될 수 있으며, 인터넷을 사용하는 덕에 많은 사람의 삶이 풍요로워졌다. 게으름이라는 거짓은 우리가 계속해서 더 많이 배움으로써 인터넷이 주는 특권을 백분 활용해야 한다고 말한다. 그리고 한 사람이 소비해야 할 정보의 양에는 한계가 없다고 규정하고 머릿속에 정보를 쑤셔 넣는 데 따른 정서적, 심리적 대가는 인정하지 않는다. 우리가 더 생산적이게 되고 사회에 더 쓸모 있는 사람이 되기 위해 이 방대한 정보를 이용하지 않는다면, 정보를 갖는 게 무슨 의미가 있겠냐고 속삭인다.

정보에 접근할 수 있는 것은 특권인 동시에 짐이다. 이 점은 우리가 많이 읽는 것을 피할 수 없는 의무로 취급할 때 더더욱 그렇다. 불쾌한 뉴스에 계속 노출되면 트라우마를 남길 수 있다. 끝없는 정보의 홍수는 잠시 멈춰 새로 알게 된 무언가에 대해 숙고하는 일을 어렵게 한다. 우리는 정보 과부하의 시대에 살고 있다. 따라서 해법은 더 배우는 게 아니라 한발 물러서서 적은 정보를 더 의미 있는 방식으로 소비하는 것이다.

정보 과부하의

시대

인간이 계속해서 과학을 발전시키고 세상의 본질에 대한 더 많은 정보를 축적하게 되면서 대중에게 그 모든 것을 교육하는 일은 점점 더 어려워졌다. 현대의 삶은 대단히 복잡해 잘 살기 위해서는 다양한 주제와 분야에 대해 잘 알아야 한다. 시간이 지날수록 '잘 안다'는 것의 기준이 점점 더 높아져서 그 기준을 따라잡기란 무척 어렵다.

고등교육의 변천사는 이를 잘 보여주는 예다. 1800년대 전에는 대학에 전공이 없었다. 그 시절에 모든 학생은 모든 주제에 대한 수업을 들어야 했다. 대학 학위는 모든 '인문학' 분야, 이를테면 글쓰기, 철학, 음악, 수학, 천문학 등에 대해 두루두루 교육을 잘 받았다는 뜻이었다. 하지만 1800년대 중반에 이르자 정보가 너무 많이 생산되어 이런 기대는 더 이상 합리적이지 않게 되었다. 그래서 '전공'이라는 것이 생겨났다. 모든 것을 배우는 대신, 학생은 한 과목을 선택해 심도 있게 공부하고 그 분야의 전문가가 될 수 있었다.[1]

안타깝게도 인간의 지식이 점점 더 확대되어 많은 과목의 깊이가 한 사람이 4년의 공부만으론 제대로 이해할 수 없는 정도가 되었다. 이제 심리학과 같은 과목을 심도 있게 공부하려면 석사나 박사 학위를 따야 한다. 학사 전공이 해당 분야의 기초 지식을 충분히 다루지 못하기 때문에 많은 분야에서 고용주들은 석박사 학위를 입사의 최소 기준으로 요구하기 시작했다.[2] 학계에서는 '석사 학위는 새로운 학사 학위다'라고 말하기도 한다.[3]

교수로서 나는 '학위 인플레'가 꾸준히 확산되는 현상이 몹시 우려된다. 이론상 인류가 대단히 큰 지혜를 얻을 수 있다는 것은 좋은 일이어야 한다. 하지만 현대에 교육을 많이 받았다는 건 유망한 직업을 선택할 수 있기 위해 얻어야만 하는 자격증처럼 취급된다. 안타깝게도 그 자격증을 얻으려면 점점 더 많은 돈과 시간이 든다. 과거에 대학 교육은 특히 가난하거나 소외 계층인 사람들에게 문호를 많이 개방했다. 하지만 이제 충분히 교육을 받으려면 거액의 돈이 필요하다. 대부분의 대학이 석사 학위 과정을 가장 돈이 되는 사업으로 보는 것은 어쩔 수 없다.[4]

정보 과부하에 대해 말하자면, 대학은 퍼즐의 한 조각에 불과하다. 데이터와 지식 공유는 학교에 있든 없든 상관없이 우리가 깨어 있는 모든 시간에 침투한다. 우리는 모두 스마트폰을 열 때마다 수

많은 사실, 의견, 무의미한 온라인 설전에 잠식된다. 이런 지식은 우리를 해방시키는 대신 괴로움을 주고 길을 잃게 만들었다.

✎

릭은 트위터를 그만 사용해야 한다는 것을 안다. 수년간 그렇게 말했다.

"트위터는 나쁘고 피상적인 의견으로 가득한 바다나 다름없어요. 제가 누구를 팔로우하든 결국 제 피드는 이 세상에 벌어지는 끔찍한 일에 대해 최선의 농담을 만들어내려는 좌편향 코미디언으로 가득할 뿐이에요. 무언가에 대해 의미 있는 대화를 하려는 사람이 없어요. 오히려 싫어하죠."

하지만 릭은 소셜 미디어를 끊기 어렵다.

"저는 온종일 트위터를 확인합니다. 그리고 매번 절망하죠."

식료품 가게에서 줄을 서는 중에 혹은 시청 중인 텔레비전 프로그램이 지루할 때 우리는 쉽게 트위터에 들어가 본다. 새로 고침을 할 때마다 우리의 머리가 쉽게 소화하도록 아주 작은 패키지로 되어 있는 새로운 콘텐츠가 올라온다. 읽어야 할 것도, 참여해야 할 것도 너무 많다. 하지만 트윗은 너무 짧고 트위터 대화는 속도가 너무 빨라서 참여를 해봤자 대개 피상적이고, 결국 불만족스럽다. 릭이 트위터에 대해 강박적인 관계를 갖게 된 것은 당연하다. 사실 소셜 미디어는 주의력에 대한 슬롯머신이나 다름없다. 절대로 돈을 벌 수 없다.

인터넷은 우리가 정보를 공유하고 그것에 접근하는 방법을 혁명적으로 바꿔놓았다. 인터넷으로 전 세계 사람이 힘을 얻었으며, 대학교와 도서관에 숨겨져 있던 지식에 접근하게 되었다. 사회 정의 문제들에 대한 대중의 인식이 높아졌고, 사회 주변부에 속한 사람들이 공동체와 이해를 찾는 데 도움이 되었다. 트랜스젠더들의 경험을 공유하는 온라인 커뮤니티가 없었다면 나는 내가 트랜스젠더라는 것을 결코 깨닫지 못했을 것이다. 또한 여러 인터넷 글쓰기 플랫폼이 없었다면 작가가 되지 않았을 것이다. 나는 인터넷이 어떻게 삶을 더 좋은 방향으로 바꿀 수 있는지 안다.

하지만 인터넷으로 정보 공유가 너무 쉬워진 바람에 우리 모두 넘쳐나는 정보에 빠져 허우적대고 있다. 인터넷에 있는 지식의 양은 무서운 속도로 증가하고 있다. 아이비엠IBM에 따르면, 250경 바이트의 데이터가 매일 추가된다.[5] 데이터 증가 속도는 해마다 더 빨라지고 있다. 현재 인터넷에서 입수할 수 있는 정보의 90퍼센트는 지난 2년 사이에 추가되었다.[6] 또한 보통 사람이 하루에 마주치는 고유한 정보의 양은 1986년에 비해 대략 다섯 배 더 많다.[7] 믿을 수 없을 정도로 많은 양이라 처리하기 어렵고, 모든 예측치는 갈수록 더 심각해지리라고 생각한다.

매일 우리에게 주어지는 정보 가운데 다수는 안타깝게도 불필요하거나 중복되거나 피해를 준다. 인터넷은 사람들이 의미 없는 설전을 끊임없이 벌이는 댓글과 대댓글로 도배되어 있다. 게다가 매일 올라오는 데이터의 대부분은 '정크 데이터junk data'로, 이를테면 어쩌다 써서 올린 생각, 해로운 농담, 광고, 자기 홍보, 다른 글에 대한 복잡한 반응과 비판으로 적절한 맥락도 없어서 별 의미가 통하지 않는 글이 대부분이다. 이런 정보를 마주치면 걸러내려고 노력해야 한다.

이렇게 비교적 무난한 정크 데이터만 있는 게 아니다. 매우 위험한 데이터도 공유된다. 이를테면 폭력적인 파시즘적 선전 문구, 혐오 발언, 의도적인 그릇된 정보, 트라우마를 남기는 죽음과 국가적 비극에 대한 사진 등이다. 대부분의 소셜 미디어 사이트에 트라우마를 줄 것 같은 자료를 걸러내고 삭제하는 전담 팀이 있지만, 이런 악성 데이터의 양이 너무 방대해 완전히 제거하기는 불가능할 정도다. 일부 끔찍한 사진과 혐오 글들은 이런 검열에도 불구하고 살아남아 돌아다니기에 우리는 어떻게 그것을 대응해야 할지 궁리할 수밖에 없다.[8]

인터넷상의 정보들이 중첩되는 것도 문제다. 사람들은 '타인의 글을 퍼온' 포스트를 올려 네트워크에 널리 공유함으로써 시급한 사회문제나 비상사태를 해결하는 데 도와야 한다고 느낀다. 다른 사람들을 교육하고 싶은 열망은 유용하지만, 잘못된 정보나 두려움을 유발할 수도 있다. 부엌 싱크대와 같은 표면에 바이러스 분자가 얼마나 오랫동안 살아남는지에 대한 경고성 글을 공유하면 혼란에 빠진다. 나는 사람들이 병에 걸리는 것을 막는 데 도움을 주는 것인가, 아니면 이미 친구들이 읽었을 수도 있는 경고성 정보로 소셜 미디어 피드를 채우는 것인가? 그 정보는 충분한 맥락을 제공하는가, 아니면 그저 사람들을 겁먹게 하는가? 대개 어떤 정보가 공유할 가치가 있는지, 어떤 것이 문제가 있는지 혹은 이미 수십 번 본 정보인지 구분해서 말하기 어렵다.

이 모든 데이터에서 잘못된 정보, 허튼소리, 혐오 발언을 걸러내고 시간을 내어 유용한 사실과 의미 있는 생각을 찾으려면 엄청난 노력이 필요하다. 그리고 그 과정에서 모든 왜곡된 정보를 수정하고 마주친 모든 편견에 대항해 싸우는 일에 빠지기 쉽다. 노아와 릭과 같은 사람들이 필요 이상으로 많은 시간을 온라인에서 보내는 것은 전혀 놀랍지 않다.

사람들은 계속 온라인과 업데이트되는 상태를 유지해야 한다는 강력한 내적 압박을 느낀다. 뉴스는 무서운 속도로 계속 생산된다. 단 몇 시간 안에 어떤 이야기가 알려지고, 대화를 촉발하고, 반응을 낳은 후 완전히 잘못된 것으로 입증될 수도 있다. 업데이트를 위해 온라인 상태를 유지하고 계속 확인하지 않으면, 진짜 진실을 놓치는 우를 범하는 것이다. 매일 트랜스젠더, 여성, 이민자의 권리를 공격하는 새로운 글이 올라온다. 뉴스는 기후 변화, 제도적 인종차별주의, 팬데믹 확산, 혹은 살인사건에 대한 충격적인 사실의 한 면만을 다룬다. 이런 맥락에서 스마트폰을 끄고 뉴스를 무시하는 것은 사회적으로 무책임해 보이지만, 불쾌한 사실과 역겨운 선전으로 인해 감각의 지나친 과부하가 발생하도록 방치하는 것도 좋을 게 없다.

미국심리학회가 실시한 조사에 따르면, 미국인 95퍼센트는 뉴스 업데이트를 놓치지 않으려고 한다. 그러나 그중 56퍼센트는 뉴스 따라잡기가 상당한 스트레스를 유발한다고 말한다.[9] 게으름이라는 거짓이 지식과 정보에 대한 우리의 접근 방식에 스며든 게 분명하다. 우리가 계속 많은 것을 알고자 아무리 간절히 원해도, 계속 온라인 상태를 유지해야 할 책임감을 아무리 강하게 느낀다 해도 진실은 명백하다. 우리는 너무 많은 데이터를 받아들이고 있으며, 그 결과 심각한 해를 입고 있다.

정보 과부하가

건강에 미치는 영향

2016년 대선 이후 노아와 나는 정치에 관해 염려하는 긴 이메일을 주고받았다. 끊임없이 나오는 걱정스러운 뉴스를 접하며 우리는 각자 실제로 눈에 띄는 신체적 고통을 받았다. 쉽게 간과할 수준이 아니었다.

"진짜 불안하고 초조해요." 나는 벳시 디보스Betsy Devos가 교육부 장관에 임명된 후 노아에게 이메일을 썼다. "정말 걱정돼서 죽겠어요."

"저도 스트레스 때문에 화장실에 자주 가요." 노아는 트럼프의 여행 금지 발표 후 이런 답장을 보냈다. "정말 절망스러워요."

서로에게 보내는 이메일에서 노아와 나는 이제 뉴스를 보지 말아야 하나 하고 고민했다. 하지만 돌아가는 상황을 보면 뉴스를 끊는 건 정말 어려웠다. 뉴스에서 눈을 뗄 수 없었다. 나는 뉴스를 봄으로써 신경계에 끊임없이 경고를 보내며 건강을 해치고 있었다.

하지만 뉴스를 읽어야 할 필요가 있고 도덕적으로도 그것이 옳다고 느꼈다.

나는 강의 사이에 뉴스와 활동가 사이트를 열고서 지역구의 상원의원들에게 전화를 하고 벌어지는 모든 나쁜 일에 대해 경각심을 일깨우는 글을 소셜 미디어에 미친 듯이 올렸다.

물론 나만 이런 건 아니었다. 미국심리학회는 그 시기에 미국인의 3분의 2가 미국의 미래 삶에서 가장 큰 스트레스의 원천이라고 보고했다.[10] 이 수치는 전례 없이 높은 수준이었다. 자신의 재정 상태나 일보다 나라가 돌아가는 상황으로 인해 스트레스를 받는 사람이 더 많았다.

강박적이고 불안을 조장하는 뉴스 읽기는 2020년에 더 심해졌다. 코로나바이러스의 확산으로 전 세계인이 집 안에 갇힌 신세가 되었기 때문이다. 확진자 수가 기하급수적으로 상승하고 지방과 국가 정부들이 이에 대응하려 애를 쓰는 상황에서 업데이트된 뉴스를 보기 위해 온라인에 머무는 것은 더 이상 선택이 아니었다. 자신이 어떤 위험에 처해 있으며 집을 나서는 게 법적으로 허용되는 일인지 아닌지 알려면 반드시 업데이트된 뉴스를 봐야만 했다. 정보를 잘 따라가는 게 곧 시민의 의무였지만, 동시에 심한 고통이었다.

나와 대화를 나눈 샤론 글라스번Sharon Glassburn은 심리치료사로, 내담자들이 소비하는 뉴스의 양을 제한하는 데 어려움을 겪고 있다고 했다. 그 가운데 많은 사람에게 불쾌한 정치 뉴스는 매우 개인적인 위협으로, 쉽게 피해갈 수 없는 것이었다.

"저는 이런 현상을 많이 봤습니다. '정치' 상황이 너무 시급하고 벌어지는 많은 일이 트라우마를 남기고 있어요. 심리치료사로서 저는 스스로 통제할 수 없는 상황에 갇힌 내담자들에게 그들이 느끼는 감정이 충분히 이해된다고 말해주고 싶습니다."

유색 인종이거나 성폭력 생존자이거나 성 소수자이거나 이민자라면, 수년간 염려스러운 뉴스를 피할 수 없었을 것이다. 상황이 걱정스럽게 전개될 때마다 삶에 즉각적 영향을 주기 때문에 관심을 끊기가 힘들다. 통제할 수도 무시할 수도 없다. 하지만 샤론은 우리가 통제할 수 없는 것에 집착하면 삶에서 자율성이 전혀 없는 것처럼 느껴진다고 경고한다. 그런 관점은 건강에 결코 좋지 않다.

"저는 내담자들이 통제할 수 없는 상황과 제도적인 문제가 있다고 인정하는 일, 그리고 그들이 통제할 수 있는 변수들을 보도록 돕는 일 사이에서 적절한 균형을 잡아야 했어요. 바꿀 수 없는 거대한 부정에 끊임없이 집중하면 정말 무력해지기 때문이죠."

사실 자율성의 상실은 정보 과부하가 지닌 주된 위험 가운데 하나다. 수십 년 동안 연구자들은 부정적인 뉴스를 너무 많이 소비하면 개인의 정신 건강이 황폐해지고, 무력하고 취약하다는 느낌이 든다고 지적했다.[11] 1980년대에 소통 연구자인 그레이스 러빈Grace Levine은 뉴스 방송이 얼마나 자주 부정적인 사건들을 통제 불가능하고 피할 수 없는 것으로 묘사하는지 기록했다. 러빈은 연구를 통해 뉴스 사연의 70퍼센트 이상이 '무력한' 사람들이 범죄, 자연재해, 급사와 같은 일들의 피해자가 되지 않기 위해 어떻게 해야 하는지 강조했음을 발견했다.[12] 이러한 사건들 중 다수가 개인이 통제하거나 예측하기 어려운 것은 사실이지만, 세상을 그토록 악의적이고 통제할 수 없는 것으로 묘사하면 심리적으로나 사회적으로나 위험하다.

1990년대 이후 24시간 뉴스 채널과 인터넷 뉴스 사이트들이 인기를 누리며 확산되었다. 매일 저녁 식사 후 한 시간 정도 하던 뉴스 시청이 끊임없는 일과로 이어지고 심지어 오락의 주요 원천이 되고 말았다. 이 시기 동안 범죄와 재난에 대한 두려움이 급증했다. 그리고 이런 두려움의 증가는 사람들의 뉴스 시청 습관과 직접적으로 관련이 있었다.[13] 연구에 따르면, 일반적으로 뉴스를 더 많이 시청하거나 읽을수록 두려움을 더 많이 느끼고, 실제로 지역 사회가 안전한지 아닌지와 상관없이 주변 환경을 더 위험한 것으로 인식했다.[14] 가장 극단적인 사례로 범죄에 대한 두려움은 실제 범죄율과 전혀 관계가 없었다. 전국적으로 살인 사건 발생률이 하락하고 있음에도 대부분의 미국인은 그것이 급증하고 있다고 확신했다.

설상가상으로 이 두려움은 사람들의 행동을 바꾸는 것처럼 보였다. 자주 뉴스를 보는 사람은 그렇지 않은 사람보다 '회피적인' 행동을 더 많이 했다. 더 자주 집 안에 머물며 타인과 어울리지 않앉고, 새로운 일을 하거나 새로운 장소에 가기를 피했다. 일반적으로 볼 때 이런 식의 고립은 개인의 지속적인 성장과 발전에 아주 해롭다. 일부 연구에서는 잦은 뉴스 시청이 심지어 개인의 인종차별적 편향을 높이는 것으로 드러났다.[15]

"지식은 곧 힘이다"라는 격언도 있지만, 겁을 주고 위협적으로 느껴지는 뉴스의 경우 정반대라고 연구자들은 말한다. 겁을 주는 정보는 실제로 내적 통제감을 앗아가고, 자신과 타인을 돌볼 가능성을 떨어뜨린다. 공중보건연구에 따르면, 뉴스에서 건강 관련 정보를 부정적으로 다루면 사람들이 질병으로부터 자신을 보호하기 위해 무언가를 할 가능성이 실제로 줄어든다.[16] 예컨대 암 발생률 상승에 관해 경고하려고 만든 뉴스 기사는 실제로 반작용을 일으켜 암 검사를 받으려는 사람들의 수가 줄어든다. 검사 결과가 어떻게 나올지 몰라 매우 두렵기 때문이다.[17] 기후 변화와 같은 문제에 대해서도 마찬가지다. 뉴스 내용이 어둡고 절망적이면, 사람들은 숙명처럼 느끼고 생태계 붕괴와 맞서 싸우기 위해 개인적인 차원에서 할 수 있는 일에 대한 관심을 줄인다.[18]

게으름이라는 거짓은 매우 이분법적인 사고를 부추긴다. 사람들은 상황에 상관없이 열심히 일하거나 아예 관심을 끊는다. 결단력과 개인의 노력만으로 문제를 해결할 수 있다고 보거나 아니면 해결이 불가능하니 노력해 봤자 헛수고라고 생각한다. 이런 식의 사고는 우리가 관심을 갖는 문제에 대해 집착적으로 매달리도록 조장한다. 문제 해결을 위해 노력하는 게 불가능해지면, 게으름이라는 거짓은 포기하는 게 낫다고 말한다. 어떤 주제에 대해 스트레스를 받는 것은 실제로 그 문제를 해결하기 위해 노력하는 방법이 아니다. 마음이 분주해지고 늘 신경을 쓰게 되기 때문에 생산적인 것처럼 느껴질지 몰라도, 실제로는 진짜 싸움을 할 에너지를 앗아간다.

정보 과부하는 심지어 인지 능력에도 해롭다. 연구에 따르면 너무 많은 정보가 주어지면 사람은 집중력을 잃는다. 그 가운데 아주 적은 정보만이 기억에 저장된다.[19] 스마트폰을 들여다보면서 텔레비전을 '시청'해 정신이 분산되는 바람에 어떤 장면 전체나 줄거리의 어떤 지점을 놓쳤다고 깨달은 적이 있다면, 이것이 어떤 느낌인지 정확히 알 것이다. 역설적으로 너무 많은 지식을 머릿속에 넣으려고 하면 그 어느 것도 제대로 이해하거나 보유할 수 없다.[20]

정보 과부하는 비슷한 이유에서 의사 결정 능력에도 해를 준다.[21] 어떤 정보가 유용하려면 그것을 자세히 들여다보고, 처리하고, 이미 알고 있는 사실과 맞아떨어지는지 확인해야 한다. 하지만 정보 과부하의 상태에서 이런 차분한 사색은 불가능하기 때문에 우리는 온갖 실수를 저지르게 된다.

피싱과 같은 온라인 사기는 인터넷에 머무는 동안 정보에 압도

당해 정신적으로 취약한 사람을 노린다. 피싱 사기의 목표는 상사나 은행 직원인 척하는 누군가에게 로그인 정보를 두 번 생각하지 않고 빨리 넘겨주게 만드는 것이다.[22] 대개 사기꾼들이 보내는 메시지는 수신자를 정신없게 만들도록 작성된다. 이를테면 해킹을 당했기 때문에 혹은 은행 계좌에 문제가 생겼기 때문에 자신에게 이메일로 비밀번호를 빨리 보내야 한다고 말한다. 연구에 따르면, 사람들이 정신이 산만하거나 과부하에 걸리면 누군가가 거짓말하는 것을 잘 눈치채지 못하고 주어진 정보의 질이나 진위 여부를 평가하는 능력이 떨어진다.[23] 아이러니하게도 습관적으로 너무 많은 정보를 소비할 때 '가짜 뉴스'에 속아 넘어갈 위험이 가장 크다.

　리서치 회사 퓨Pew에 따르면, 미국인 20퍼센트가 온라인에서 입수 가능한 정보의 양 때문에 불안을 느끼고 과부하에 걸린다.[24] 하지만 77퍼센트는 그토록 많은 정보를 얻는 것을 실제로 좋아한다고 말한다. 스마트폰(그리고 인터넷 액세스)이 우리가 힘이 있다고 느끼게 해준다는 것을 밝혀낸 연구를 떠올려보면 이해가 된다. 대부분은 최대한 많이 배우고, 인터넷이 제공하는 모든 자극과 힘을 이용해야 한다는 강한 충동을 느낀다. 하지만 정보를 의미 있는 방식으로 소화하려면, 받아들이는 정보의 양을 제한해야 한다.

정보의 양을

제한하라

잘못된 종류의 정보에 노출되면 실제로 트라우마 반응이 유발될 수 있다. 사회복지사, 심리치료사, 폭행 피해자의 가족들은 '2차 트라우마'라는 증상을 자주 겪는다. 다른 사람의 학대, 폭행, 폭력의 경험을 들음으로써 생기는 외상 후 스트레스 반응이다.[25] 폭력의 영향을 심각하게 받기 위해 꼭 직접 폭행을 당해야 할 필요가 없다는 게 밝혀졌다. 유감스럽게도 인터넷은 2차 트라우마를 일으킬 기회가 너무도 많다. 총격을 보여주는 동영상, 자연재해 피해자의 인터뷰, 질병으로 사망한 사람의 통계를 나타내는 심란한 그래프를 어디서든 볼 수 있다. 이러한 문제들이 존재한다는 것을 아는 것도 중요하지만, 쉴 새 없이 이런 영상과 데이터를 마주치면 몹시 해롭다.

3장에서 등장한 성 건강 알리미인 니미시르는 트위터 피드에서 '강간'과 '성폭행'과 같은 단어들을 뮤트로 처리해 그러한 주제들에 대한 글과 사진을 보지 않아도 된다고 했다. 그가 하는 일의 핵심이 성적 동의와 강간 문화에 대해 사람들을 교육하는 것이지만, 그는 온라인에 무지한 글을 올리는 사람과 끊임없이 설전을 벌이는 게 생산적이지 않다는 것을 안다.

"때로는 기분 나쁜 메시지에서 벗어나야 합니다. 모두 다 볼 순 없어요. 그리고 모두와 설전을 벌일 수도 없고요. 저는 제 활동을 통해 이미 충분히 하고 있다고 생각합니다."

니미시르는 깨달음의 핵심에 도달했다. 인터넷에 올린 모든 글을 읽고 모든 성차별주의자와 싸우는 게 자신의 일이 아님을 안다. 트라우마에 대한 글을 올린 모든 성폭행 피해자와 대화를 하는 것조차 자신의 일이 아니다. 세상은 넓고 도처에서 끔찍한 부정이 벌어진다. 우리는 그 모든 것에 관여할 수 없으며, 그렇게 하지 않는 것에 대해 죄책감이나 '게으르다'고 느낄 필요가 없다. 지금 하고 있는 모든 일만으로도 스스로를 인정할 자격이 있다.

인터넷과 소셜 미디어가 운영되는 방식대로 따라가면, 끊임없이 분노와 두려움을 느끼는 상태로 빠져들기 쉽다. 우리 대부분이 짊어진 무거운 정보의 짐을 극복하기 위해 한계를 정해야 한다. 처음에는 이러한 단계들을 밟아나가는 것이 귀를 막고 세상의 잔혹함에 눈을 감는 것처럼 느껴질 수 있다. 즉, 무관심이나 게으름처럼 보일 수 있다. 하지만 명심해야 한다. 게으름은 없다. 우리의 한계를 아는 것은 지속할 수 있는 길이자 스스로를 보호하는 방법이다.

정말 중요한 사항들에 집중하도록 방향을 재설정하는 데 도움이 된다. 정말 마음을 쓰는 일들에 집중하고 불필요하게 우리에게 해가 되는 일에 대한 노출을 줄일 때, 더 유능하고 건강한 옹호자가 될 수 있다. 정보 과부하로 고전하고 있고 어떻게 빠져나가야 할지 모른다면, 다음과 같은 일부터 시작해 보면 좋다.

필터와 뮤트 기능을 사용하라

거의 모든 소셜 미디어 앱들에 뮤트 기능이 있다. 트위터에서 당신이 선택한 단어나 문구를 포함하는 글이나 사진을 숨길 수 있으며, 사람들을 뮤트할 수도 있다. 페이스북의 경우, 단어와 문구에 뮤트를 하거나 자극적이거나 불쾌한 콘텐츠를 올린 사람들을 '언팔로우'할 수 있다. 나는 소셜 미디어에서 성 소수자에 반대하고 비방하는 말을 차단했고, 트랜스젠더를 혐오하는 발언으로 뉴스에 자주 등장하는 극우주의자 몇몇의 이름도 차단했다. 트랜스젠더인 내가 사라지길 원하는 사람과 굳이 온라인에서 설전을 벌일 필요가 없다.

뮤트 기능이 없는 사이트의 경우, 유사한 기능을 실행하는 애플리케이션를 다운로드할 수 있다. 새드블록Sadblock은 성폭행과 같은 자극적이거나 심란한 주제에 대한 뉴스 기사를 걸러내어 숨긴다.[26] 커스텀블로커CustomBlocker는 살찐 것을 수치스럽게 다루는 체중 감량 제품 광고든 도널드 트럼프에 관한 기사든 특정인이 피하길 원하는 콘텐츠라면 무엇이든 숨기도록 프로그래밍할 수 있다.[27] 이러한 도구 모두 쉽게 껐다 켰다 할 수 있으므로 논쟁적인 새로운 주제를 업데이트해 숨길 수 있다.

필요하다면 누구든 차단하라

누군가를 차단했다고 미안해할 필요가 없다. 때로는 과부하의 원천은 단어나 문구가 아니라 사람이다. 나는 노아가 너무 많은 뉴스 기사를 올렸기 때문에 한동안 그를 언팔로우해야 했다. 또한 대부분 문제에서 나와 뜻이 맞더라도 끊임없이 온라인 설전에 빠지는 친구라면 차단했다. 누군가 '옳은' 명분을 위해 싸운다고 해도 그들이 충돌하고 분노를 확산시키는 모습을 보면 마음이 불편할 수 있다.

심리치료사 루이즈 디미셸리-미트랑은 내담자들이 정보 소비에 경계를 세우도록 자주 지원한다. 아울러 온라인에서 많이 싸우는 사람 혹은 자료를 많이 공유하는 사람을 차단하도록 권한다. 루이즈는 이 조언을 자신의 삶에도 적용한다.

"제 소셜 미디어를 살펴보면서 일부를 삭제하고 가입을 취소했어요. 저는 현재 페이스북에서 다른 음악 치료사들로부터 기사를 받습니다. 그게 전부예요. 그리고 그것이 제가 소셜 미디어를 사용하는 이유입니다. 때로는 '이건 내 공간이고 깨끗하게 유지하고 싶어'라고 말해야 합니다."

사람들은 친구나 지인을 차단하는 일이 '무례'한 게 아닌지 자주 걱정한다. 실생활에서 냉대하는 것과 마찬가지라고 생각하는 것이다. 하지만 소셜 미디어에서 누군가를 팔로우할 때 우리는 종일 사적인 순간과 휴식 시간 동안 그들의 생각과 그들이 올린 글과 사진에 노출된다. 한밤중에 동료를 집 안에 들여 정치에 대해 불평하게 할 필요는 없다. 또한 전쟁, 질병, 환경 파괴에 대한 사진으로 온종일 당신의 마음을 채워야 할 사회적 의무도 없다.

헤드라인만 훑어보고 넘어가라

루이즈가 추천하는 또 다른 방법은 뉴스를 자세히 읽지 않고 훑어보는 것이다. 모든 이야기에 대한 모든 사실을 흡수하는 대신, 무슨 일이 벌어지는지 대략만 파악하기 위해 매일 뉴스를 훑어보기만 하라고 제안한다. 이렇게 대략 파악한 후 넘어가서 당신의 삶에 집중해야 한다.

"저는 사람들에게 헤드라인만 읽으라고 권합니다. 정말 관심 있는 주제가 아니라면 그렇게 하는 것만으로도 충분합니다. '무슨 일이 벌어지는지 이제 알았으니 내 일을 해야지'라고 생각하면 됩니다."

물론 누구나 특별히 관심이 가는 문제들이 있다. 나는 트위터에서 트랜스젠더를 혐오하는 사람을 차단한다고 해도 트랜스젠더의 권리와 안전에 관한 정보는 계속 얻길 원한다. 루이즈는 이런 상황이라면 한두 가지 주제에 대해 '심층적으로 읽기'를 권한다. 실제로 문제를 다룰 수 있는 시간과 에너지가 있는 주제만 보라는 뜻이다.

"저는 정말 마음이 가는 무언가 즉 당신에게 정말 중요한 문제, 예컨대 기후 변화든 가정 폭력이든 무엇이든 간에 정말 마음이 가는 한두 가지에만 집중하고 그 문제들을 해결하는 데 참여하라고 권합니다."

이 조언을 따르면 한 사람이 흡수하는 정보의 양이 줄어든다. 아울러 나쁜 뉴스가 무력감을 느끼게 하는 문제를 해결하는 방법이기도 하다. 에너지와 주의를 소수의 문제에만 기울이고 그 문제들을 실제 세상에서 해결하기 위해 적극적으로 나선다면, 덜 버겁게 느껴질 테니 말이다. 우리의 행동으로 끌 수 있는 작은 불들에 집중하면 세상이 끝없이 타오르는 재앙의 불구덩이로 느껴지는 것을 막을 수 있다.

댓글 창 문화에 저항하라

댓글 창은 인기가 많다. 많은 관심과 클릭을 받는다. 인게이징스 뉴스 프로젝트Engaging News Project가 실시한 조사에 따르면, 미국인 약 53퍼센트가 뉴스 기사에 대해 주기적으로 댓글을 달며 타인이 남긴 댓글을 읽는다.[28] 하지만 댓글 창의 인기에도 불구하고 사람들은 댓글 창이 스트레스를 주고 화를 돋우는 공간이라고 느낀다고 보고한다.

댓글 창은 웹사이트의 방문자 수를 늘리고 사이트 브랜드에 대한 충성도를 높이기 때문에 존재한다.[29] 기사에 댓글 창이 없으면, 보통의 사람은 그 기사를 읽기 위해 한 번 방문할 뿐이다. 하지만 기사 하단에 댓글 창이 있으면 새로운 댓글을 확인하고, 대댓글을 달고, 몇 시간씩 계속되는 설전을 벌이면서 그 페이지를 수십 번 방문한다. 누군가 새로운 댓글을 남기기 위해 기사를 다시 볼 때마다 그 사이트에 새로운 페이지뷰page view(사용자가 인터넷 홈페이지를 열어본 횟수−옮긴이)를 더하는 것이다. 페이지뷰가 늘어날수록 광고 수익도 올라간다. 그 결과, 대부분의 사이트는 요상한 '낚시 기사'처럼 헤드라인으로 논쟁을 부추겨서 수많은 분노의 댓글이 달리게 하고 댓글을 다는 사람들끼리 몇 시간씩 설전을 벌이게 한다. 그것이 그들에게 이익이 되니까.

사람들은 대부분 타인에게서 무언가 배우거나 설득당하기 위해서가 아니라, 그들이 어떻게 느끼는지 표현하기 위해 댓글을 남긴다고 보고한다.[30] 노아와 나와 같은 사람은 때때로 의미 없는 온라인 설전에 빠지지만, 새로운 무언가를 배운다든지 배우길 원하는 타인과 마주치는 일은 없다. 댓글 창은 우리의 정서를 조작하도록 설계되어 있다. 분노하고 강박적으로 그것을 이용하도록 부추긴다는 뜻이다. 그러니 댓글 창을 그만 보고 대신 의견을 달리하는 사람들과 개인적으로 만나 일대일로 대화를 나누길 바란다. 강력하게 어떤 의견을 주장하고 싶으면, 에세이를 쓰거나 자신의 계정에 글을 올려라. 타인을 화나게 하려는 사람들에게 관심을 주지 말아야 한다. 이 방법이 어렵다면, 셧업Shut Up처럼 사이트들의 댓글 창을 숨겨주는 애플리케이션을 사용하라.[31]

잠자리에 들기 전에 뉴스를 읽지 마라

지나친 뉴스 시청(특히 트라우마를 남길 수 있는 사건에 대한 보도)이 불안 증세를 높이는 것과 관련이 있다고 연구를 통해 알려졌다.[32] 온라인 뉴스 소비도 마찬가지다. 잦은 노출은 두려움을 높이고 주변 환경이 얼마나 위험한지에 대한 인식을 왜곡한다.[33] 이러한 연구 결과 때문에 내과 임상 교수인 앤드루 와일Andrew Weil처럼 건강 전문가들은 정기적으로 '뉴스 단식'을 권한다.[34] 와일 교수에 따르면, 뉴스 단식은 며칠에서 일주일까지 지속되어야 하며 그 기간 동안 자신이 지금 처한 현실과 주변 환경에 집중하도록 노력해야 한다. 루이즈 디미셸리-미트랭은 이보다 좀 더 완화된, 실천하기 좀 더 쉬운 방법을 권한다. 잠자리에 들기 전에 뉴스를 읽지 않는 것이다. 그도 그럴 것이 걱정하면서 잠자리에 드는 동안 사회 문제를 해결하기 위해 할 수 있는 일은 없다.

"세상에서 벌어지는 온갖 나쁜 일의 세세한 내용을 계속해서 알게 되는 건 건강에 좋지 않습니다. 최근에 벌어지는 일들의 내막은 정말 추하죠. 예전에도 항상 그랬겠지만, 과거에는 지금과 같이 그런 정보에 접근하는 방법이 없었습니다."

어떤 면에서 뉴스 단식은 행복감을 약화시키는 '가라앉히기'에 관한 프레드 브라이언트의 연구를 떠오르게 한다. 발생할지 안 할지 모르는 최악의 시나리오에 대해 끊임없이 걱정하는 것은 현재의 삶을 즐기지 못하게 하는 확실한 방법이다. 지금 이 순간을 살면서 자신에게 정말 유용한 정보와 해결할 수 있는 작은 문제들에 집중하는 게 훨씬 건강한 삶을 사는 방법이다.

정보의 양을

더 의미 있는 방식으로 소비하라

　새로운 사실이나 아이디어를 발견하면, 뇌는 그것을 매우 표면적인 수준에서 검토한다.[35] 내 전공 분야인 사회심리학계에서 무언가를 이해하는 첫 단계는 그것이 진실이라고 가정하는 것이라는 말이 있다. 우리는 새로운 아이디어를 처음 접할 때 쉽게 믿고 무비판적으로 생각하는 경향이 있다. 하지만 새로운 지식에 대해 시간을 들여 깊이 생각해 봐야만 그것의 깊은 의미를 이해할 수 있다.

　시간을 들여 정보를 신중하게 살펴볼 때 기존에 갖고 있던 의견을 재평가하고, 타인의 주장에 있는 허점을 발견하고, 완전히 새로운 관점으로 생각해 볼 수 있다. 연구자들은 이 과정을 '정교화 elaboration'라고 부른다.[36] 새로운 정보에 대해 정교화하려면 많은 에너지와 주의가 필요하다. 주의가 산만하거나 심각한 정보 과부하를 겪을 때 새로운 것에 대해 제대로 정교화할 수 없다.[37]

무언가를 배울 때 좀 더 느리고 사색적인 접근법을 취하면 더 신중해지고 비판적으로 바라보며, 불안을 줄일 수 있다. 교육자로서 내가 학생들에게 너무 많은 정보를 한 번에 암기하라고 시킬 때, 거의 제대로 이해하지 못하는 것을 발견했다. 하지만 한 단원을 천천히 가르치고, 그 내용을 소화하고 그것에 대해 토론하고 심지어 문제 제기할 충분한 시간을 주면, 학생들은 그것을 더 지속적이며 개인적인 방식으로 이해할 수 있다. 중요한 것은 노력의 질과 그 이면의 의도성이지 얼마나 열심히 스스로를 압박하느냐가 아니다. 적은 양의 정보를 더 의미 있는 방식으로 소비하길 원한다면 다음의 방법들을 활용할 수 있다.

적극적으로 읽기를 연습하라

적극적으로 읽는 사람들이 온라인에서 암울한 뉴스만을 미친 듯이 강박적으로 확인하는 것과 정반대의 정보 소비다. 가능한 한 빨리 많은 정보를 흡수하려는 대신, 천천히 의도적으로 작은 단락들로 나눠 읽는다. 이렇게 하면 읽은 내용을 의미 있는 방식으로 처리할 가능성이 커진다. 나는 적극적으로 읽기를 많은 학생, 특히 공부를 수년간 중단한 후 다시 학교에 돌아온 학생에게 권한다. 하지만 이 방법은 학생뿐만 아니라 누구에게나 유익한 매우 훌륭한 방법이다. 적극적으로 읽기에는 다음과 같은 여섯 가지 기술이 사용된다.[38]

첫째, 글이 묘사하는 것을 시각화한다. 한 단락을 읽은 후 방금 읽은 내용에 대해 머릿속으로 그림을 그려본다. 복잡하거나 과학적인 주제의 경우, 현상을 시각화하는 데 도움이 되는 동영상을 찾아보거나 스스로 차트를 그려본다.

둘째, 혼란스러운 단락과 낯선 용어들을 명료화한다. 명확하지 않은 부분을 시간 들여 천천히 다시 읽는다. 모르는 단어와 용어를 적은 후, 각 페이지가 끝나면 시간을 내어 그것들의 정의를 찾아본다.

셋째, 저자의 가정과 관점에 대해 문제를 제기한다. 저자가 왜 그런 예시를 들었는지 생각해 본다. 이용한 자료들을 보고 믿을 만한 출처인지 확인한다. 그 글에 대한 저자의 목표가 무엇인지 헤아려본다.

넷째, 다음에 무슨 내용이 올지 예측한다. 각 단락이 끝나면 다음에 이 글이 다뤘으면 하는 것을 적어본다. 어떤 질문들이 마음에서 떠나지 않는가? 저자가 글을 어떤 식으로 전개할지 상상해 본다.

다섯째, 글을 이미 알고 있는 것과 연결한다. 이 글이 당신이 이미 믿고 있는 것과 일맥상통하는가, 그렇지 않은가? 관련이 있어 보이는 다른 주제는 무엇인가? 다른 누가 이 글이 흥미롭다고 생각할까?

여섯째, 글의 질을 평가한다. 이 글이 설득력이 있었나? 따라가기 쉬웠나? 사실을 공정하게 제시한 것으로 보이는가? 저자의 결론에 동의하지 않더라도 그 근거를 이해할 수 있는가?

인터넷이 제공하는 끊임없는 정보의 흐름 때문에 주의가 산만해지고 나쁜 읽기 습관을 가지기 쉽다. 다른 사람들과 마찬가지로, 나도 가능한 한 많은 기사를 읽고 제대로 생각해 볼 시간도 없는 피상적인 사실들로 머릿속을 채우고 싶은 충동을 느낀다. 만일 나처럼 정보 과부하로 고전한다면, 속도를 늦추고 더 확실한 의도를 갖고 글을 처리하기 위해 이러한 방법들을 사용하면 좋다.

만나서 대화를 나눠라

인터넷은 다른 사람들과 논쟁을 벌이고 오해받을 수많은 기회를 제공한다. 온라인에서 설전을 너무 많이 벌이면 십중팔구 반대 의견을 가진 사람의 말을 받아들일 마음이 줄어들기만 한다. 그런 대화가 어떻게 흘러갈지에 대해 과도하게 부정적인 관점만 생기기 때문이다.[39] 실험 연구에 따르면, 두 사람의 의견이 불일치할 경우에 댓글 창처럼 공개적인 온라인 수단에서 누군가에게 말할 때보다 훨씬 더 큰 만족감을 느낀다. 또한 대화 상대에게 더 큰 정서적 친밀감을 느껴 개인 정보를 공유할 가능성도 더 크다.[40] 직접 만나서 하는 대화가 가진 따뜻함과 정서적 복잡성은 서로 다른 의견을 가진 두 사람의 공통분모를 찾는 데 도움이 되며, 우정과 상호 존중을 키울 수 있다.

온라인상의 갈등을 실제 세상으로 끌어내면 갈등으로 인한 긴장을 줄이고 오해를 바로잡는 데 도움이 된다. 직접 만날 수 없다면, 문자와 같은 '차가운' 매체 대신 영상 통화와 같은 '따뜻한' 매체로 바꿔보면 좋다. 이 방법은 과거에 내가 겁먹은 학생들, 싸우는 동료들을 진정시키는 데 도움이 되었다. 대부분 사람은 막상 얼굴을 보고 말을 직접 들으면 화를 계속 내기가 어렵다.

물론 이 조언이 모든 갈등에 통하는 것은 아니다. 내가 온라인에서 신나치주의자나 여성이 타고나길 남성보다 열등하다고 믿는 누군가와 싸운다면, 그들의 얼굴을 보고 대화한다고 해서 해결되지 않을 것이다. 합리적인 평화를 결코 찾을 수 없는 (혹은 찾아서는 안 되는) 불화도 있다. 하지만 불화가 죽고 사는 문제가 아니고 양측이 서로 이해하길 원한다면, 얼굴을 마주보고 대화하는 게 갈등을 가라앉히는 데 큰 도움이 된다.

알지 못하는 것에 대해 마음을 편하게 가져라

정보를 과도하게 소비하고 싶은 충동을 잠재우는 가장 좋은 방법은 모든 것을 알지 못한다는 사실에 대해 마음을 편하게 먹는 것이다. 게으름이라는 거짓에 중독된 세상에서 끊임없는 자기 계발의 압박은 어마어마하다. 많은 사람이 깨어 있는 모든 순간을 일, 성취, 새로운 기술 습득으로 채워 넣으려 한다. 생산적이고 더 나아지기 위해 노력하면 할수록 우리가 사회에 기여하는 가치가 더 커진다는 게 여기에 깔린 논리다. 하지만 우리의 마음은 재충전할 시간이 필요하고, 우리의 삶은 생산성에 집중하지 않는 시간을 가질 때 더 활기 넘치고 즐겁다. 무엇보다, 모든 주제에 대해 다 잘 알 수 있다고 기대하는 것 자체가 오만이고 비현실적이다. 겸손하게 우리의 한계를 인정하는 것이 훨씬 더 건강한 방법이다.

인터넷에서 우리는 우리의 의견을 공유하라는 요청을 끊임없이 받는다. 트위터, 페이스북, 인스타그램 모두 우리가 무엇에 관심이 있는지, 무엇을 생각하는지 공유하라고 유혹한다. 거의 모든 웹사이트에 댓글 창이 있어서 큰 소리로 의견을 공유하라고 애원한다. '댓글 문화'는 듣기보다 더 많이 말하고, 헤드라인만 보고 의견을 형성하고, 관련 전문성이 없어도 대화에 뛰어들라고 가르친다.[41] 하지만 우리는 이 세상의 모든 문제에 대해 목청껏 의견을 말할 필요가 없다. 천천히 읽고 말하기 전에 생각할 수 있다. 모든 연구가 보여주듯이, 이러한 문제들에 대해 좀 더 의도적이고 개방적인 접근법을 취하면 스트레스를 덜 받는 데 도움이 된다. 또한 더 책임감 있는 정보의 소비자가 될 수 있다. 지식은 우리에게 힘을 주지만, 시간을 들여 그것을 책임감 있는 방식으로 사용할 때만 그렇다.

통제할 수 있는 것에

집중하라

2020년 1월, 노아와 나는 기후 변화를 완화하기 위해 개인이 어떤 행동을 취해야 하는지에 관해 이메일로 설전을 벌였다. 노아는 친구들과 동료들이 환경을 위해 삶을 변화시킬 의향이 별로 없다는 데 몹시 실망했다.

"커뮤니티에 환경과 관련해 개인 차원의 선택이 의미를 갖기에 너무 늦었다는 말이 도배되어 있는 걸 보고 굉장히 좌절했어요. 저는 그 사실이 우리가 무엇을 달리 할 수 있는지 살펴봐야 할 책임까지 없앤다고 생각하지 않아요." 노아가 한 말이다.

나는 노아에게 기후 변화를 극복하려는 노력에서 사람들이 낙담하고 무력하게 느끼는 이유를 이해한다고 말했다. 환경친화적 선택을 하는 건 너무 어렵고, 시간과 돈이 많이 들며, 평생을 '친환경' 행동만 하겠다고 다짐한다고 해도 한 명의 억만장자가 단 하루

만에 환경에 가하는 피해로 인해 개인의 노력은 물거품이 되어버릴 수 있기 때문이다. 게다가 기후 변화에 대한 뉴스는 그것을 기정사실화하는 것처럼 보인다. 이러한 상황에서 사람들이 관심을 돌리는 게 당연하지 않은가?

노아와 나는 한동안 이 문제에 대해 의견을 주고받았다. 그는 사회가 사람들을 교육하기 위해, 생태계에 도움이 되는 방식으로 행동하도록 장려하기 위해 더 많은 것을 해야 한다고 주장했다. 나는 뉴스가 기후 변화를 아무도 통제할 수 없는, 추상적인 공포로 표현하기 때문에 사람들이 행동을 바꾸도록 동기를 부여하는 게 거의 불가능하다고 주장했다. 이메일 주고받기가 다소 과열되자 우리는 결국 중단했다. 나는 내가 옳다고 확신하며 이 대화에서 발을 뺐다.

그리고 나서 미국에 코로나바이러스가 닥쳤다. 나는 주변 사람들이 얼마나 빠르고 이타적으로 대응하는지 보고 놀랐다. 법으로 요구하기 훨씬 전부터 친구들과 이웃들은 알아서 자가 격리에 들어갔다. 동네 극장과 바는 사람이 모이는 것을 막기 위해 공연을 취소했다. 식당들은 노인과 코로나로 인한 실직자에게 무료로 음식을 배달해 줬다. 사람들은 사회적 거리두기를 거부하는 사람에게 다정하면서도 확고한 압박을 가했다. 이 빠르면서도 광범위한 반응은 불과 며칠 사이에 벌어졌고, 주와 지방 정부가 격리를 요구하기 훨씬 전에 이미 시작되었다.

기후 변화와 마찬가지로 코로나바이러스는 추상적인 공포로 시작되었다. 뉴스에서는 기후 변화에 대해 그랬듯이 코로나 재난이 어떻게 펼쳐질 수 있는지 종말론적 예측을 다양하게 제시했다. 하지만 개개인은 팬데믹에 대처하기 위해 책임감 있고 이타적인 선택을 하기 시작했다. 이것은 수년간 기후 변화에 대처하기 위해 한 일이 별로 없다는 사실과 대조된다. 왜 그랬을까?

나는 이런 차이가 있다고 생각한다. 코로나바이러스의 경우, 사람들은 의미 있는 선택을 할 힘이 있다고 느꼈다. 바이러스가 확산됨에 따라 공포도 커졌지만, 어떤 선제적인 대처 방법이 이 재앙을 최소화하는 데 도움이 될지에 관한 지식이 퍼졌다. 너무 많은 사망자가 발생한 이탈리아와 같은 최악의 시나리오를 다루는 뉴스 보도는 공포심을 주었지만, 한국과 대만같은 국가들의 대응은 이겨낼 동기를 갖게 하는 매우 중요한 예시를 제공했다. 팬데믹을 심각하게 받아들인 국가들은 수천 명의 목숨을 살렸다. 우리는 절망의 메시지만 받은 게 아니라 희망도 받았다.

모두가 코로나바이러스에 관해 계속되는 나쁜 뉴스에 겁을 먹었을지 모르지만, 동시에 대응법에 관한 조언을 어디서 찾으면 되는지 알았다. 우리가 취해야 할 행동은 분명하고 실천할 수 있는 것이었으며, 우리는 다른 모두가 그렇게 하고 있다는 것을 알았다. 실내에 머물러라. 마스크를 써라. 주변 노인들에게 식료품을 가져다줘라. 최소 2미터 거리두기를 지켜라. 이런 조언은 뉴스 매체에 의해 종말론적인 예측만큼이나 널리 퍼졌다. 뉴스는 불안으로 우리를 마비시키는 대신, 행동하라고 촉구했다. 우리 대부분은 그 촉구에 기꺼이 응답하고, 이 거대한 문제에 우리가 실제로 통제할 수 있는 작은 요소들이 있다는 사실에 안도감을 느꼈다.

팬데믹이 시작된 후 2주가 지난 시점에 나는 노아에게 메일을 보내어 기후 변화에 대응해 싸우는 게 얼마나 희망이 없어 보이는지에 대해 내가 한 모든 말을 취소하겠다고 했다.

"개인들이 힘을 합쳐 큰 변화를 가져올 수 있어요. 그들의 선택을 존중하고, 그런 선택을 혼자만 하는 게 아니라고 믿기만 하면 돼요."

정보는 동기를 부여하거나 영감을 주는 데 사용될 수 있다. 지식은 편견과 공포가 아닌 비판적 사고와 신중한 의사 결정을 촉진하는 방식으로 공유될 수 있다. 인터넷으로 인해 우리는 끊임없이 주어지는 저질 정보에 중독되었지만, 그것에 압도당해 수동적인 사람이 되기를 거부할 수 있다. 우리가 소비하는 정보의 양과 종류에 한계를 설정하는 것은 '게으른' 게 아니라 공익에 도움이 되는 중요한 행동이다.

6장

지치게 하는
관계에서
벗어나는 법

●

　　그레이스는 어머니 실비아가 끊임없이 자신의 사생활을 침해하고 좌절하게 만든다고 불평한다. 실비아는 딸을 보잘것없고 불안하게 느끼게 하는 데 선수다. 인생 내내 그레이스를 인정하지 않았던 것 같다. 그레이스가 시립 오케스트라에서 제2 바이올린이 되어 신이 났을 때, 실비아는 언제 제1 바이올린이 될 거냐고 물었다. 그는 그레이스가 부탁하지도 않은 선물들을 우편으로 잔뜩 보낸다. 대개 그레이스가 관심도 없는 것들이다. 딸이 바로 연락해 고마움을 표현하지 않으면 화를 낸다. 실비아는 훌륭한 어머니라는 칭찬과 인정을 끊임없이 바라지만, 그레이스의 입에서 그런 말은 좀처럼 나오지 않는다.

　　"어머니는 뭔가에 대해 화가 날 때마다 제게 전화를 해요. 제가 좋은 어머니라고 말하길 요구하는 거죠. 어머니가 행한 얼마 안 되는 좋은 일, 예컨대 디즈니랜드에 가족들을 데려간 것과 같은 일에 대해 늘어놓고서는 '그때 참 좋지 않았니? 내가 너희 남매들에게 좋은 엄마이지 않았니?' 하고 묻습니다. 그리고 제가 어머니를 애써 칭찬하지 않으면 냉랭해지거나 정말 잔인한 말을 합니다."

실비아는 상대하기 아주 어려운 사람일 수 있지만 항상 나쁜 건 아니다. 그는 간호사로 환자들과 환자 가족 사이에서 인기가 있다. 그레이스의 바이올린 공연이 있을 때마다 만사 제쳐두고 공연을 관람하기 위해 비행기를 타고 시카고로 온다. 주변에 다른 사람들이 있을 때 실비아는 재능 있는 딸을 자랑스러워하는 따뜻한 어머니처럼 행동한다. 겉보기에 실비아는 잘 베풀고 남을 배려하는 사람이다. 하지만 그레이스는 어머니와 소통할 때마다 정서적으로 탈진되는 느낌을 받는다.

그레이스가 새 일을 막 시작한 지난여름, 모녀 관계는 악화되었다. 어머니와 열세 살 먹은 여동생이 그레이스의 첫 출근일 아침에 연락도 없이 집에 들이닥쳤다. 짐 가방까지 챙긴 상태였다. 그들은 '깜짝 놀라게' 해주려고 그랬다고 했다.

"현관에 서 있는 어머니와 동생에 대고 토할 뻔했어요. 동생과 함께 우리 집에 머물려는 심산이었죠. 제게 묻지도 않고서요. 어머니는 제 표정을 보고 이 깜짝 방문으로 자신이 기대했던 반가워하는 반응이 없을 거란 걸 눈치챘어요. 어머니는 제가 배은망덕하다고 생각했는지 짜증을 냈어요."

그레이스는 어머니와 여동생을 자신의 아파트에 들이고서 기쁜 표정을 지으려고 애썼지만, 이미 불안감으로 머릿속이 복잡했다. '어떻게 하면 늦지 않게' 출근할 수 있을까? 뜻밖의 손님들 때문에 룸메이트가 화를 내면 어쩌지? 반면 실비아는 이 깜짝 방문을 계획하며 고마움과 칭찬을 기대했지만, 그런 반응을 얻지 못해 몹시 화가 났다.

"어머니는 제 집에 머무는 내내 소파에 앉아 화만 내다 갔어요. 저는 어머니와 저녁 식사 계획을 짜려고 했고, 동생을 데리고 박물관에 가보라고 했고, 정말 무리하는 거지만 점심시간에 집에 오겠다고 했어요. 하지만 그건 중요하지 않았어요. 어머니는 이미 제가 고마움을 모르는 사람이라고 판단했죠. 그 기간 내내 끔찍했어요. 그 후 석 달 내내 어머니에게 사과해야 했습니다."

그레이스가 내게 이 이야기를 들려주는 동안 어머니에게서 문자가 왔다. 그레이스는 기가 막힌다는 듯이 눈동자를 굴리며 한숨을 쉬고 내게 전화기를 보여줬다. 그레이스는 어머니와의 관계가 일방적이고 건강하지 못하다는 것을 안다. 그럼에도 그는 나와의 대화를 멈추고 어머니에게 전화를 걸어 "네, 추수감사절에 집에 갈 거예요. 네, 정말 기대되어요" 하고 어머니를 안심시켰다. 정말 괴로워 보였다.

많은 사람이 균형이 깨진 관계로 고생한다. 우리는 우리에게 말도 안되는 것을 기대하는 누군가에게 싫다고 말하는 법을 모른다. 다른 사람이 화가 나는 것을 견딜 수 없어서 그들의 문제를 해결해 주려고 애쓴다. 애인과 룸메이트에게 더 많은 책임을 맡으라고 요구하기를 꺼려하기 때문에 모든 집안일을 떠맡는다. 다른 누군가에게 밀린 일을 처리하라고 요구하는 건 상상만 해도 끔찍하다.

게으름이라는 거짓은 건강한 경계와 동의에 대한 감각을 갉아먹는
다. 열심히 일하는 것만이 삶에서 유일한 '선good'이라고 믿을 때, 그리고
사랑받을 권리를 노력해서 얻어야만 한다고 믿을 때 우리는 사랑하는 사
람들과의 관계에서조차 선을 긋는 법을 알기 어려워진다. 부당하게 요
구되는 일을 줄이지 못해 힘들어하듯이, 우리를 불편하게 하는 사회적
기대에서 물러나는 것도 힘들어한다. 경계를 설정할 권리가 아예 없는
것처럼 느껴진다.

우리는 대부분 주중 내내 휴식과 한가로움이 필요하다고 몸이 보내
는 신호를 무시한 채 보낸다. 게으름이라는 거짓이 그런 느낌은 나약함
의 원천이니 믿지 말아야 한다고 말하기 때문이다. 자연스러운 욕구를
무시하는 경향성은 사적인 삶으로도 확산되어, 우리는 에너지를 빼앗
아가는 사람들에게 맞서는 것을 두려워하게 될 수 있다. 우리는 욕구를
너무도 잘 무시해서 관계가 우리에게 해를 끼쳐도 알아채지 못한다. 결
국 관계로부터 힘과 지지를 얻는 게 아니라 반복해서 착취당하고 조종
당한다.

몇 년간 상담 치료를 받은 경험이 있는 성인으로서, 그레이스는 어머
니의 행동이 부적절하다는 것을 깨달았다. 또한 어머니와 이야기하고
나면 몇 시간 동안 기분이 나쁘다는 것도 알아챘다. 하지만 평생 실비아
의 딸로서 살다 보니 할 말을 삼키고 비위를 맞추느라 애를 쓰는 데 매우
익숙해졌다. 어머니의 나쁜 행동에 대해 맞서는 건 아직도 생각조차 할
수 없어 보인다.

"어머니는 저를 키웠고, 대학 공부까지 시켰어요. 쓰레기처럼 어머니를 내버릴 순 없어요. 어머니를 사랑해요."

그레이스는 어머니에게 맞서는 일이 어머니를 쓰레기 취급하는 것과 같다고 생각하는 게 분명하다. 타인의 욕구를 우선시하며 자란 사람들은 자신의 욕구를 갖는 것은 이기적이라는 잘못된 생각을 한다. 저서 《감정이 서툰 어른들 때문에 아팠던 당신을 위한 책》에서 심리학자 린지 C. 깁슨Lindsay C. Gibson은 부모로부터 충분한 보살핌과 관심을 받지 못한 자녀들은 균형이 깨진 관계만이 그들이 가질 자격이 되는 유일한 종류의 관계라고 배우게 된다고 말한다. 깁슨은 이렇게 설명한다.

"정서적 외로움은 매우 고통스럽기 때문에 그것을 경험한 아이는 어떤 종류이든 교감을 이루기 위해 무슨 짓이든 합니다. 이런 아이는 관계에 들어가는 대가로 타인의 욕구를 우선시해야 한다고 배울 수 있습니다."[1]

깁슨의 연구는 부모와 자식의 관계를 주로 다루지만, 그는 이것이 연인과 친구의 관계에서도 나타난다고 지적한다. 사랑받는 유일한 방법이 다른 누군가의 비위를 맞추는 것이라고 믿으면, 항상 받는 것 이상을 주고 진정한 존재감을 느낄 수 없다.

이것이 바로 그레이스에게 벌어진 일이다. 그레이스는 방이 네 개인 아파트에서 공동생활 공간을 청소하는 유일한 룸메이트다. 그는 자주 친구들을 시내 근처에 태워다주고, 식료품비와 술값을 빌려주고, 그들이 불평하는 것을 들어주며 저녁 시간을 보낸다. 물론 이렇게 사랑을 베푸는 행위가 나쁜 것은 아니지만, 그레이스의 경우에는 가는 건 있지만 오는 건 없다. 자신은 강박적으로 베풀면서도, 그와 같은 지지를 타인에게 요청하는 법을 모른다. 그레이스는 내게 너무 외롭다고 말한다. 깁슨이 쓴 대로, "가장 깊은 욕구를 숨기면 타인과 진정한 교감을 할 수 없다".

인간은 상호 의존적이다. 잘 살기 위해 사회적 교류와 공동체가 필요하지만, 많은 사람이 타인을 실망시킬까 봐 두려운 나머지 자신의 가치를 훼손하고 그 과정에서 건강과 행복을 포기한다. 게으름이라는 거짓은 우리의 가치가 타인을 위해 우리가 할 수 있는 일에 의해 정해진다고 가르침으로써 이 고통스러운 자기 지우기를 조장한다.

타인과 진정성 있고 안전한 관계를 형성하려면 타인을 실망시키는 데 편안해져야 한다. 고통스러울 정도로 많은 업무량과 다른 책임을 줄이는 법을 배워야 하는 것처럼 관계에서도 싫다고 말할 수 있어야 한다. 정서적 무리는 일터에서 과로하는 것만큼 삶을 피폐하게 한다. 이 두 문제에 대한 해법은 우리의 진정한 욕구를 받아들이고, 싫다고 말하는 게 우리를 게으르게 하면 어쩌나 하는 걱정을 그만하는 것이다.

요구가 많은 가족을

대하는 법

그레이스처럼 브라이언은 부모에게서 엄청나게 많은 시간과 관심을 쏟아야 한다는 압박감을 느낀다. 연구를 주로 하는 화학자라일에서 스트레스를 많이 받지만, 더 그를 힘들게 하는 일이 있다. 하루 휴가를 낼 때마다 그의 부모는 브라이언이 비행기를 타고 고향 집에 오길 바란다. 수년간 이것은 결혼 생활에 큰 스트레스가되었다. 아내 스테퍼니와 단둘이 휴가를 가본 적이 없을 정도다. 브라이언의 부모는 이들이 사는 세인트루이스가 아닌, 고향에서 결혼식을 해야 한다고 주장하기까지 했다. 최근에 스테퍼니는 한계에 다다랐다.

"아내가 제게 쏘아붙였어요. '당신은 내가 아니라 당신 부모님하고 결혼한 거야'라고요. 그러더니 제가 무슨 일을 하고 있었던 간에만사 제쳐두고 부모님을 돕기 위해 달려간 일들에 대해 전부 이야기하더라고요. 아내를 혼자 남겨두게 되더라도 저는 그렇게 했거든요."

처음에 브라이언은 매우 방어적이었다. 스테퍼니는 중서부 출신의 백인 여성이며, 브라이언은 한국계 미국인이다. 처음에 스테퍼니가 브라이언의 가족이 지나치게 많은 것을 요구한다고 불평하자 그는 문화적 차이 때문이라고 말했다. 하지만 시간이 지나며 브라이언은 아내의 불만 가운데 일부가 타당한 게 아닌가라는 생각이 들기 시작했다.

"저는 말 그대로 한 번도 부모님의 말씀을 거역한 적도, 요구에 불응한 적도 없어요. 하지만 이젠 부모님과의 관계를 줄이고 진정한 독립을 해야 할 때가 된 것 같아요."

캐시 라브리올라Kathy Labriola는 샌프란시스코에서 활동하는 카운슬러다. 수십 년 동안 그는 타인의 요구에 부응하느라 아등바등거리는 내담자들을 치료했다.

"많은 사람이 인정에 중독되어 있어요. 대부분의 여성이 그렇죠. 하지만 여성만 그런 게 아니에요. 사람들은 타인에게 도움이 되는 사람이라고 느끼고픈 욕구를 채워줄 상황을 본능적으로 찾습니다."

1980년대부터 캐시는 내담자들에게 자기주장을 가르치고 균형이 깨진 관계를 재설정하도록 지원해 왔다. 그가 주는 조언은 대부분 타인에 대한 헌신의 수준을 점진적으로 줄이기 위해 취할 수 있는 비교적 작은 행동들로 구성된다. 이러한 행동들은 극적이거나 카타르시스를 느끼게 하는 것이 아니다. 평생 그들을 비난해 온 친구들과 가족에게 정면으로 맞서는 것과 같은 큰 반목의 순간도 없다. 캐시가 권하는 행동들은 모두 오래된 비효과적인 패턴을 더 좋은 것으로 대체하는 일이다. 샤론 글라스번도 비슷한 견해를 보이는데, 그 역시 내담자들이 관계의 역동을 점진적인 방식으로 바꾸어야 한다고 권한다.

"사람들은 때로는 큰 갈등이 있는 극적인 순간들이 있을 거라 예상하죠. 하지만 보통 사랑하는 사람과의 관계에서 경계를 세우는 일은 보다 평범한 조치들로 구성되며 시간이 걸립니다."

정리하자면, 샤론과 캐시가 내담자들에게 주는 조언은 크게 세 가지로 구성된다. 우선 상대가 당신에게 갖는 기대에 도전하고, 상대를 실망시키는 것을 연습하고, 반복해서 싫다고 말하는 것이다. 설령 고장 난 레코드판처럼 느껴진다 해도 말이다.

기대를 없애라

요구가 과도하게 많은 사람은 노골적으로 말하지 않아도 당신이 그들의 요구를 충족시켜 줄 것이라고 가정한다. 샤론은 내담자가 그런 종류의 관계에 빠져 있을 때, 상대방과 함께 앉아서 그의 기대를 명시적으로 살펴볼 것을 권한다.

"우리는 자주 상대로부터 기대하는 것을 말로 표현하지 않고 생각만 하는 관계에 빠져듭니다. 그래서 때로는 그들이 당신에게 원하는 것을 말로 표현하는 것만으로도 큰 차이를 낳을 수 있습니다."

브라이언의 경우 관계 개선을 위한 첫번째 단계는 부모의 요구가 너무 지나치다고 직접 말하는 것이었다.

"부모님에게 모든 사람이 주말을 보낼 때마다 부모님을 만나러 비행기를 타고 고향에 가는 건 아니라고 말해야 했어요. 그렇게 말해도 부모님이 제게 원하는 게 달라지진 않았지만, 더 이상 그렇게 자주 갈 수 없는 이유를 설명하는 데 도움이 되었어요. 그리고 제가 합리적인 사람이라는 기분이 들었어요."

교우 관계에서 사람들이 무엇을 원하는지, 상대를 위해 무엇을 줄 수 있는지 명시적으로 대화하는 일은 드물다. 하지만 샤론은 그런 것들을 솔직하게 낱낱이 말할 때 많은 갈등을 없앤다고 말한다.

"때로는 함께 앉아서 '너는 나한테 뭘 기대하니?', '나는 네가 어떻게 해주길 원할까?'에 대해 대화하는 것만으로도 큰 도움이 될 수 있습니다."

만일 누군가의 기대나 요구가 지나치게 크거나 당신에게 잘 맞지 않는다고 여겨지면, 그것에 부응하려는 마음을 줄여나가야 한다.

상대에게 발을 뺄 거라고 경고하라

캐시 라브리올라는 사랑하는 사람에게 상황이 변하리라는 것을 알려주라고 한다. 이런 경고가 꼭 양쪽이 대립하는 모양새를 띨 필요는 없다. 사실 솔직할 필요도 없다. 때로는 변명이 충격을 완화해 더 좋은 결과를 낳기도 한다.

"저는 가족들에게 어떤 일을 겪고 있어서 만나기(혹은 연락하기) 힘들어질 거라고 말하라고 권합니다. 그런 식으로 개인적인 불만이 있어서가 아니라 단지 예전만큼 그들을 위해 많은 것을 할 수 없게 될 거라고 사전 경고를 할 수 있습니다."

많은 사람에게 바쁘다는 건 발을 빼는 것에 대한 효과적인 변명이다. 어떤 사람들은 누군가 일을 이유로 한계를 설정할 때만 전적으로 이해해 준다. 그러니 당신의 정서적 경계를 존중하지 않는 누군가를 상대한다면, 요구에 덜 부응하면서도 갈등을 겪지 않기 위해 실제로 바쁘다는 말을 이용할 수 있다.

이 전술은 브라이언에게 통했다. 부모는 아들과 스테파니의 욕구는 존중하지 않았지만, 압박이 심한 아들의 일은 존중했다. 그래서 그는 이 점을 활용하는 법을 배웠다.

"부모님과 통화할 기력이 없는 날은 밤늦게까지 야근 중이라고 말합니다. 제가 연락이나 방문을 못 하는 것이 일 때문이면, 부모님은 화를 내지 않아요."

작은 일들에 대해 싫다고 말하라

사람을 훈련시켜 기대치를 조정하게 하려면 시간이 걸린다. 또한 반사적인 '예스맨'이 되기를 멈추기 위해 *자신*을 훈련시키는 데도 시간이 걸린다. 캐시는 이를 해결하려면 큰 갈등으로 번질 일이 거의 없는 작은 거절에서부터 시작하는 게 가장 효과적이라고 말한다.

"소소한 것들부터 싫다고 말하는 것에서 시작하세요. 그렇게 하는 게 더 쉽고 그 여파도 적기 때문입니다. 요구가 많은 사람이 작은 걸 요구할 때, 예컨대 공항까지 차로 데려다 달라고 부탁할 때를 인지하고, 그것에 대해서는 싫다고 말하기 시작하면 됩니다."

이 방법을 앞서 다룬 조언과 결합하면 아주 좋다. 요구가 많은 사람에게 당신이 너무 바빠서 예전만큼 시간이 없다고 이미 경고했다면, 그가 화를 내더라도 당신은 발을 빼는 것에 대해 해명한 것이다. 시간이 지나면서 싫다고 말할 수 있는 일을 점점 더 늘릴 수 있다. 이것은 훌륭한 자기 옹호 연습이다.

그레이스는 어머니의 조종에 저항하기 위해 자기 옹호 연습이 절실히 필요했다. 심리치료사는 매주 적어도 한 번씩 사랑하는 사람을 실망시켜 보라고 권했다. 그레이스는 즉시 실천했다. 작은 것에서 시작했지만 누가 자신의 진정한 친구인지 알아보는 데 도움이 되었다.

"어떤 친구들은 제가 공짜로 차를 태워주기를 그만하고 그들을 위하는 걸 그만두자마자 제게 등을 돌렸어요. 하지만 스스로 알아서 나아지는 친구들도 있었어요. 친구 필에게 함께 외출을 원할 때마다 데리러 갈 수는 없다고 말했더니 바로 택시를 타고 우리 집에 왔어요. 별일 아니라는 듯이요. 그 일을 계기로 저는 제가 관계를 유지하기 위해 온갖 애를 쓰지 않을 때조차 그가 진심으로 저와 어울리길 원한다는 걸 알 수 있었어요."

하지만 다른 관계에서는 변화가 그리 쉽게 오지 않았다. 그런 상황들에서 그레이스는 마음을 다잡고 견디며 필요할 때마다 자신의 욕구와 한계를 주장하는 법을 배워야 했다.

고장 난 레코드판이 될까 봐 두려워하지 마라

누군가와의 관계에서 새로운 경계를 설정하면, 상대는 반발하는 경향이 있다. 굳게 버티려면, 안 된다고 말하고 자주 쓰는 변명을 계속 반복해야 할 수도 있다.

"저는 그걸 고장 난 레코드판 기법이라고 부릅니다. 같은 말을 계속 반복해야 해요. 결국 그들은 알아듣게 됩니다. 하지만 시간이 걸려요. 평생 해온 방식과 다르게 행동하는데 갑자기 적응할 거라고 기대할 순 없죠." 캐시가 한 말이다.

캐시는 이 과정을 몸소 겪었다. 여동생은 캐시가 자신을 아이처럼 돌볼 것이라고 기대했다. 수십 년 동안 동생을 돕기 위해 달려가고 필요한 모든 것을 해준 끝에 캐시는 상황을 바꿔야 한다는 생각이 들었다.

"약 20년 전에 저는 그 관계를 바꾸기 시작했어요. 수년이 걸렸어요. 40년 동안 동생의 조종에 끌려다녔어요. 그래서 제가 처음으로 싫다고 말했을 때 동생이 그냥 넘어갈 거라고 기대하지 않았죠. 동생은 제가 자신을 위해 모든 것을 해야 한다고 믿었거든요. 왜 그러지 않겠어요? 늘 그런 식이었으니까 그렇죠."

이제 캐시의 동생은 더 이상 캐시를 조종하지도, 과거와 같은 식으로 지나친 도움을 요구하지도 않는다. 브라이언은 이 과정의 초기 단계에 있다. 그는 올해 부모의 요구를 조금씩 거절했고, 점진적인 발전도 보이기 시작했다.

"올해 어머니가 저희 부부의 크리스마스 계획이 무엇인지 물었어요. 고향 집에 언제 도착하느냐 물은 게 아니라요. 선생님에겐 대단한 일로 들리지 않겠지만, 제겐 대단한 일이에요. 부모님 마음대로 추측하지 않고 우리의 의견을 물어본 거예요."

물론 이런 일이 있었다고 해서 브라이언의 작업이 끝난 것은 아니다. 부모는 여전히 그와 정기적으로 장시간 통화하길 원하거나 많은 것을 공유하길 원한다. 그럴 때면 그는 고장 난 레코드판 기법을 사용한다. "저는 계속해서 '죄송해요, 바빠요. 하지만 많이 사랑합니다'라고 말할 수밖에 없어요."

눈에 보이지 않는 짐을

내려놓아라

라일리와 톰의 결혼 생활은 상자 더미 때문에 파경 직전까지 갔다.

"톰은 내가 말하지 않는 한 뭔가를 하고 난 후 치우질 않아요. 솔직히, 매번 뭐라고 하는 건 기를 죽이는 거잖아요. 아내로서 할 짓이 아니라고요!" 남편에 대한 라일리가 한 설명이다.

라일리는 대학 때부터 톰과 사귀다 결혼했다. 그 시간 동안 둘은 불편하면서도 흔히 볼 수 있는 패턴에 빠졌다. 라일리는 공립 초등학교 교사였고, 톰은 과학 박물관에서 일했다. 하루가 끝나면 라일리는 집 청소를 하고, 빈 음식 용기를 치우고, 대문 앞을 쓸고, 양말을 빨래통에 넣었다. 그러는 동안 톰은 소파에 앉아 마인크래프트 게임을 했다.

어느 날 저녁 라일리가 늦게 귀가했을 때 톰이 부엌 조리대 위에 상자를 가득 쌓아놓은 것을 발견했다. 그날 아마존에 주문한 물건들이 잔뜩 배달되었고, 톰은 상자를 모두 개봉한 후 그냥 쌓아두었던 것이다.

"남편을 시험해 보기로 했어요. 제가 잔소리를 하지 않으면 얼마나 오랫동안 상자들을 그 상태로 둘지 말이에요."

몇 주 동안 라일리는 상자들에 대해 한마디도 하지 않았다. 톰은 상자들을 건드리지 않았다. 우편물이 오면 그 위에 얹어놓았다. 상자 위에 먼지가 쌓였지만 톰은 전혀 개의치 않는 것 같았다. 한 달이 지났다. 조리대 위는 너무나 더러워져 사용할 수 없는 지경이 되었다. 톰은 대신 거실에 있는 커피 테이블 위에서 밥을 먹기 시작했다.

실험이 두 달 반 동안 계속되던 어느 날, 라일리가 귀가했을 때 톰이 텔레비전 앞에서 채소를 썰고 있었다. 브로콜리 조각들이 카펫에 떨어지고 상자들은 여전히 부엌에 쌓여 있었다. 라일리는 폭발했다.

"저는 남편에게 소리를 질러댔어요. 막말을 했죠. 지금까지도 사과해야 할 정도로 심한 말이었어요. 상자들이, 그 망할 놈의 상자들이 내가 화가 난 이유라고 말하니 고작 한다는 말이 '진즉에 말하지 그랬어?'였어요."

라일리는 수년 동안 연구자들이 '2교대second shift'라고 부르는 현상을 통해 소리 없이 고통받았다. 퇴근 후 집에 와서 몇 시간씩 집안 살림을 하는 일이 전형적으로 여성의 몫인 현상이다.[2] 여성은 대개 살림을 하고, 가족들이 해야 할 일을 챙기고, 살림과 관련된 수많은 심부름을 해야 할 강력한 무언의 압박을 느끼는 반면, 남성은 상대적으로 하는 일이 적다.[3] 라일리처럼 많은 여성은 종일 해야 할 집안일에 대해 머릿속으로 생각하지만, 여성과 함께 사는 남성은 해야 할 일이 계속 늘어나는 것을 인식조차 하지 못하는 것으로 보인다. 여성이 이 불균형에 대해 남성 파트너에게 불만을 제기하면, 보통 "그러면 도와달라고 말을 했어야지"라는 답을 듣고 분노한다.[4]

2교대는 부부나 연인 관계에만 국한된 게 아니다. 그레이스는 룸메이트들(세 명의 이성애자 남성)이 일을 분담할 생각조차 하지 않기 때문에 아파트 청소를 도맡아 했다. 이 현상은 가정을 넘어서 일터까지 확장된다. 직장에서도 여성은 업무 외에 자질구레한 일을 맡는다. 이를테면 사무실 냉장고 청소하기, 동료의 생일에 케이크 사오기, 사내 공동 달력에 회의 일정 업데이트하기는 여성의 몫이다. 학교에서도 여성 교수들이 위원회를 조직하고 이끌며, 행사 일정을 잡고, 잘 못 따라가는 학생들의 멘토 역할을 한다.[5] 남성들이 그들의 몫을 하지 않으면 여성들이 대신 나서 일을 처리하는 경향이 있다. 대부분의 여성은 게으름이라는 거짓에 세뇌당하고 성차별주의 아래에서 수십 년을 살아온 터라 그러한 책임들을 내려놓고 주변의 남성처럼 살아도 된다고 생각하기 어려워한다.

맨디는 인디애나에 있는 한 대학교의 교수다. 최근에 학장이 매주 자신의 사무실에서 '우등생'이 아닌 학생과 상담하며 많은 시간을 보내는 것에 대해 질책했다고 내게 말했다. 그 가운데 다수가 낙제 위기에 있기 때문에, 그런 학생들에게 꼭 필요한 자신감을 높여주는 격려를 하고 학교생활을 잘하기 위한 실용적인 조언을 해주었다.

"학장은 제가 시간 낭비를 한다고 말하며, 그 시간에 연구를 하라고 요구했어요. 저는 이건 제 일이라고 말할 수밖에 없었어요."

이론상 학생 지원은 교수의 역할이지만, 학생들을 돕는다고 해서 맨디가 상을 타거나 발표할 논문이 생기는 건 아니다. 하지만 그는 학생 상담이 꼭 해야 할 의무라고 봤다. 그런 학생들에게 마음이 가고, 남성 교수들이 멘토링을 하지 않기 때문이었다. 그 결과 이민자 자녀인 학생, 학습 장애가 있는 학생, 그리고 힘들어하는 학생은 누구라도 다른 교수가 아닌 맨디를 찾았다.

이러한 힘과 책임의 불균형은 인종차별주의와 트랜스젠더 혐오와 같은 현상들까지 고려하면 훨씬 더 악화된다. 예컨대 트랜스젠더 여성은 시스젠더cisgender(생물학적인 성과 성 정체성이 일치하는 사람-옮긴이) 여성보다 가사 노동을 해야 한다는 압박감을 훨씬 더 강하게 느낀다. 레베카는 이것을 이렇게 설명한다.

"시스젠더 여성이 그런 힘에 맞서 싸우기로 결심하고 '난 더 이상 모든 집안일을 하지 않을 거야'라고 말하면, 그건 페미니스트의 행동이 됩니다. 하지만 제가 트랜스젠더 여성으로서 그런 '여성이 해야 할' 일들을 거부하면, 사람들은 '아, 너는 특권의식이 있고 게으르구나. 남자처럼 구네'라고 말합니다."

더불어 인종도 이 문제에 얽혀 있다. 흑인과 황인종 여성들은 직장에서 눈에 보이지 않는 노동을 백인 여성보다 훨씬 더 많이 맡는 경향이 있다.[6] 그들은 어떻게 말하고 행동하는지에 대해 신경을 더 많이 쓰는데, 불만을 조금이라도 내색하면 화가 났다거나 무례한 것으로 치부되기 때문이다.[7] 교수의 세계에서 유색 인종 남성은 백인 남성보다 위원회 일과 '봉사'를 더 많이 맡는다. 그들의 시간은 백인 남성의 것보다 가치가 떨어진다고 보기 때문에 사람들은 그들이 여성과 마찬가지로 생색이 안 나는 일을 맡을 것이라고 기대한다.[8] 게다가 유색 인종들은 다양성 개선 운동에 앞장서야 하고, 포용 위원회를 운영하고, 백인 동료들에게 인종 편향에 대해 교육해야 한다고 기대되지만, 대개 이에 대한 추가 보상은 없다.

게으름이라는 거짓은 희생자들이 당하는 억압이 그들의 탓이라고 주장한다. 편견에 맞서 성공하고 싶다면, 다른 사람보다 더 열심히 일하고 자신의 욕구는 뒷전으로 미뤄두면 된다고 한다. 이것은 그들의 정신적, 신체적 건강과 경계에 대한 감각을 약화시킬 수 있는 매우 해로운 사고방식이다. 하지만 반사적으로 떠맡는 티도 안나는 자질구레한 일들을 서서히 줄이기 위해 할 수 있는 행동들이 있다.

시간을 어떻게 쓰는지 추적하라

캐시 라브리올라는 내담자들에게 알아주지도 않는 일들을 하기 위해 얼마나 많은 시간을 할애하는지 찬찬히 살펴보라고 권한다.

"내담자들에게 최소 2주 동안 시간을 어떻게 쓰는지 자세히 살펴보라고 합니다. 여기서 30초 저기서 1분을 쓰는 거라 해도, 결국 자세히 살펴보면 그 시간들이 합쳐져 무엇을 하는지 알 수 있습니다."

캐시는 가장 지치고 스트레스를 많이 받는 내담자들이 매일 집안일을 하고, 급하지 않은 메시지에 답하고, 그룹 달력을 업데이트하고, 다른 사람들에게 필요한 일을 전반적으로 챙기며 시간을 쓴다는 것을 발견했다. 그들은 이러한 일들을 하는 데 얼마만큼의 시간을 쓰는지 인식하지 못한다. 해야 한다고 여겨지는 일들을 모두 할 시간이 부족하다는 느낌만 계속 받는다. 몇 주간 매일의 습관을 자세히 추적해 보면 그 모든 시간이 어디로 갔는지 볼 수 있다. 그러고 나면 소소한 일상의 선택들이 진정 중요하다고 꼽는 일에 어떤 영향을 끼치는지 생각해 볼 수 있다.

당신의 가치를 명료화하라

캐시 라브리올라와 샤론 글라스번 모두 무리하고 사는 내담자들에게 자리에 앉아 매일의 습관이 실제로 그들에게 가장 중요한 일들과 일맥상통하는지 평가하라고 했다.

"늘 하는 모든 일을 목록으로 정리하고서 그중 일부는 없앨 수 있는지 살펴봐야 합니다. 당신의 성장에 도움이 되지 않거나 삶에 긍정적인 영향을 주지 않는 활동들은 그만둬야 합니다." 캐시가 한 조언이다.

샤론 글라스번은 내담자들이 가치 명료화에 대한 작업 일지를 사용해 이러한 결정을 내리도록 지원한다.[9] '가치 명료화'란 선택들과 행동들을 면밀히 검토한 후 그러한 선택들이 자신에게 가장 중요한 이상과 일맥상통하는지 여부를 묻는 과정이다. 다음 장에 소개할 내용은 샤론이 사용하는 작업 일지로, 예시가 될 만한 가치들이 목록으로 정리되어 있다.

가치 명료화

당신의 가치는 무엇이 당신에게 가장 중요한지 정의하는 믿음이다. 가치는 삶에서 당신이 하는 모든 선택에 지침이 된다. 예컨대가족을 가치로 삼는 사람은 가정에서 더 많은 시간을 보내려 할 것이며, 직업적 성공이 가치인 사람은 그 반대로 할 것이다. 자신의가치를 이해하면 삶의 어떤 영역에 더 많은 관심을 기울여야 할지, 미래에 무엇을 우선 과제로 삼아야 할지 인식하는 데 도움이 된다.

다음 목록에서 당신에게 가장 중요한 열 개의 항목을 선택하자. 이때 가장 중요한 것을 1로 표시하고 10까지 순위를 매긴다(2012년치료사 지원 LLC, TherapistAid.com 제공).

"이 훈련에서 제가 정말 좋아하는 것은 참가자가 설령 모든 것에 대해 신경을 쓴다 해도 한발 물러서서 그 가운데 어떤 것들을정말 최우선에 두고 싶은지 선택하게 한다는 점입니다. 실제로 모

———	사랑	———	정직
———	부wealth	———	유머
———	가족	———	충성심
———	도덕성	———	이성reason
———	성공	———	자립성
———	지식	———	성취
———	힘	———	아름다움
———	친구	———	영성
———	자유 시간	———	존경
———	모험	———	평화
———	다양성	———	안정
———	평온함	———	지혜
———	자유	———	공정성
———	재미	———	창의성
———	인정	———	휴식
———	자연	———	안전
———	인기	———	———
———	책임	———	———

든 것을 가질 수 없기 때문에 시간을 어떻게 쓸지 선택할 수밖에 없습니다." 샤론이 한 설명이다.

집을 깨끗이 유지하고, 장시간 근무하고, 친구들을 돕는 것과 같은 일을 줄임으로써 일정(그리고 마음)을 비워둘 필요가 있다. 우리에게 가장 의미 있는 것이 아닌 것들에 대해 싫다고 말할 때, 정말 *의미 있는 것들*에 깊게 몰두할 역량이 생긴다. 그러기 위해서는 짊어진 책임들 가운데 일부를 다른 누군가에게 넘겨야 할 수 있다.

다른 사람들이 제대로 못 해도 나서지 마라

종이 상자 때문에 폭발한 후 라일리는 마침내 톰과 마주 앉아 둘 사이에 집안일을 어떻게 분배할지에 대해 솔직한 대화를 나누었다. 라일리는 남편의 관점에서 놀라운 점을 발견했다.

"남편이 집 안에서 뭔가를 할 때마다 제가 자신이 하는 방식에 대해 불평한다고 했어요. 청소를 제대로 못 하면 제가 가서 다시 한다는 거죠. 그런 일 때문에 살림은 저의 책임이고, 남편은 단지 제 지시에 따르기만 하면 된다는 생각이 주입된 것 같아요."

라일리는 수년 동안 집안일에 관심을 쏟고 어떻게 하면 잘할지 터득했다. 라일리에게 톰이 집안일을 엉성하게 하는 모습을 지켜보는 것은 짜증 나는 일이다. 그래서 끼어들어 제대로 일을 처리하고, 톰이 그것을 보고 배우길 바란 것이다. 하지만 그러기는커녕 라일리가 남편을 그런 일을 믿고 맡길 수 없는 사람으로 본다는 메시지만 전달된 것이다. 라일리는 서투른 톰을 '구제'하고 싶은 충동을 억누르는 법을 배워야 했다. 커플 상담사의 도움을 받아 라일리는 마침내 가사 일을 남편에게 넘기기 시작했다.

"이제 남편이 설거지, 빨래, 화장실과 거실 청소를 도맡아 합니다. 그건 제 일이 아니에요. 제가 해야 할 일은 불쑥 나서서 그런 일을 해내는 게 아니라 어떻게 하면 되는지 알려주는 거예요."

이제 톰이 청소를 하며 어설픈 모습을 보여도 라일리는 끼어들지 않는다. 라일리는 베란다에 앉아 잡지를 읽고 그 사이 남편은 그보다 두 배의 시간에 걸쳐 화장실을 청소한다. 앞뒤 사정을 모르는 사람이라면 라일리가 아무것도 하지 않는 것을 보고 '게으르다'고 하겠지만, 그는 마침내 마음을 내려놓는 법을 배워서 뿌듯하다.

"종일 근무를 하고, 자녀를 양육하고, 모든 일을 잘 해내려고 애쓰는 내담자가 있었어요. 그는 제게 '내 삶을 갖거나 깨끗한 집을 갖거나 둘 중 하나만 가질 수 있어요'라고 말했습니다. 그리고 삶을 택했죠." 캐시가 한 말이다.

양육 죄책감 다루기

깨끗한 집을 포기한 내담자는 어린 자녀들의 엄마였다. 이는 우연의 일치가 아니다. 부모들은 타인의 욕구를 충족시켜 줘야 한다는 사회 압박을 가장 많이 받는 부류라고 볼 수 있다. 사회의 눈으로 볼 때 양육은 많은 방식으로 '잘못'될 수 있다. 즉, 부모가 비난받고 무시당할 수 있는 선택지가 너무 많다.[10] 이것은 그렇지 않아도 이미 피곤하고 힘든 책임을 훨씬 더 불안하고 혹독하게 만든다. 그리고 어김없이 이 문제의 원천은 바로 게으름이라는 거짓이다.

'올바른' 양육법에 관한 다양하면서도 서로 양립할 수 없는 견해들이 몇 년에 한 번씩 인기를 끈다. 모든 세대의 부모들은 기분이 나빠지는 새로운 정보를 발견한다. 1920년 즈음부터 20세기 중반까지 존 B. 왓슨John B. Watson과 같은 심리학자들은 부모들에게 자녀를 껴안거나 뽀뽀하지 말고 신체 접촉을 손잡기와 머리 쓰다듬기

정도로 제한하라고 경고했다.[11] 왓슨은 너무 많은 애정을 주면 아이가 나약해질 수 있다고 주장했다. 20세기 후반에 와서 유행한 양육법은 왓슨의 주장과 정반대되는 애착 육아법이었다.[12] 충분히 안아주지 않은 아이들은 낮은 자존감과 우울 등 여러 문제를 겪을 수 있다는 두려움이 생겼다. 1990년대에 이르자 다시 역전되어 '헬리콥터 양육법(극성 육아)'에 대한 두려움이 나타났고, 부모들은 아이에게 지나치게 많은 관심을 주면 자립심에 손상을 줄까 봐 염려하기 시작했다.[13]

"자녀를 망치지 않는 방법은 없어요." 전업주부로 세 아들을 키우는 아빠 에이든이 한 말이다.

에이든은 트랜스젠더 남성으로, 그는 자신이 임신했음을 깨달은 날부터 자녀들에게 어떻게 하면 최고의 아빠가 될 수 있을지 걱정했다고 말한다.

"하지 말아야 할 일을 소개하는 모든 책을 읽고 걱정하느라 골머리를 썩여요. 임신했을 때조차 여기저기서 다 다른 조언을 듣게 됩니다. '이거 먹지 마라', '운동하지 마라', '아니다, 운동해야 한다' 등등. 이 가운데 무엇이 정말 중요한 건지 절대로 알 수 없죠."

오늘날의 부모들은 서로 상충되는 조언들이 넘쳐나는 세상에 살고 있다. 엄마들이 운영하는 블로그와 양육을 다루는 소셜 미디어 계정들은 수유, 수면 교육, 용돈, 어린이집과 같은 문제에 대해 끝없이 의견을 제시한다. 어린이집 선택부터 성별이 구분되지 않은 옷과 장난감 구매에 이르기까지 거의 모든 선택이 정치적 논쟁 거리가 된다. 많은 부모는 그들의 선택에 대해 죄책감과 불안을 느 끼고 자녀를 완벽하게 키우지 못해 사회적으로 거부당할까 봐 걱 정한다.[14] 또한 자녀의 성공을 충분히 지원해 주지 못할까 봐 염려 한다. 다시 말해 자신이 게으르다고 느낀다.

에이든은 이러한 모든 상반되는 관점들을 진지하게 받아들이는 바람에 걱정과 자기 회의감에 빠져 완전히 제정신이 아니었다고 말한다. 시어머니는 에이든이 부모로서 행하고 말하는 모든 것을 비판하며 불안을 가중했다.

"시어머니는 아들이니까 완전히 남자답게 키워야 한다고 생각 하죠. 하지만 트랜스젠더로서 저는 그렇게 하지 않을 겁니다."

페이스북과 인스타그램은 시어머니가 에이든의 가족이 어떻게 사는지 늘 들여다볼 수 있는 창문이 되었다. 그 바람에 시어머니는 수천 마일 떨어진 곳에서도 에이든을 비판할 수 있었다. 에이든이 아이들에 대한 글이나 사진을 올리면, 때로는 전혀 알지 못하는 사 람들로부터 비난의 댓글을 받는다.

양육 불안이 증가하고 있으며, 그 이유는 소셜 미디어 사용이라 고 시사한다.[15] 또다시 디지털 도구들 때문에 게으름이라는 거짓이 우리를 쫓는 게 훨씬 더 쉬워졌다. 이 거짓은 우리가 할 수 있는 일 이 더 있으며, 수없이 많은 면에서 우리가 사람들을 실망시키고 있 다고 끊임없이 말한다. 에이든은 이 압박에 굴복하는 대신 거부하기로 했다.

"둘째가 생길 즈음이면 망했다는 생각이 천 번쯤 들고, 그 후로
도 그런 생각은 사라지지 않습니다. 하지만 매번 그럴 때마다 두려
움은 점점 줄어들어요. 망해도 세상이 끝나지 않아요."

완벽한 아빠가 되려는 대신, 에이든은 그저 '충분히 좋은' 아빠가
되기로 결심했다.

'충분히 좋은 것'으로 충분하다

1980년대에 발달심리학자들은 '충분히 좋은 부모good-enough
parent'라는 개념을 채택했다.[16] 수세대에 걸쳐 부모(대개 엄마)가 어떻
게 행동해야 하는지에 관해 엄격한 규칙들이 전해 내려왔지만, 연
구자들은 완벽한 양육이란 존재하지 않음을 깨달았다. 모든 부모
는 결함이 있으며, 그런 결함을 없애려는 노력은 통하지 않았다. 그
대신 완벽해지려는 희망을 완전히 버릴 때 오히려 더 잘 대처했다.

발달심리학에 따르면, 충분히 좋은 부모는 자녀에게 사랑, 안식
처, 충분한 음식을 제공한다. 실수도 하지만 그 일이 자녀에게 심각
한 트라우마를 유발하지는 않는다.[17] 부모가 해야 할 일에 대해 사회
가 어떻게 생각하는지에 집착하지 않고 자신의 욕구와 자녀의 고유
한 특징과 열정 사이에서 균형을 찾는다. 에이든의 경우, 충분히 좋
은 아빠가 되는 것은 원칙을 어느 정도 무시하는 것이기도 하다.

"우리는 집에서 전자레인지에 돌려 먹는 치킨텐더를 많이 먹어

요. 저는 때때로 아이들을 씻기지 않고 일찍 잠자리에 들게 합니다."

실수를 받아들여라

충분히 좋은 부모의 핵심적인 특징은 실수했을 때 자신을 너무 비난하지 않는 것이다. 그 대신 실수를 정정하고 그 경험에서 배우려고 노력한다. 충분히 좋은 부모가 편안하게 자신의 불완전함을 수용할 때 자녀가 삶에서 불가피하게 맞닥뜨릴 후퇴와 실망에 대처하는 법을 배우는 데 도움이 된다는 게 연구를 통해 밝혀졌다.[18]

내가 대화를 나눈 또 다른 부모인 에밀리는 딸을 키우며 저지른 실수를 가감 없이 말했다. 가장 큰 실수 가운데 하나는 물리적 체벌을 가한 것이었다.

"저는 아이를 때리는 게 좋은 훈육법이라고 생각했어요. 왜냐하면 제가 그렇게 자랐거든요. 하지만 나중에 저는 물리적 체벌이 나쁘고 효과도 없다는 것을 알게 되었어요. 제 딸은 지금 열두 살인데, 우리는 체벌에 대해 이야기를 나누었어요. 아이에게 과거에는 체벌이 널 잘 키우는 데 도움이 된다고 생각했지만 이제는 이런 이유에서 체벌을 그만뒀어라고 말했죠."

부모가 자녀와 자신의 실수에 대해 대화할 때, 관계의 회복탄력성과 성장 가능성을 높이는 열린 소통을 하게 된다. 또한 자신의 실수에 대해 편안한 부모들이 자녀의 결함과 실패도 더 잘 수용하는 것으로 연구를 통해 밝혀졌다.[19]

당신 자신의 삶을 살아라

유명한 커플 카운슬러인 에스터 페렐Esther Perel은 부모들이 정신 건강과 정체감을 유지하기 위해 자녀와 무관한 취미와 사교 활동을 할 시간을 반드시 가져야 한다는 글을 자주 썼다.[20] 이것은 자녀에게도 직접적인 방식으로 이로울 수 있다. 부모가 양육하는 역할에서 다소 벗어나면, 아이들은 스스로 즐겁게 지내고 자신만의 열정을 찾을 수 있는 자유가 생기기 때문이다.[21]

에이든은 몇 년 전 둘째 아이가 태어난 직후 이 원칙을 실천했다. 두 아이를 키우느라 전보다 훨씬 바빴지만, 그는 자신이 좋아하는 암벽 등반을 하기 위해 시간을 따로 할애했다.

"남편에게 '한 달에 한 번 주말에 주립 공원에 가서 암벽에 오르고 싶어'라고 말했어요. 그러자 남편은 '좋아, 그럼 나는 친구들과 던전앤드래곤 게임을 할 거야'라고 했어요."

몇 년이 지난 지금도 에이든과 남편 둘 다 취미를 위해 정기적으로 시간을 빼놓는다. 둘의 계획이 겹치면 베이비시터를 고용하고 그것에 대해 죄책감을 느끼지 않으려고 한다.

"어쩌다 아이가 아프면, 우리 중 하나가 개인 일정을 취소하고 집에서 애를 봐야겠다고 말해요. 그럴 때는 다른 하나가 상대의 말을 바로 잡고 이렇게 말하죠. '여보, 우리한테 좋은 걸 하는 게 가족을 위해서도 좋은 거야.' 그런 말은 죄책감을 느끼지 않는 데 도움이 됩니다."

지치게 하는 관계에

경계를 설정하라

몇 년 전 나는 이선이라는 친구를 사귀었다. 우리는 드라마 〈매드맨〉의 팬들이 모인 온라인 포럼에서 만났다. 나는 그가 주마다 올리는 드라마 감상평에 더해진 블랙 코미디를 무척 좋아했다. 우리는 곧 친구 관계로 발전했고, 몇 년이 지난 후 이선은 새로운 일을 찾아 시카고로 이사 왔다.

시카고로 이주한 후 이선의 행동이 변했다. 이선은 자신의 일을 몹시 싫어하더니 곧 우울해졌다. 시카고에 다른 친구도 없는 터라 사회적 접촉이나 정서적 지지를 얻기 위해 나에게 의존하게 되었다. 그는 내게 어린 시절 당했던 학대에 대해 털어놓았는데, 종종 기분이 나빠질 정도로 너무 자세하게 묘사했다. 직장 상사에 대해 불만을 쏟아놓으며 자신의 인생에 희망이 없는 것 같다고 했다. 결국 자살을 입에 올리기 시작했다.

나는 이선이 자신을 해치지 않길 바랐다. 그의 웰빙에 대해 책임감도 느꼈다. 그도 그럴 것이 이선은 아는 사람이라곤 나밖에 없는 시카고로 이사를 오지 않았는가! 내가 아니면 그의 속 얘기를 누가 들어주겠는가? 그래서 내가 도울 수 있는 모든 것을 했다. 그와 밤 늦게까지 대화하며 네 삶에 의미가 있으니 잘 버텨내야 한다고 안심시켰다. 또한 심리치료사들을 찾아보고 이선에게 잘 맞을 것 같은 상담실의 목록을 작성해 주었다. 아울러 그가 지원할 수 있는 일자리를 검색해 보냈고, 사회복지사 친구에게 부탁해 이선과 함께 해법을 찾아보라고까지 했다.

어느 날 밤, 이선은 심각한 우울에 빠져 내게 똑같은 말을 여러 차례 반복해서 문자로 보냈다. "내겐 희망이 없어. 내겐 희망이 없어. 내겐 희망이 없어."

"이선, 미안하지만 뭐라 해야 할지 모르겠다. 내가 추천한 심리치료사들 가운데 잘 맞아 보이는 사람이 없어?"

"심리치료사들이 하는 일이라곤 내게 세상의 밝은 면을 보고 요가 같은 걸 해보라는 말뿐이야. 그런 건 도움이 안 돼." 이선이 단호하게 답했다.

나는 도움을 더 받아보라고 계속 다독였고 내가 별 도움이 되지 못해 속상하다고 말했다.

"솔직히 말하면, 네가 보내준 목록을 열어보지도 않았어."

그 순간, 나는 이선이 자신을 구하려는 노력보다 내가 그를 구하려고 더 많이 노력하고 있음을 깨달았다. 이용당하고 있고 보람이 없다는 느낌이 들어 바로 그와의 대화를 중단했다. 나는 이선에게 굉장히 화가 났지만 그보다 나 자신에게 훨씬 더 실망했다.

경계에 대한 우리의 감각을 게으름이라는 거짓은 근본적으로 경계에 대한 우리의 감각을 왜곡시킨다. 그래서 사람들은 타인의 문제를 우리가 해결해야 할 문제라고 믿게 된다. 우리가 누군가를 좋아하면, 그를 돕기 위해 고통을 감수해야 한다고 말한다. 안타깝게도 우리는 사실 타인의 문제를 해결할 수 없다. 결국 우리는 좌절하고 지치고, 우리와 타협할 수 없는(혹은 하지 않을) 누군가를 돕느라고 에너지를 쏟아붓고 있음을 깨닫는다. 캐시 라브리올라는 이 문제로 고생하는 많은 내담자와 작업을 했다.

"사람들을 도우려고 애쓰는 건 훌륭한 충동이에요. 하지만 동시에 그렇게 해야 하는 사람이 문제의 당사자가 아닌지 혹은 해결하기 위해 그들이 할 수 있는 일은 없는지 묻지도 않은 채 항상 달려가 도움을 주려고 하지는 않는지 돌아봐야 해요."

게으름이라는 거짓은 죄책감을 느끼게 하여 우리의 것이 아닌 책임을 떠맡게 한다. 우리가 누군가를 '구하려는' 극적이고 실패할 수밖에 없는 시도에 빠지기 전에 그 사람의 문제가 정말 우리가 개입할 만한 것인지, 그렇다면 어떤 종류의 개입을 해야 하는지 우리 스스로에게 물어야 한다. 거기서부터 우리는 도움을 받아들이지 않는 사람을 도우려고 많은 시간을 쏟는 불안정한 인정 추구 패턴에서 벗어날 수 있다.

당신이 타인을 도와야 하는지 판단하라

정서적으로 과도하게 타인에게 관여하는 내담자를 다룰 때, 캐시는 관여가 그들의 책임인지를 생각해 보는 데 도움이 되도록 설계된 질문들을 제시한다. 이런 질문은 상황을 '교정'하려 들지 않으면서도 문제를 해결하는 대안적인 방법들로 연결할 수 있다.

- 그들이 이 문제를 스스로 해결할 수 있는가?
- 그들이 도움을 원하는가?
- 그들이 나의 도움을 원하는가?
- 내가 지금 당장 도움을 줄 사람이 맞는가?
- 전문가나 가까운 사람에게 도움을 청하라고 인도할 수 있는가?
- 도우려는 나의 동기는 무엇인가?
- 도와주면 내게 어떤 피해가 생기는가?

이러한 질문들은 많은 사람이 비현실적이거나 혹은 심하게 침해적인 방식으로 타인을 '도우려는' 시도를 하는지 잘 보여준다.

"그냥 아는 지인을 위해 이런 보살피는 역할을 모두 떠맡는 내담자들이 있어요. 갑자기 그들은 사실상 모르는 사람의 삶에서 주된 지지자가 됩니다. '당신은 이 사람에 대해 아는 게 거의 없군요!' 하고 말할 수밖에 없어요."

만일 내가 이선을 떠올리며 이 질문들에 답을 했다면, 나는 그의 우울증과 트라우마 이력은 내가 해결할 문제가 아니며 그의 삶에 깊이 관여하는 일이 정말 부적절하다는 것을 깨달았을 것이다. 이선은 준비가 되었을 때 스스로 치료를 찾아야 했다. 나는 그가 원치도 않는 심리치료사들의 명단을 작성하느라 몇 시간을 허비한 것이다. 이선은 내가 그를 지지하기 위해 24시간 대기조가 되기를 원했다. 그런 과도한 기대에 굴복하기를 거절했다면 나나 이선모두 좌절을 덜 겪었을 것이다. 그때는 이런 종류의 경계를 그어야한다는 생각이 결코 떠오르지 않았다. 그 당시 나는 타인에게 '도움이 되는' 사람이 되는 데 심하게 중독되어 있었다.

왜 도우려고 하는지 스스로에게 물어라

몇 달 후 나는 〈디어 프루던스Dear Prudence〉라는 상담 팟캐스트의 한 에피소드를 듣다가 정신이 번쩍 났다. 이 에피소드에서 조언을 구하는 사람들 가운데 한 명이 옆집에 사는 이웃과 심하게 일방적인 교우 관계에 빠져 있었다. 이 사람은 이웃의 아이를 무료로 돌봐주고, 식료품을 사주고, 많은 정서적 지지를 제공했다. 하지만 이

웃은 그런 베풂에 대해 별로 고마워하지 않았다. 사연을 보낸 사람은 분노하고, 소진되고, 이용당했다고 느꼈다. 그는 대니 M. 레이버리Danny M. Lavery인 '프루던스'에게 자신이 어떻게 해야 하는지 생각을 물었다.

우선 대니는 이웃의 도움 요청을 피하는 법에 관한 몇 가지 실용적인 조언으로 시작했다. 하지만 곧 더 깊숙이 들어가 사연을 보낸 사람에게 친구라고 부르기도 뭐한 누군가를 위해 고맙다는 말도 못 듣고 불필요한 일을 해줘야 한다고 느끼는 이유가 무엇인지 생각해 보라고 했다. 대니는 그 이유를 이렇게 추측했다. '충분히 많은 사람을 돌봐주면 언젠가 결국 누군가가 그것을 알아채고 당신을 돌봐줄 거라 믿는 게 아닌가?'

나는 게으름이라는 거짓에 심하게 세뇌당해 모든 약점과 부족함을 숨기고 나의 가치를 타인에게 증명하는 데 집착했다. 내가 정서적 지지나 보살핌을 청하는 건 상상할 수가 없었다. 외롭거나 슬프다고 느낄 때마다 나는 다른 누군가를 도와 내 기분을 끌어올리려고 했다. 누군가가 내가 얼마나 열심히 하는지 눈치채고 갑자기 내게 와서 '이런, 딱해라. 당신은 이미 너무 많은 걸 했어요. 이제 내가 당신을 돌봐줄게요'라고 말해주길 항상 마음속으로 바랐다.

캐시 라브리올라는 도움이 필요한 사람을 돕길 원하는 이유와 도와줌으로써 무엇을 얻길 기대하는지 스스로 물을 것을 권한다.

"우리 모두 뭔가를 할 때 건강한 동기와 건강하지 못한 동기를 모두 갖고 있습니다. 그래도 괜찮습니다. 하지만 그 비율이 어떤지는 알아야 합니다."

달리 말하자면, 타인을 돕는 일에 다소 이기적인 동기가 있는 건 정상이다. 그 누구도 완벽하게 이타적이지 않다. 하지만 인정받기 위해 타인을 강박적으로 돕고 있다면, 이제 그런 헌신은 접을 때가 되었다. 특히 제대로 인정받지 못했다고, 이용당했다고 느껴지는 복잡하고 불공정한 관계로부터 발을 빼야 한다.

부적절한 행동에 대해 보상하지 말라

심리학자 앨버트 J. 번스타인Albert J. Bernstein은 저서 《How to Deal with Emotionally Explosive People(정서적으로 폭발하는 사람들에 대처하는 법)》에서 요구가 많은 친구의 정신 건강을 위해 수많은 지지를 제공하는 일이 어떻게 자기 파괴적일 수 있는지 설명한다. 친구들의 기분이 나쁠 때 항상 당신이 나서서 기분이 나아지도록 돕는다면, 당신은 기분을 좋아지게 하기 위해 당신에게 의지하도록 본의 아니게 그들을 훈련시키는 것일 수 있다. 자신이 가진 자원과 능력을 이용해 문제를 해결하려는 대신, 그들은 당신이 문제를 해결해 줄 것이라 기대하기 시작한다. 번스타인은 이렇게 썼다. "기분을 가장 빨리 좋아지게 하는 것들이 대개 상황을 악화시킨다."[22]

이것이 바로 이선과 내게 벌어진 일이다. 이선은 자살하고 싶고 희망이 없다고 느낄 때 심리치료사나 그와 정말로 가까운 누군가에게 전화를 했어야 했다. 하지만 내가 항상 곁에서 몇 시간이고 불평불만을 기꺼이 들어주었기 때문에 이선은 모든 걱정을 털어놓을 곳이 나라고 여긴 것이다. 의도치 않게 나는 삶을 개선하기 위해 취해야 할 긍정적인 조치들 대신 내게 의지하게끔 이선을 훈련시켜 버렸다.

괴로워하는 사람과 마주치면, 사람들은 돕기 위해 모든 것을 해주고 싶어 한다. 하지만 자주, 우리가 돕기 위해 하는 최선의 시도가 상대에게 해만 끼칠 수 있다. 도움을 주는 것과 누군가의 유일한 지팡이나 비공식적인 심리치료사가 되는 것은 완전히 다르다. 우리의 것이 아닌 책임을 떠맡기를 거부함으로써 우리는 불행한 사람이 스스로 문제를 해결하게 만들 수 있다. 처음에는 자신을 거부했다는 사실에 불쾌해하겠지만, 그것이 장기적으로 그들에게 훨씬 더 좋다.

번스타인은 저서에서 강박적으로 '돕는 사람'이 그들에게 익숙하고 강력한 밀착을 대체하기 위해 사용할 수 있는 몇 가지 합리적이고 생산적인 도움을 제시했다.

내가 이선에 대해 '왼쪽'이 아닌 '오른쪽'의 대응을 했다면, 우리의 교우 관계는 그렇게 유해하고 기생충 같은 관계로 바뀌지 않았을 것이다. 나는 이선의 자살 사고를 내가 막아야 할 것으로 여겼다. 특정 치료사에게 전화를 걸어라 혹은 특정 일자리에 지원해 봐라고 말할 때마다 나는 그에게서 더 많은 자율성을 앗아간 것이다.

기존의 방법	새로운 대안[23]
누군가의 문제에 해법을 제공한다.	문제를 어떻게 해결할 것인지 묻는다. "어떻게 할 계획인데?"
누군가의 나쁜 기분을 없애려고 애쓴다.	그들의 감정을 바꾸려고 하지 말고 감정을 표현하도록 놔둔다.
누군가가 분노가 해소되지 않은 채 몇 시간 동안 울고불고 난리 치도록 놔둔다.	진지하게 경청하되 그가 문제에 몰두해 '빠져' 있을 때 다른 생각을 하게 만들 무언가나 휴식을 제안한다.
누군가 말하면서 점점 더 큰 불안, 슬픔 혹은 분노에 빠져드는 것을 듣고 있다.	같은 말을 반복하거나 감정이 고조되기 시작할 때 끼어든다. "지금은 처한 상황에 집중하자."
그가 원하는 게 무엇인지 추측하려 한다.	기대를 명확하게 표현하라고 한다. "내가 무엇을 해주길 바라?"
당신이 편안한 수준 이상으로 더 많은 지지를 제공한다.	다른 지지의 원천을 파악한다. "다른 누가 이 문제에 도움을 줄 수 있을까?"
그의 상황에 대한 책임을 떠맡는다.	책임을 거부한다. "네가 내 의견에 마음 쓴다니 고맙긴 하지만, 네게 무엇이 가장 좋은지는 네가 가장 잘 알잖아."

내가 한없는 정서적 지지를 제공하기를 그만둔 후, 이선은 자신의 문제를 혼자 힘으로 어떻게 해결해야 할지 진지하게 생각할 수밖에 없었다. 우리가 연락을 중단한 지 몇 달 후, 우리 둘을 아는 친구가 내게 이선이 새로운 직업을 구하고 친밀한 룸메이트들이 생겼다고 전했다. 이선의 비현실적인 요구에서 내가 자유로워짐으로써 의도치 않게 우리 둘 다를 해방시킨 셈이다. 이선과의 관계에서 발 빼기는 '게으른' 것도 무심한 것도 아니었다. 우리 둘 다 그럴 필

요가 있었다.

우리가 타인의 기대를 충족하기 위해 애쓰는 것을 중단할 때, 마침내 자신과 자신의 가치를 분명하게 본다. 그리고 개개인이 우리에게 부가하는 요구에 도전하기 시작할 때, 우리는 사회가 우리에게 부가하는 거대하고 광범위한 요구를 더 잘 떨쳐버린다.

7장

사회가 부과한

당위를

떨쳐버려라

·

이 책에서 〈매드맨〉에 대해 이미 몇 차례 이야기했지만 마지막으로
한 번 더 언급하려고 한다. 이 드라마는 항상 일터에서 순응해야 한다
는 압박감을 환상적으로 잘 다룬다. 페기는 드라마의 배경인 광고회사
에서 최초의 여성 카피라이터로 말하고, 글을 쓰고, 심지어 옷 입는 것
까지 남성처럼 행동해 동료들이 가진 성차별주의를 극복하는 법을 배
워야만 했다.[1] 성차별주의에 정면으로 맞서 싸우는 대신, 페기는 성차
별주의가 내세우는 '규칙'을 따름으로써 대처하는 법을 배운다. 마찬가
지로 이 광고회사에서 최초의 흑인 직원인 던은 '화를 내거나' 위협적인
모습을 보이지 않기 위해 쾌활함을 가진 페르소나를 투사해야만 한다.[2]
이 드라마의 백인 남성 주인공인 돈 드레이퍼조차 촌구석에서 가난하
게 자란 티를 중산층 백인 이미지라는 가면 밑에 완벽하게 숨겨야 한다.
과거는 그가 애써 키워온 '프로'의 이미지와 맞지 않기 때문이다.

애팔래치아 촌구석 가정의 자손으로서 나는 돈의 사연이 나와 비슷하다고 느낀다. 테네시의 시골을 떠나 클리블랜드 교외 지역으로 이주했을 때, 우리 가족은 촌구석 출신임을 숨기려고 애썼다. 아버지나 할머니가 어쩌다 너무 '촌스러운' 짓을 할 때마다 가족 중 누군가는 그것에 대해 조롱하며, 별로 친절하지 않은 방식으로 '고치려' 들었다. 당황스럽도록 '촌스러운' 행동들은 대개 절약하는 행동으로, 이를테면 중고 매장에서 싼 물건을 찾거나 누군가가 버린 가구를 가져오는 일이었다.

〈매드맨〉의 작가 매슈 와이너Matthew Weiner는 이 드라마가 '백인이 되는 것'에 관한 이야기라고 말한 적이 있다.[3] 물론 돈 드레이퍼는 드라마 초반부터 이미 백인이다. 하지만 와이너가 말하려는 것은 돈이 회사에서 높은 직책으로 조금씩 올라가면서 성공하기 위해 필요한 백인 앵글로색슨 개신교도 페르소나를 완전히 갖출 때까지 원래 갖고 있던 자기self를 점점 더 많이 지워나가야 했다는 점이다. 내 가족의 경우, '백인이 되는 것'은 좀 더 노골적이었다. 친가는 테네시의 컴벌랜드 갭 출신의 혼혈 집단인 멜런전Melungeon 출신이다.[4] 나의 촌구석 친척들 중 다수는 백인이거나 백인으로 통하는 사람들이지만, 피부가 검어서 흑인이나 인디언으로 보이는 사람도 있었다. 따라서 우리 집안이 테네시주에서 오하이오주 북동 지역으로 이사했을 때, 피부색이 밝은 사람들은 특권을 누리는 중산층의 삶에 쉽게 동화되었다. 말의 억양과 '촌스러운' 면만 숨기고 백인 혈통이 아님을 인정하지만 않으면 되었다. 나는 어린 시절부터 가족이 어디 출신인지, 어떤 민족인지에 관한 질문들을 무시하는 법을 배웠다. 우리 집안의 혈통을 알리면 편견이 생기기 때문이었다. 역사 기록에 따르면, 많은 멜런전들은 정확히 이와 같은 경로를 따라 산다. 즉 백인이 아닌 혈통을 숨기고, 백인의 정체성을 채택하고, 자기를 지우고 백인 문화에 순응하면서 주류 사회에 동화된다.

게으름이라는 거짓은 직장에서 성공하기 위해 백인 문화에 순응하도록 부추긴다. 자기표현에서, 직업의 세계에서, 업무 습관에서 '백인이 되기로' 선택할 때 보상받는다. 우리는 어린 나이부터 책을 출판하기 위해 필명을 남자 이름으로 택해야만 한 여성 작가들을 존경하도록 배운다. 또 얼마 안 되는 돈과 명성을 얻기 위해 백인 동료보다 두 배 더 열심히 일해야만 했던 흑인 발명가들과 학자들에게 박수를 보내도록 배운다. 세상의 편견에 맞서는 사람들은 성공할 자질이 없는 '게으른' 투덜이로 취급된다.

게으름이라는 거짓은 모든 사회 문제에 대한 해법이 우리가 불만을 접고 열심히 노력하는 것이라고 믿기를 원한다. 튀어나온 모든 모서리를 갈아 매끄럽게 만들어 누군가를 최대한 무난하고 특징이 없고 '정상적으로 보이게' 할수록, 그와 주변의 모든 사람은 제도적인 문제를 간과하고 생산성에만 더 집중하게 된다. 하지만 게으름이라는 거짓이 하는 모든 다른 거짓된 약속과 마찬가지로, 이것은 자기 패배적인 덫이다.

와일드 마인드 콜렉티브를 시작하기 전, 케이틀린은 저소득층 흑인 청년들이 괜찮은 급여를 제공하는 일자리를 찾도록 지원하는 비영리단체에서 일했다. 그는 이 단체의 사명을 높이 샀지만 업무 처리 과정은 마음에 들지 않았다.

"이 단체는 일이 필요한 저소득층 유색 인종 청년들만 고른 후, 기업을 위한 복종 로봇으로 변신시켰어요."

케이틀린은 이 비영리단체가 흑인 청년들을 심하게 예의 바르고 순종적으로 만들기 위해 훈련시켰다고 말한다. 직원과 자원봉사자들은 청년들의 행동 방식과 말을 단속했다. '프로'답지 않아 보이는 건 모두 못 하게 했다. 또한 아무리 심한 불공정이나 인종차별주의를 목격한다 해도 화와 분노를 억누르도록 교육했다.

"이 청년들 가운데 그 누구라도 복종을 못 하거나 운영 방식에 대해 문제를 제기하면, 이 단체의 사람들은 앵무새처럼 끊임없이 똑같은 말로 감정과 생각을 숨기고 계속 일만 하라고 했습니다."

나는 한때 차터 스쿨charter school(공적 자금을 받아 교사·부모·지역 단체 등이 설립한 대안 학교의 성격을 가진 공립학교-옮긴이) 교사로 활동하며 흑인 학생들을 이와 비슷하게 가르친 적이 있다. 초등학생들에게 팔을 접고 눈은 항상 선생님을 바라보며 '주의를 집중해' 앉아 있으라고 가르쳤다. 아이가 가만히 앉아 있지 못하고 주변을 둘러보거나 어떤 식으로든 자기를 드러내면 야단을 쳤다.

피해자 탓으로 돌리는 뿌리 깊은 게으름이라는 거짓의 문화 속에서 소외 계층 사람들은 그들이 겪는 억압이라는 문제를 스스로 해결해야만 한다는 말을 자주 듣는다. 흑인 여성들은 타고난 곱슬머리가 백인들의 눈에 거슬리고 '프로'답지 못해 보이기 때문에 머리를 펴야 한다는 압박을 받는다.[5] 인디언들은 전통적인 액세서리를 착용하는 것이 너무 거하고 '현란해' 보이기 때문에 일터에서 착용하지 말라는 말을 자주 듣는다.[6] 나와 같은 트랜스젠더들은 일터에서 대놓고 자기를 드러내면 처벌받는다. 나의 성 정체성에 맞는 화장실을 사용하는 일과 같은 단순한 문제조차 비난이나 공격으로 이어질 수 있다. 우리의 존재 자체가 다른 직원들에게 '눈엣가시'라는 말을 자주 듣는다.

일중독 문화에 절은 주류의 직장에서 백인 주류 문화에 순응하지 않는 것보다 더 위협적인 것은 없다. '프로다운' 행동이라는 개념 자체가 사회적 통제에 대한 욕구에서 기인했다. 제3의 성을 가진 작가이자 성우이자 활동가인 제이컵 토비아Jacob Tobia는 〈제3의 성을 가졌지만 내가 프로이며 두려워하지 않는 이유〉라는 에세이에서 이 점에 대한 글을 남겼다.[7]

"프로다움은 나의 성 정체성을 완전히 지우도록 끊임없이 요구하기 때문에 오랫동안 나의 적이었다. 용기를 내어 나는 다르다고 표현하면, 동료들로부터 부당한 대접을 받고, 승진을 놓치거나 심지어 직장을 잃을 수도 있다."

제이컵은 맞춤 제작된 밝은색의 원피스를 입고, 커다란 액세서리를 걸치고, 세련되지만 일하기에 적합한 힐을 신는다. 시스젠더 여성이라면, 사무실의 그 누구도 그의 모습에 대해 문제 삼지 않는다. 하지만 수염과 체모가 있는 눈에 띄는 제3의 성을 가진 사람의 경우, 귀엽고 유행에 따른 복장은 일터에서 용납되지 않는다.

우리 문화에서 많은 사람은 자기를 솔직하게 표현하는 것이 프로답지 못한 것이라는 말을 듣는다. 살이 찐 사람들은 날씬한 사람들을 위한 세상에 순응하기 위해 몸매를 교정하거나 굶어야 한다. 장애인들이 편의시설 설치를 요청하면 '나약해' 보이거나 '게을러' 보일 수 있기 때문에 하지 못한다. 게으름이라는 거짓은 완벽을 매우 엄격하고 독단적인 방식으로 정의한다. 이를테면 날씬한 몸매, 깔끔하고 그럴듯한 생활, 사회에 이로운 '생산적'이고 훌륭한 활동들로 꽉 찬 하루를 요구한다. 즉, 반발이나 불만의 여지가 전혀 없는 삶이다. 이러한 항목들에 모두 해당되지 않으면, 마치 실패한 것처럼 느끼게 한다.

당연히 우리는 항상 실패할 수밖에 없었다. 게으름이라는 거짓이 제시하는 이러한 이상들은 우리의 우선순위를 정해버리고, 바쁘고 정신없이 살게 하며, 욕구를 가진 것이 잘못인 듯한 느낌을 갖게 한다. 하지만 이러한 부당한 기준에 맞춰 자신을 평가할 필요가 없다. 한발 물러서서 사회가 우리에게 '해야 한다'고 말하는 모든 것에 대해 곰곰이 생각해 보면, 많은 것이 사실 우리와 맞지 않는다는 것을 알 수 있다. 우리 자신을 타인의 마음에 들도록, 이해받도록 작게 만들려고 애쓰지 말아야 한다. 이러한 '당위'에 저항할 때, 우리는 게을러지는 게 아니라 강해진다.

나 역시 타고난 성별에 딱 맞는 성 정체성을 갖고, 예의 바르고, 아름다운 여성이 되려고 애쓸 수 있었다. 하지만 몇 년 전, 나는 온전한 나 자신으로 살기로 했다. 예전에 비영리단체장이었던 줄리는 '슈퍼우먼'이라는 완벽한 이미지를 투사하기 위해 가족을 부양하면서 살아왔지만 이제는 가족의 건강을 최우선에 두기로 결심했다. 케이틀린은 자신의 도덕적 기준에 맞지 않는 단체에 머무를 수 있었으나 대신 자신을 위해 새로운 경로를 개척하고 쉽게 통제되지 않는 '자유로운 영혼'들을 지원하기로 했다. 우리 각자 게으름이라는 거짓의 교의에 저항하고 진정으로 어떻게 살기를 원하는지 스스로 물을 기회가 있다. 하지만 이렇게 하려면 사회가 부가한 가장 유해한 '당위'들 가운데 일부를 내려놓고 거부해야 한다. 그러한 규칙들이 우리에게 도움이 되지 않기 때문이다.

자유로워지기 위해 우리에게 해가 되는 기대에 부응하기를 거부해야 한다. 이러한 비합리적인 제약들에 순응하지 않으면 '게으르다'고 치부될 수 있지만, 사실 그렇게 하는 것이 가장 어려우면서도 가장 훌륭한 일이다.

우리 몸은

이미 완벽하다

당신의 생산성이 당신의 가치를 결정한다고 평생 들어왔다면, 몸으로부터 소외당할 가능성이 높다. 게으름이라는 거짓은 자신의 몸을 자기 존재의 근본적인 일부로 보지 않고 목표를 위한 수단으로 본다. 즉 신체를 사용되기 위해 존재하는 도구이자 타인의 인정을 얻기 위해 존재하는 대상으로 보는 것이다.

특히 살찐 여성이 이런 담론에 넘어가기 쉽다. 살찐 여성은 자신의 몸을 날씬한 아름다움에 최대한 맞추는 제 '역할'을 못하고 있다는 말을 사회로부터 끊임없이 듣는다.

"아름다움으로 평가받는 건 정말 지겹고 지치는 일이야. 아무도 원치 않는데 말이지." 내 친구 제시 올리버Jessie Oliver가 한 말이다.

제시 올리버는 발성 지도자이자 뛰어난 오페라 가수이며, 살에 대한 긍정적 태도를 유포하는 활동가다. 팟캐스트 〈살에 대한 수다

Fat Outta Hell)에서 제시와 동료 진행자는 특대 사이즈 비키니를 찾는 즐거움부터 체격이 큰 사람도 편하게 앉을 수 있는 의자를 갖춘 식당 찾기의 어려움 등 살에 관한 모든 것에 대해 이야기를 나눈다. 제시는 오랫동안 살에 대한 부정적 관점에서 해방되어야 한다고 주장하며 일터와 진료실과 공연예술계에서 살찐 사람들이 맞닥뜨린 비난과 배척에 대해 비판했다. 자신이 살 공포증의 대상으로 살아왔기 때문에 사회의 살에 대한 혐오가 '게으름이라는 거짓'과 어떻게 관련이 있는지 제시는 몸소 체험을 통해 잘 알고 있다.

"내 생각에 다이어트 산업은 다이어트에 성공하든 실패하든 똑같이 돈을 버는 유일한 산업이야. 체중을 감량하지 못하면 계속 노력해야 하지. 감량에 성공한 사람에겐 빠진 체중을 유지하는 데 도움이 된다는 온갖 제품들을 팔아. 신이 다시 살찌는 걸 용납하지 않거든."

살에 대한 혐오는 기업들의 주머니를 불리는 데 큰 역할을 한다. 2019년 다이어트 산업은 미국에서만 그 가치가 720억 달러를 넘어섰다.[8] 이 산업은 2018년에서 2019년 사이 4퍼센트 성장했고, 대부분의 분석가는 이 산업이 향후 몇 년 동안 계속 성장할 것이라 예측한다.[9] 다이어트 사업은 매우 광범위하고 거대해서 다이어트 알약부터 '폭풍 감량' 운동 강좌, 성형수술, 복부 압박 벨트까지 팔지 않는 게 없다. 몸에 변화가 필요하다고 생각하면 돈을 쏟아부을 대상은 많다. 많은 기업이 살을 빼는 데 돈을 계속 쓰도록 불안감을 조장하고 있다.

사회의 살에 대한 혐오는 사람들이 '완벽'이라는 임의적인 기준을 좇으며 열심히 운동하도록 몰아붙인다. 이 혐오 때문에 우리는 건강에 좋은지 나쁜지 상관없이 헬스장과 피트니스 강좌에서 몸을 날씬하고 '탄탄'하게 만들려고 필사적으로 애쓴다. 살에 대한 혐오는 누구나 미의 기준이 되어버린 부유한 백인 유럽인들처럼 될 수 있다고 말한다.[10] 몸이 보내는 배고프다는 신호는 믿을 게 못 되며, 알약이나 식사 대용 셰이크로 억눌러야 한다고 믿게 한다. 그런 방법들이 거의 효과가 없다고 통계상 밝혀졌지만, 그럼에도 '몸만들기'를 하려는 필사적인 시도에 연간 수천 달러를 쓰게 한다.

"오래전부터 살에 관한 많은 연구와 과학의 돈줄은 다이어트 산업이었어. 그래서 모든 연구 결과가 다이어트 제품 기업들이 '당신을 고칠 수 있는 제품이 여기 있어요'라고 말할 수 있게 하는 방식으로 제시돼. 우리는 고쳐야 한다는 말을 끊임없이 듣게 되지." 제시가 한 설명이다.

체중 감량을 통해 몸을 '고쳐야' 한다는 이 거대한 압력에도 불구하고 살을 빼려는 시도는 십중팔구 실패한다.[11] 어떤 방법을 동원해도 마찬가지다. 식단 조절, 운동, 수술, 보조제 모두 상기석으로 신체를 변화시키는 데 효과가 없다.[12] 연구에 따르면 체중 감량을 시도한 사람들의 95퍼센트에서 97퍼센트가 5년 내에 요요현상을 겪었다.[13] 게다가 우리 모두 살찐 것을 '건강하지 못한' 것으로 배웠지만, 많은 연구를 통해 살을 빼고 찌기를 반복하는 것이 일정한 과체중을 유지하는 것보다 건강에 훨씬 해롭다고 밝혀졌다.[14]

이 모든 증거에도 사람들은 살을 변명의 여지가 없는 '게으름'의 신호로 보도록 배웠기 때문에 살과의 전쟁을 계속한다. '살'과 '게으름'은 주로 함께 쓰이는 단어들이다. 둘 다 사람에 대해 도덕적 판단을 하고 우리의 존재와 삶의 방식에 대해 역겨움을 표현하는 데 사용된다. '더 열심히만 하면 너도 성공할 수 있어'라고 주장하며 게으름이라는 거짓이 가난한 사람들의 불운에 대해 그들을 탓하는 것처럼, 덜 먹고 더 운동만 하면 살을 뺄 수 있다고 말함으로써 살에 대한 혐오와 부정적인 신체 이미지를 덧씌운다.

십 대부터 이십 대 후반까지 나는 꽤 심각한 섭식 장애를 앓았다. 가능한 한 먹기를 거부하고, 아무리 바쁘거나 피곤해도 매일 한 시간 이상 운동했다. 2014년에 심각하게 아팠을 때, 영양실조가 과로와 함께 주된 원인이었다. 나에게 이 둘은 불가분의 관계였다. 강박적인 과로와 섭식장애 둘 다 게으름에 대한 두려움과 나는 '충분히' 하고 있음을 끊임없이 증명하려는 욕구에서 비롯되었다.

나는 건강해지기 위해 육체 고통이 미덕의 표시라는 믿음을 버려야 했다. 또 살이 찌는 것에 대한 두려움도 극복해야 했다. 그때까지 평생 나는 살찐 사람들은 변명의 여지 없이 '게으르며', 그들이 맞닥뜨린 배척과 비판을 받아 마땅하다는 소리를 듣고 살았다. 섭식 장애에서 벗어나기 위해 살찐 사람들에 대한 나의 편견에 도전해야 했다.

살의 긍정성을 받아들여라

섭식 장애를 고치려고 처음 노력했을 때, 유명인들의 아름다운 살찐 몸을 접하는 게 큰 도움이 되었다. 나는 멋지고 세련되고 적극적으로 살찐 사람들의 블로그와 소셜 미디어 계정을 팔로우하고, 살면서 만난 살찐 사람들의 말에 진심으로 귀 기울이기 시작했다. 살찐 배우로 나중에 〈다이어트랜드〉라는 드라마에 출연한 조이 내쉬Joy Nash의 코믹 동영상도 열심히 봤다. 아르카디오 델 발레Arcadio Del Valle와 켈리 린Kelly Lynn과 같은 살찐 패션모델들의 사진도 열심히 봤다.[15] 살찐 사람들이 쓴 편견과 배척에 대한 경험담을 읽고 살찐 내 친구들의 고생담도 들었다. 시간이 지나며 나는 살 공포증과 몸에 대한 불편한 감정이 사라지는 것을 느꼈다. 타인의 몸을 덜 비판하게 되자 내 몸에 대해 연민을 더 많이 갖게 되었다.

연구에 따르면, 살찐 사람들의 다양한 이미지가 노출되면 그들에 대한 부정적이고 정형화된 이미지가 사라진다.[16] 마른 사람이 살찐 사람과 실생활에서 알찬 시간을 보내면 살 공포증을 줄이는 데 도움이 된다는 사실도 연구를 통해 밝혀졌다.[17] 여러 체격과 몸매를 가진 사람들의 긍정적인 이미지에 노출되면 자신의 신체에 대해 연민을 느낀다.[18] 살찐 몸의 아름다움을 인식하자 나는 다이어트 산업이 조종하고 착취하는 전당포의 삶을 멈출 수 있었다. 더 중요하게는, 살면서 만난 살찐 사람들에 대해 덜 냉정하고 덜 비판적이게 되었다.

당신의 몸은 대상이 아니라 당신임을 기억하라

심리학자들이 부정적인 신체 이미지로 고통받는 사람들을 연구했을 때, 문제의 핵심은 바로 '자기 대상화'였다.[19] 우리의 몸을 대상 혹은 정신과 별개의 것으로 보면 자기 대상화에 빠진다. 자기 대상화의 폐해가 특히 심각한 경우, 자신의 몸을 그 자체로 가치 있는 전체가 아닌 구분된 '부분들'의 집합으로 인식하며, 부분마다 결함이 있다고 생각한다.

연구에 따르면 습관적으로 자신의 몸을 대상으로 생각하는 사람은 그렇지 않은 사람보다 자존감이 훨씬 낮으며 섭식 장애 행동에 빠질 가능성이 훨씬 높다.[20] 한 연구에서 많은 시간 자신의 몸에 대해 생각하는 여성은 자기 대상화가 야기한 주의 분산과 괴로움 때문에 그렇지 않은 여성보다 수학 문제를 잘 풀지 못했다.[21] 안타깝게도 마른 몸을 이상적으로 그리는 매체의 이미지에 노출이 많이 될수록 이런 파괴적이고 자기 대상화하는 방식으로 생각할 가능성이 더 크다.[22]

만약 자기 대상화가 이미 시작되었다면 자기 대상화를 하고 싶은 충동과 어떻게 싸워야 할까? 자기 몸의 모습이 아닌 몸이 할 수 있는 일에 집중하면 좋다.[23] 운동은 일종의 처벌이 아닌 몸이 할 수 있는 일을 축하하는 과정이며, 적당한 달리기나 힘든 웨이트 운동이 주는 즐거움을 누리는 과정이 될 수 있다.[24] 자신의 몸에 대해 친절해지는 것도 중요하다. 몸이 통증, 불편함, 배고픔의 신호를 보낼 때 경청하면 자신의 욕구에 더 잘 대처하며, 무리해서 자신을 처벌하려는 경향이 줄어든다. 무엇보다 한가로이 있거나 체중이 느는 것이 '게으르다'는 신호라는 두려움을 버리려고 노력해야 한다.

2장에서 살펴보았듯이, 자신의 몸에 귀 기울이고 휴식과 한가로움에 대한 욕구를 충족하면 치유 효과가 좋다. 몸이 보내는 아프거나 지쳤다는 신호에 귀 기울이고 존중하는 일은 혁명적이며 깊은 치유의 효과가 있다. 평생 배워온 살에 대한 혐오와 외모지상주의를 버리는 것은 길고도 복잡한 과정이다. 하지만 당신의 몸을 바꾸기 위해 노력할 필요가 없음을 인정하자마자 탈학습이 시작될 수 있다. 바뀌어야 하는 건 당신이 아니라 사람의 몸에 대해 사회가 지닌 엄격한 기대와 살 공포증이다.

꼭 멋져야만

잘 사는 게 아니다

게으름이라는 거짓이 강요하는 또 다른 '당위'는 바로 삶이 특정 방식으로 '보여야 한다'는 해로운 생각이다. 자본주의의 경쟁적인 성격 때문에 사람들은 타인에게 멋진 인상을 남기고 부와 성공을 드러내는 특정 종류의 생활양식을 가져야 한다고 느낀다. 이것은 또 다른 덫으로, 불필요한 스트레스의 원천이다.

남에게 뒤지지 않으려 애쓴다는 뜻의 'keeping up with the Joneses(존스네 따라하기)'라는 숙어는 1913년 〈뉴욕 월드〉라는 신문에서 연재한 만화에 나온 표현이다. 이 만화는 평범하게 살아온 맥기니스 가족이 그들보다 더 세련되고 과시적인 이웃인 존스 가족을 따라잡기 위해 애쓰는 모습을 그린다. 이 만화가 발표된 이후 'keeping up with the Joneses' 표현은 많은 사람이 주변 사람들에게 좋은 인상을 남기기 위해 세련되고 그럴듯한 생활양식을 유지해야 한다고 느끼는 압박감을 묘사할 때 사용되었다.

흥미롭게도 이 만화가 연재된 25년간 존스 가족은 실제로 등장한 적이 없었다. 독자들은 맥기니스 가족이 그토록 닮고 싶어 하는 완벽하고 훌륭한 가족을 실제로 보지 못했다. 이 점은 퍽 이해가 된다. 독자들이 존스 가족을 볼 수 있었다면, 그들의 결함을 찾아내려 들었을 것이다. 그렇기 때문에 존스 가족을 드러내는 대신, 수많은 면에서 맥기니스 가족보다 항상 우월하며 결코 비판의 대상이 될 수 없는 미스터리로 남겨둔 것이다.

이상하게도 이 완벽하고 알 수 없는 '타인'에 대한 비교와 불안의 역동이 오늘날 여전히 소셜 미디어에서 계속된다. 우리가 비교하는 사람들은 대단히 눈에 띄는, 광고와 인스타그램 피드와 유튜브 채널에 늘 등장하는 인물이다. 하지만 우리는 그들의 실제 삶에 대해 아는 게 거의 없다. 그래서 완벽이라는 이미지를 그들에게 투사할 수 있다. 그들이 누리는 완벽하고 깨끗한 집과 세련된 의상, 멋진 휴가는 우리의 삶을 초라해 보이게 하고, 우리를 한심하고 엉성하게 느끼도록 만든다.

하지만 실상은 소셜 미디어에서 우리보다 '나아' 보이는 사람들 가운데 다수가 그들의 삶을 그럴듯하게 연출한 것이나. 그들은 화려함을 극대화하고 노력이나 고통의 흔적은 모조리 숨긴다. 안타깝게도 이것은 무결점을 향한 경쟁을 조장해 인간미는 점점 사라지고, 비현실적인 수준의 완벽만이 받아들여지도록 만든다.

몇 년 전까지 에세나 오닐Essena O'Neill은 인스타그램 스타였다. 십대인 에세나는 여러 휴양지에서 찍은 자신의 멋진 사진을 올려 인기를 끌었고 인스타그램 팔로워가 50만 명에 달했다. 그는 보석 빛깔의 아름다운 가운을 걸치거나 세련된 운동복을 입고서 납작한 배를 드러냈다. 짧은 반바지와 탱크톱을 입고 머리카락을 인위적으로 흐트러뜨리면서 다이어트 차를 마셨다.

열여덟 살이 되자 에세나는 완전히 소진되어 '인플루언서' 게임에 넌더리가 났다. 가짜 이미지를 보여주는 데 신물이 났고, 그런 환상을 만들려고 애쓰는 데 지쳤다. 그래서 그는 인스타그램에 올린 수백 장의 사진을 하루 만에 삭제하고 남은 글과 사진의 모든 캡션을 변경했다. 그를 정의했던, 느긋한 완벽함이라는 인상을 연출하기 위해 사용한 방법을 새 캡션을 통해 폭로했다.[25]

에세나는 밝은 분홍색 비키니를 입고 해변을 거니는 모습의 오래전 사진에 다음과 같은 새로운 캡션을 달았다. "실제가 아님. 배를 납작하게 보이려고 비슷한 포즈로 100번 찍은 것임. 만족할 만한 컷이 나올 때까지 동생에게 사진을 계속 찍으라고 난리 침. #완전비현실적."[26]

탱크톱과 런닝용 반바지를 입고 찍은 사진에는 캡션을 "칼로리에 연연하고 무리해서 운동하는 15세 소녀는 부럽지 않음"이라고 바꾸었다.

수정한 다른 캡션에서 에세나는 자연스러워 보이는 포스트 가운데 다수가 기업의 후원을 받아 세심하게 계산된 장면들이었다고 밝혔다. 가능한 한 날씬하고 멋져 보이게 해준 많은 촬영과 편집 기술에 대해 설명했다.[27] 에세나의 대대적인 캡션 수정이 있은 후 몇 년간 몇몇 소셜 미디어 스타들이 유사한 눈속임을 인정하며 그들이 끼친 해에 대해 사과했다.[28]

심리학 연구에 따르면 이러한 포스트에 노출되면 자기감에 나쁜 영향을 미친다. 페이스북 사용자에 대한 연구에서 화려하고 멋진 이미지를 보는 게 사용자의 자존감 하락과 관련이 있음이 밝혀졌다.[29] 또 다른 연구는 자신을 온라인상의 유명인과 비교하는 십대들은 우울 증상을 더 많이 경험한다고 발표했다.[30] 셀카를 편집하고 고르는 성인 여성은 그렇지 않은 여성보다 부정적인 자아상을 훨씬 더 많이 가지며, 자의식 과잉을 경험한다고 밝힌 연구도 있었다.[31] 다른 연구들도 십 대 소녀들에게서 비슷한 효과를 발견했다.[32]

소셜 미디어에서 마주치는 모든 비현실적인 기준은 불안의 새로운 원천이 된다. 멋진 옷이든 고급스럽게 장식한 거실이든 밀도 안 되게 완벽한 이미지는 모두 죄책감과 '게으르다고' 느끼게 하는 새로운 무언가를 우리에게 제공한다. 하지만 우리는 이러한 존스 가족을 결코 따라 잡을 수 없다. 애초에 실제로 존재하지 않기 때문이다. 그들은 우리를 계속 바쁘고 산만하고 불안하게 만들기 위한 허상으로, 이러한 불안에 몰려 우리는 계속 생산성을 유지하고 이윤을 창출한다.

고맙게도 점점 더 많은 연구가 이러한 압박감을 퇴치하기 위해 취하는 방법들을 알려주고 있다. 간단히 말해 소셜 미디어를 보고 당신이 충분하지 않다고 느낀다면, 타인과의 비교를 피하고 좌절감 대신 영감을 주는 성공한 사람들을 찾음으로써 그러한 감정을 퇴치할 수 있다.

상향 비교를 하지 마라

소셜 미디어 사용의 폐해에 대한 거의 모든 심리학 연구에서 '사회적 상향 비교'가 핵심 변인이었다.[33] 나보다 더 많이 성취하고 지위가 높은 사람을 보고 그들의 완벽함을 회초리로 삼아 자신을 다그치는 것이다. 만일 특정 유명인과 인플루언서의 포스트를 볼 때마다 위협감을 느끼거나 자신을 비난한다면, 십중팔구 상향 비교를 하는 것이다.

상향 비교는 타인의 업적을 이용해 무엇이 자신의 목표가 되어야 하는지 결정하는 방법이라고 할 수 있다. 이것은 만족과 자기 수용을 말살한다. 이 세상에는 한두 가지 면에서 나보다 나은 사람이 항상 있기 마련이다. 그러니 불쾌하게 비교할 대상을 끊임없이 찾는다면 결코 충분하다고 느낄 수 없다.

연구는 사회적 상향 비교를 많이 하는 사람이 소진될 때까지 일하는 경향이 있음을 보여준다.[34] 많은 면에서 위를 바라보고 '나은' 사람들과 끊임없이 비교하려는 충동은 게으름이라는 거짓의 핵심에 있다. 그렇지만 우리 위에 있는 이상화된 사람은 실제로 존재하지 않는다. 이 사실을 명심하면 도움이 된다. 몇몇 연구는 대부분의 소셜 미디어 사진들이 어떻게 조작되고 연출되는지 알면 심리적으로 도움이 된다고 시사한다.[35] 하지만 애초에 수치심을 유발하는 사진에 노출되지 않는 게 훨씬 낫다.

당신보다 생산적이거나 멋져 보이는 사람들과 비교해 자신을 다그칠 필요가 없다. 그 모든 죄책감을 없앤다고 갑자기 '게을러'지는 게 아니다. 자신을 신뢰해 스스로 목표를 정하고 당신에게 맞는 속도로 목표를 따라가면 된다.

수치심이 아닌 영감을 좇아라

위를 바라보는 다양한 방법이 있으며, 모두 해로운 것만은 아니다. 존경할 만한 사람을 찾아 동기 부여와 격려의 원천으로 삼으면 아주 좋다. 화려한 셀럽의 아름다움을 수치심의 원천으로 삼는 것과 다르다. 심리학자이자 연구자인 피터넬 니즈크스트라Pieternel Dijkstra라는 이렇게 설명한다.

"개인은 비교 대상과 자신을 대조(자신과 대상 간의 차이에 중점을 둠)하거나 비교 대상과 동일시(자신과 비교 대상 간의 유사성에 중점을 둚)할 수 있다."[36]

디즈크스트라와 동료들은 우리가 우리보다 '위에' 있는 사람과 동일시할 때, 희망과 존경심이 생기는 것을 발견했다.

이 책의 앞머리에서 든 예로 돌아가 보자. 인스타그램 셀럽이자 코미디언이자 모델인 리키 톰프슨이다. 나는 리키 톰프슨과 공통점이 거의 없다. 나는 백인 학자이지 흑인 소셜 미디어 스타가 아니다. 그와 같이 잘생긴 외모도, 에너지도, 유머를 구사하는 타이밍에 대한 감각도 없다. 하지만 리키의 모델 활동과 매체 출연을 보면 나는 자부심과 동질감을 크게 느낀다. 나는 그의 창작 욕구와 신랄한 태도, 퀴어다움과 튀는 성격과 나를 동일시한다. 리키가 잘되면 나를 비롯해 세상의 모든 괴짜가 잘될 수 있다는 희망이 생긴다.

나는 리키의 성공 기준에 나를 끼워 맞추지 않는다. 그보다 그를 등대로 본다. 나는 리키와 같은 일을 하지 않고 커리어를 따라갈 생각도 없지만 그의 성공을 보면 나도 내 나름의 최고가 되고 개성 있는 자기가 될 수 있으며, 이 세상에서 내 자리를 찾을 수 있다는 생각이 든다. 사실 게으름이라는 거짓과 싸우는 것은 모든 목표를 포기하는 게 아니다. 그것은 우리 안에 진정한 불을 지피는 목표들을 찾아 건강한 방식으로 추구하는 것이다. 나는 이것이 리키를 보면 내가 그토록 힘이 나는 이유라고 생각한다. 그는 분명 그의 방식대로 삶을 살고 있으며, 그것도 아주 잘 살고 있다.

세상을 구하는 건

당신의 책임이 아니다

내가 이 책을 위해 인터뷰한 거의 모든 사람이 우리가 사는 세상의 미래에 대해 깊은 우려를 표명했다. 세상의 문제들을 해결하기 위해 더 많은 일을 하지 못하는 것에 죄책감을 느낀다고도 했다. 줄리와 리오처럼 휴식을 취하고 느린 속도로 살기 위해 구체적인 행동을 취한 사람들조차 기후 변화, 인종차별에 의한 부당함, 이민자 학대와 같은 문제에 충분히 대처하지 못하는 게 후회스럽다고 했다.

1장에서 소개한 노숙자 경험이 있는 킴은 이 기분을 매우 잘 안다. 노숙자가 된 후 몇 년 동안 킴은 스스로 새로운 삶을 구축했다. 킴 커플은 약혼을 하고, 위치토 도시에 있는 집으로 딸과 함께 이주하고, 열성적인 활동가가 되었다. 페이스북에서 그들은 여러 온라인 활동가 단체들을 운영하는데, 합치면 회원 수가 15만 명이 넘는다. 이 단체들은 팔로워에게 노숙의 현실, 경제적 불평등, 기후 변화와 그 밖에 킴이 중요하다고 느끼는 다른 많은 주제에 대한 정보를 제공한다. 그들은 매주 많은 시간을 이 단체들을 운영하는 데 쏟아붓는다. 또한 킴은 오프라인에서 노숙자들에게 돈과 음식을 주고 노숙자들이 필요한 것들을 찾을 수 있도록 안내한다.

안타깝게도 지난 몇 년간 킴의 삶에 반전이 있었다. 이렇게 많은 책임을 두루두루 잘 해내는 능력을 위협하는 사건이었다. 위치토로 이사한 후, 킴은 통증이 심한 희귀 신경근질환인 샤리코 마리 투스병Charcot Marie Tooth disease에 걸렸다. 이 병에 걸리면 몸이 쇠약해지기 때문에 많은 면에서 킴은 힘이 달렸다.

"남편이 대부분의 살림을 맡고 있어요. 몸을 쓰면 너무 빨리 피로감이 몰려와서 뭘 할 수가 없어요. 빨래와 설거지를 하고 나면 누워서 쉬어야 해요."

킴의 체력이 이렇게 나빠지다 보니 부모로서, 활동가로서 할 수 있는 일의 양이 크게 줄었다. 심부름을 하거나, 병원에 가거나, 방과 후 딸을 데리러 가는 일이 너무나 힘들어서 때로는 할 수가 없다. 킴 부부는 끊임없이 소진을 겪고 있어서 몇몇 활동을 포기해야 하는 지경에 이르렀다.

"지난 9월에 저는 약 스무 개의 기후 관련 보고서와 기사를 목록으로 정리했어요. 대부분 저개발국에 사는 사람, 원주민, 장애인에게 기후 변화가 훨씬 더 해롭다는 내용이었어요. 원래 이 보고서에 대한 포스트를 작성해 9월에 있을 기후 파업Climate Strike(기후 변화 대

책 마련을 요구하는 시위에 참여하기 위해 학교에 결석하거나 회사에 출근하지 않는 것—옮긴이) 동안 올리려고 했어요."

안타깝게도 킴은 글을 제때 올릴 수 없었다.

"포스팅 작업을 하지 않고 있는 매 순간 죄책감을 느꼈어요. 칼렙과 저는 결혼한 지 1년이 넘었지만, 실제 결혼식을 계획하기까지 이렇게 오래 걸렸어요. 저는 어쨌든 결혼식 준비를 해야 했어요. 우편으로 청첩장을 보내야 했거든요. 그래서 포스트들을 올리지 못한 채 기후 파업이 그냥 지나갔어요. 대중의 반응을 유도하려면 최적의 시점에 글을 올려야 하는데, 그때를 놓쳐서 정말 속상했어요."

킴에게 소진을 관리하거나 일을 줄이기 위해 어떤 조치를 했느냐고 묻자 딱히 말이 없었다.

"소진을 막기 위해 제가 뭘 하는지 모르겠어요. 아무것도 하지 않는 건 아니에요. 어느 정도는, 신경근질환을 앓는 것이 제가 강제로라도 쉬는 이유가 되죠. 때로는 제가 하지 못한 일에 죄책감을 느끼는 대신 그냥 오후 내내 자요."

킴은 활동을 쉬어야 할 많은 타당한 이유가 분명히 있지만, 더 많은 시간과 에너지를 활동에 쏟지 못하는 것에 죄책감을 느낀다. 기후 변화는 시급한 문제다. 정말 말 그대로 빨리 진화해야 할 화재다. 문제들이 그토록 암울할 때 합리적인 일-생활 경계를 정하기란 어렵다. 다양한 사회 문제에 관심이 많다면, 세상을 구하기 위해 자신의 웰빙은 희생시켜야 한다고 느끼기 쉽다.

내가 캐시 라브리올라에게 이 문제에 대해 말하자 그는 시급한 일에 대해 조바심을 내는 게 새롭지 않다고 말했다.

"지난 50년 동안 항상 '아, 이것은 역사상 가장 중요한 문제입니다. 그러니 우리가 이 명분을 위해 모든 걸 희생해야 합니다' 하고 말하는 사람을 많이 봤습니다. 정말 놀랍죠. 10년 전에도, 20년 전에도, 30년 전에도 이런 말을 하는 사람은 많았어요. 단지 문제가 서로 달랐을 뿐이죠. 그러고 나서 그들은 비교적 짧은 시간이 지난 후 너무 심하게 소진되어 완전히 손을 놓고 아무것도 못 하게 됩니다."

밤잠을 설치게 하는 정치 문제들을 해결하는 데 전념하고 싶을 수 있지만, 공포심에 불을 지핀 열렬한 사회운동이 지속 가능한 경우는 드물다. 열심히 한다고 해서 세상을 실제로 구할 힘은 그 누구에게도 없다. 스스로에게 그런 높은 기대를 설정하는 것은 어리석고 파괴적이다. 부당함에 맞서 싸우거나 세상을 더 나은 곳으로 만들고 싶다면, 우리가 가진 고유한 힘과 욕구를 인정하는 조화로운 방식을 택해야 한다.

나는 사회운동에서 오는 피로감을 호소하는 내담자들을 치료하는 몇몇 정신 건강 전문가들과 대화를 나눴다. 그들이 제시한 조언은 이렇다. 진정으로 당신을 고무시키는 명분을 우선 과제로 삼고, 활동에 대한 현실적인 목표를 설정하고, 아무리 열심히 노력한다 해도 해결할 수 없는 문제들이 있음을 인정해야 한다.

죄책감이 아닌 공감을 기준으로 목표를 설정하라

사회 문제 해결을 위해 싸우는 데 관심이 있다면, 공포심이나 죄책감에 휩쓸리기 쉽다. 휴식을 위해, 자기 관리를 위해 혹은 휴가를 가기 위해 쉴 때에도 문제는 해결되지 않은 채로 마음 한구석에 남아 있다. 많은 오프라인과 온라인 활동가의 공간에서 중요하고 시급한 문제들에 대해 항상 집중하라는 압박이 너무도 커서 종종 우리의 건강을 해친다.

"활동가 공간에서 트라우마를 입은 사람이 많습니다. 그들은 부당함과 학대를 많이 경험하고, 그것으로부터 완전히 빠져나올 능력이 없습니다. 그래서 정서적으로 조절이 안 되는 문제가 생기고, 주변 사람까지 트라우마를 입게 할 수 있습니다." 샤론 글라스번의 말이다.

나는 샤론의 말이 무슨 뜻인지 정확히 안다. 사회운동을 하며 직접 목격했기 때문이다. 몇 년 전 나는 탬스 교정 센터라는 일리노이주 남부에 위치한 독방 수용소의 폐쇄를 위한 운동에 참여했다. 거기서 10년 넘게 이 교정 센터의 폐쇄를 위해 싸운 활동가이자 정치 운동가인 레슬리와 함께했다. 그는 어디를 가든 독방 수용소에 갇힌 수감자들이 보낸 편지로 가득 찬 커다란 트렁크를 갖고 다녔다. 낮에는 전일제로 일하고, 매일 밤 4시간에서 6시간을 편지들에 답장하면서 보냈다. 주말마다 탬스 교정 센터 폐쇄를 위해 싸우는 정치인들과 활동가 단체들과의 회의로 일정이 꽉 찼다. 나는 그의 열정에 탄복했지만, 이런 식의 활동이 레슬리의 건강에 해가 된다는 것을 알았다. 결국 레슬리의 치열함은 나에게까지 해를 끼쳤다.

3월의 어느 추운 토요일, 나는 감기를 앓고 있었다. 나는 그날 레슬리와 함께 탬스 교정 센터 폐쇄에 도움을 줄 후보자의 선거 운동을 위해 집마다 방문할 계획이었다. 꽤 추운 날이었고, 보도 위에는 눈이 쌓여 있었고, 나는 열이 났다. 레슬리와의 약속을 취소했어야 했지만, 만일 취소하면 내가 이 문제를 심각하게 여기지 않는다고 생각할 것을 알았기에 그럴 수 없었다. 우리는 휴식도 거의 갖지 않은 채 종일 일했다. 오후 4시 즈음이 되자 나는 감기가 훨씬 더 심해져 걷기조차 힘들었다. 그때조차 레슬리가 기력이 달리는 나의 모습에 실망했음을 알 수 있었다.

레슬리의 활동가 단체 회의들은 대개 밤늦게까지 이어졌고, 그는 해야 할 일들이 적힌 긴 목록을 끊임없이 작성하며 나와 다른 자원봉사자들을 버겁게 했다. 3월의 그 추운 날 이후 나는 곧 그 운동을 그만두었다. 더 이상 감당할 수 없었기 때문이다. 소진되는 대신, 내 활동에 합리적인 한계를 설정했다. 레슬리의 기대로 내가 과로하지 않기 위한 조치였다고 생각한다. 이제 나는 어떤 명분을 위해 싸우기로 할 때, 잠시 시간을 갖고 그것에 대해 평가하는 질문들을 자문해 본다.

- 이 활동을 생각할 때 신이 나는가 아니면 죄책감을 느끼는가?

- 무언가에 대해 싫다고 하거나 행사에 빠지면, 활동가 공동체가 나를 비판할까 봐 걱정되는가?
- 매주 혹은 매달 이 명분에 대해 얼마나 많은 시간을 편안하게 투자하는가?
- 내가 맡는 일을 줄이거나 휴식이 필요할 때라는 것을 어떻게 알 수 있는가?
- 세상을 더 나은 곳으로 만들기 위해 내가 취할 수 있는 다른 방법은 무엇인가?

이 질문들에 대해 곰곰이 생각해 보면, 활동에 얼마나 많은 것을 할애하는지 합리적으로 결정을 내릴 수 있다. 모든 사회 문제를 내가 몸소 나서서 진화해야 할 무서운 화재로 보는 대신, 신체 운동처럼 정기적인 건강한 습관으로 볼 수 있다. 모든 것을 할 수 없지만, 내 몫의 작은 일들을 함으로써 거대한 문제를 조금씩 해결하는 데 도움을 줄 수 있다.

당신이 바꿀 수 없는 것들에 대해 애도하라

이 문제에 대해 내가 인터뷰한 정신 건강 전문가 중 한 명인 소치틀 샌도벌Xochitl Sandoval은 치료 단체에서 일하는 카운슬러다. 그는 퀴어이자 트랜스젠더이자 원주민으로, 매일 겪는 부당함에 영향을 받는 일이 어떤 것인지 매우 잘 안다. 그가 이런 부당함에 대처하는 한 가지 방법은 애도와 슬픔에 많은 여지를 주는 것이다.

"우리가 사회인으로서 슬퍼하는 법을 모른다고 생각합니다. 활동가들의 소진에 대한 많은 대화는 애도에 관한 것으로, 실제로 그저 이 공간에 앉아 '정말 끔찍하군, 하지만 이 문제를 해결하기 위해 내가 할 수 있는 일이 없는 것 같아'라고 기꺼이 인정할 수 있느냐의 문제입니다."

소치틀은 산업화와 기후 변화 때문에 지구에 이미 가해진 해에 대해 자주 애도한다고 말한다. 사회가 탄소 배출량을 줄이고 그로 인한 피해의 속도를 늦추기 위해 조치를 취할 수 있지만, 돌이킬 수 없는 피해도 있다.

"아마존이 불타고 있어요. 그래서 많은 동물이 기후 변화 때문에 멸종되었습니다. 그리고 내 생각에, 항상 이 모든 것에 대해 이해하고 뭔가 하고 싶은 자연스러운 충동이 있어요. 예컨대, '당신이 행동을 취할 수 있는 방법은 무엇일까요?', '청원서에 서명을 할 건가요?', '플라스틱을 사용하지 않기로 결심할 수 있나요?'와 같은 식이죠. 우리는 그런 행동들에 대해 말할 수 있습니다. 하지만 우선 애도부터 시작하죠. 설령 내 삶에서 플라스틱을 모두 없앤다 해도, 바다에 있는 플라스틱을 모두 없앨 수 없다는 사실부터 인정합시다."

미국심리학회는 2017년에 처음으로 '기후에 대한 애도'에 관한 방대한 보고서를 발간했다. 지구의 미래에 대한 두려움이 사람들의 우울, 불안과 관련이 있는지 자세히 설명하는 보고서였다.[37] 에 일대학교의 2018년 조사에 따르면, 응답자의 62퍼센트가 기후 변화에 대해 걱정한다고 답했다. 2015년의 약 30퍼센트보다 크게 상승한 수치다.[38] 소치틀과 그의 내담자들만이 이 절망감을 느끼는 게 아니다. 소치틀은 이러한 힘든 감정을 간과하거나 활동으로 해결하려는 대신 존중하라고 권한다.

이런 식으로 앉아서 상실에 대해 애도하는 것은 몹시 기운이 빠지는 일처럼 들리지만, 슬픈 감정은 그냥 사라지지 않는다. 사회 문제를 해결해야 할 응급 사태로 취급할 때, 우리가 열심히 하기만 하면 그것을 통제할 수 있다는 착각에 빠진다. 현실적으로 그것은 사실이 아니다. 나는 세상을 더 정의롭게 만들기 위해 싸우고 또 싸울 수 있지만, 내 목표가 수십 년 묵은 문제를 '해결'하거나 없애는 것이라면 실패하고 소진될 수밖에 없다. 때때로 그러한 공포감과 죄책감을 다루는 최선의 방법은 그런 감정이 잠시 나를 덮치도록 놔두고 우리가 완전히 통제할 수 없다는 혹은 그것에 대해 전적인 책임을 갖지 않는다는 사실을 진심으로 인정하는 것이다. 이것은 매우 슬픈 경험일 수 있지만, 동시에 우리를 해방시키는 경험일 수 있다. 결코 되돌릴 수 없는 상실에 대해 애도할 때, 우리가 살고 있는 현실을 인정하게 된다. 이렇게 하면 문제들을 현실적이고 지속 가능한 방식으로 다룰 수 있다.

작은 활동으로 만족하라

활동에서 스트레스를 줄이고 지치지 않게 하는 또 다른 방법은 거대하고 추상적인 의무라는 생각을 멈추고 대신 매일 할 수 있는 소소하고 구체적인 방법에 집중하는 것이다. 미국심리학회의 연구에 따르면, 추상적이고 무서운 문제를 보고 그것이 얼마나 거대하고 복잡한지에만 신경을 쓸 때 우리는 무력감과 슬픔을 많이 느끼는 경향을 보인다고 한다.[39] 반대로 관심을 문제 해결을 위해 취할 수 있는 작고 지엽적인 방법들로 돌리면 상황에 대한 통제감이 커지고, 불안이 줄어들고, 계속 싸울 동기가 더 많이 생긴다.

예컨대 나는 자유 시간에 변화하는 생태계가 시카고에만 있는 고유종 식물들에게 어떤 영향을 미칠지 조사하거나 시카고 식물원에서 열리는 더 많은 고유종을 심고 보호하는 방법에 관한 좌담회에 참석할 수 있다.[40] 그리고 기후 변화를 악화시킬 지역 산업 개발에 반대하는 운동을 할 수 있다. 이 문제를 심각하게 다루는 정치인들에게 표를 던지고, 고유종 식물을 키우고, 전통적인 방식으로 토지를 가꾸는 원주민들이 이끄는 지역 단체들에 기부할 수도 있다.[41] 나는 기후 변화를 막을 수 없지만, 그렇다고 포기해야 한다는 뜻은 아니다. 나는 내가 세상을 살리는 데 도움을 주었다는 사실에서 위안을 얻는다.

킴과 배우자 칼렙은 결혼식을 계획하는 데 수년이 걸렸다. 킴은 병치레를 하고, 딸을 키우고, 활동가 단체를 운영하느라 항상 너무 바빴다. 칼렙은 전일제로 일하면서 집 안을 깨끗하게 치우고 정리해야만 했다. 이런 상황에서 그들이 삶의 다음 단계로 이동하기 위해 필요한 시간과 에너지를 찾기란 정말 어려웠다.

최근 나는 인스타그램을 열어보고 킴이 웨딩드레스를 입고 찍은 사진을 발견했다. 그는 딸 소피를 옆에 앉혀두고 웃으며 호텔 침대에 앉아 있었다. 보통 킴으로부터 얼마나 지쳤는지, 삶의 모든 게 얼마나 힘들었는지에 대해서만 이야기를 들어왔기 때문에 행복하고 편안한 모습을 보니 정말 기뻤다. 눈물이 났다. 그러고 나서 킴의 프로필로 들어가 업로드된 다른 아름다운 웨딩 사진을 모두 봤다. 나는 킴이 이 결혼식을 계획하느라 활동에서 시간을 뺀 것에 대해 아직도 죄책감을 느끼리라 생각한다. 하지만 친구로서, 나는 킴 부부가 그렇게 해서 기쁘다.

연민은 게으름이라는 거짓을 없앤다

나는 노숙자는 게으르며 도와줄 필요가 없다는 말을 자녀에게 하는 부모의 예를 들며 이 책을 시작했다. 이런 예시로 시작한 것은 신중하게 의도된 선택이었다. 많은 사람이 노숙자를 게으름의 상징으로 보고, 게으름이 바로 노숙자가 겪는 고통의 근원이라는 가르침을 받고 산다. 사람들이 겪는 고통을 오롯이 그들의 탓으로 돌리는 이러한 경향성은 왜곡된 방식으로 안도감을 준다. 즉, 그렇게 믿으면 우리는 마음을 닫고 타인의 고통을 무시할 수 있다. 또한 바로 이 경향성 때문에 과잉 생산성의 쳇바퀴 위에서 끝없이 뛴다.

노숙자, 실업자, 가난한 사람을 '게으름'의 희생자로 볼 때, 뼈 빠지게 일해야 할 동기는 한층 더 강해진다. 노숙자가 될 것에 대한 두려움은 충분히 열심히 일하지 않는 것에 대한 두려움으로 바뀌고, 이것은 다시 한계를 넘어서까지 자신을 몰아붙이고 그렇게 하지 않는 사람을 비난하는 끝없는 고투로 삶을 전락시킨다. 고통받는 사람에 대한 연민이 없으면 우리는 자신에 대해 친절하기가 더 어려워진다.

　게으름이라는 거짓과의 싸움은 온종일 일하는 사람에게 힘을 빼고 더 많이 쉬라고 장려하는 일에서 그치지 않는다. 과로하려는 강박은 게으름이라는 거짓의 핵심 요소이므로 그런 충동에 저항하는 것이 중요하다. 하지만 우리는 그보다 훨씬 더 많은 것을 해야 한다. '게으른' 사람들을 혐오하는 문화는 인간관계, 자녀 양육, 신체 치수, 투표를 막는 요인 등등 곳곳에 스며들어 있다. 이 거짓은 우리에게 더 많이 일하는 사람이 더 가치가 있다고 가르친다. 그런 식으로 사람에게 가치를 부여하는 방식을 받아들이면, 우리는 불안과 비판으로 점철된 삶을 살 수밖에 없다.

　이 모든 것에 대한 치료법은 한없는 연민이다. 게으름이라는 거짓을 해체하고 해방되기를 진정으로 원한다면, 사회가 우리에게 가르친 '게으름'에 대한 모든 비난에 대해 문제를 제기해야 한다. 이 가운데에는 탈학습하기 매우 어려운 것도 있다. 당신이 휴식과 불안전함과 게으름과 나태함의 순간을 누릴 자격이 있다면, 노숙자도 우울증을 겪는 사람도 알코올 중독자도 그럴 자격이 있다. 당신의 삶이 당신의 생산성과 상관없이 가치가 있다면, 다른 모든 인간의 삶도 가치가 있다.

　게으름이라는 거짓에서 일순간 탈학습하기는 어렵다. 나의 경우, 평생 노력해야 할 과제라고 생각한다. 친구들과 동료들, 학생들에게 공감과 관용을 키우도록 노력하라고 아무리 독려해도 나 자신도 종종 그렇게 하는 데 어려움을 겪는다. 보도를 걷다가 누군가 느리게 걸으며 앞길을 막으면 순간 쉽게 화가 난다. 동료가 이메일에 늦게 답하면 인내심을 잃는다. 친구가 삶을 바꿀 필요가 있다고 불평하면서도 실제로 그렇게 하지 못하면 그의 무력함에 당혹스럽다. 이러한 반응들을 하지 말아야 한다는 것을 알면서도, 자동적으로 반응들이 나온다. 나는 나의 이런 면이 정말 싫다.

이렇게 못마땅해하는 생각이 드는 것은 당연하다. 게으름이라는 거짓이 그렇게 하도록 세뇌시켰기 때문이다. 이런 반사적인 반응은 우리가 자라온 사회와 머릿속에 새겨진 편견을 반영한다.[1] 이런 식의 사고를 한다고 해서 내가 나쁜 사람이 되는 건 아니다. 당신이 나처럼 쉽게 화가 난다고 해도 당신 역시 나쁜 사람이 아니다. 가장 중요한 것은 이러한 감정을 어떻게 다루느냐. 부정적인 사고가 어디서 왔는지 곰곰이 살펴보고, 그것에 도전하고, 우리에게 더 이상 도움이 되지 않을 때 날려버리는 방법이 항상 있다.

게으름이라는 거짓을 누르고 머릿속에 끊임없이 흐르는 수치심과 비판을 잠재우기 위해 나는 많은 것을 한다. 이러한 방법들은 나를 사상가이자 작가로 성장시킨 사회심리학이라는 분야의 연구에서 비롯되었다. 게으름이라는 거짓과 그것이 당신의 삶에 미치는 영향을 떨쳐버리기가 여전히 힘들다면(대부분이 그럴 것이다), 이 방법들은 좋은 출발점이 될 것이다. 이 방법들은 타인에 대해 좀 더 친절해지고 나 자신에게 더 큰 연민을 갖는 데 큰 도움이 되었다.

연민 어린 호기심을 실천하라

우리는 사람들이 타성에 젖거나 무기력한 이유를 이해할 수 없을 때 '게으르다'고 치부한다. 누군가의 행동이 이해가 되지 않으면, 그것에 대해 비판하는 것은 매우 당연하게 느껴진다. '입사 지원도 하지 않고 종일 소파에서 뭉개고, 몇 주 째 설거지도 안 해. 게으른 게 틀림없어.' 누군가를 '게으르다'고 분류하면 복잡하고 힘든 상황을 매우 뻔한 경우로 축소해 버린다.

타인을 서둘러 게으르다고 치부하는 대신, 호기심을 갖는 게 훨씬 더 효과적이다. 모든 사람에게는 그렇게 행동하는 이유가 있다. 타인의 무기력이 몹시 자기 패배적이고 의미 없어 보여도, 삶의 맥락 속에서는 나름의 이유가 있다. 그러니 무조건 비판하기보다 다음 질문을 통해 상대가 왜 그런 행동을 하는지 곰곰이 생각해 보자.

- 그들이 이렇게 행동함으로써 충족시키려는 욕구는 무엇일까?
- 바뀌려는 노력을 방해하는 문제나 장애물은 무엇일까?
- 겪고 있는 어려움을 설명할 수 있는 고통(예컨대 신체장애, 정신 질환, 트라우마, 억압)은 무엇일까?
- 그런 식으로 행동하도록 누가 영향을 주었을까?

- 그들에게 다른 선택지는 없을까? 그러한 선택지들이 실제로 선택할 수 있는 것인가?
- 그들에게 어떤 종류의 도움이 필요할까?

호기심을 보이는 것이 편견과 편향을 탈학습하는 데 매우 효과적이라는 사실이 연구를 통해 밝혀졌다.[2] 타인의 상황에 대해 알면 알수록 타인과 눈에 보이는 단점에 대해 더 많은 연민을 갖게 된다. 나는 이 원칙을 학생을 대상으로 수없이 많이 실천했다. 어떤 학생이 과제물을 제출하지 않고, 지각을 하고, 내 이메일에 답장하지 않으면 나의 첫 반응은 그를 게으르거나 동기가 결여되어 있다고 치부하는 것일 수 있다. 그 학생을 바로 포기할 수 있지만, 그 대신 호기심을 가지면 항상 더 좋은 결과를 낳는다. 학생이 잘 지내고 있는지 직접 확인하면, 십중팔구 겉으로 보이는 '게으름'이 사실 삶에서 겪는 많은 혼란과 어려움 때문이란 것을 알게 된다. 학생이 나를 믿고 이런 정보를 공유할 때, 그를 도울 기회가 생긴다. 이러한 교감과 협력에 기초한 문제 해결의 순간들은 교육자로서 내가 갖는 가장 의미 있는 경험 가운데 하나다. 만일 내가 비판적이고 게으름이라는 거짓을 따른다면, 그런 순간들은 결코 일어나지 않았을 것이다.

내게는 중독으로 고생하는 친한 친구가 있다. 나는 그의 상황에도 이와 같은 생각을 적용한다. 친구는 심각한 수면 장애를 겪고 있으며, 성인이 된 후 내내 자살 사고와 충동을 경험했다. 때때로 친구가 할 수 있는 최선의 방법은 밤에 잠이 들고 자해를 하지 않도록 취할 때까지 술을 마시는 것이다. 이것은 좋은 해법은 아니지만, 나는 전적으로 이해가 된다. 친구에게 술을 줄이라고 하고 중독 상담을 받는 데 격려해 주었지만, 친구가 삶을 끝내는 대신 술을 택했다고 해서 비난하지 않는다. 나는 그가 하루를 더 살아 이 싸움을 계속하는 것에 기뻐하며, 그의 의사결정 과정을 존중한다.

나는 위의 질문들이 나의 행동을 이해하는 데도 도움이 된다는 것을 깨달았다. 나는 전자 담배를 피웠는데, 수년간 이 습관이 대단히 낭비적이고 어리석다고 생각했다. 그러다가 스스로에게 물었다. '어떤 상황에서 나는 담배를 더 피우는가?', '담배를 피우면 무엇이 좋은가?' 곧 내가 식욕을 억제하고, 카페인과 같은 방식으로 에너지를 조금 더 얻기 위해 전자 담배를 피운다는 것을 깨달았다. 일단 이 사실을 깨닫고 나자, 간식을 먹고 커피를 더 많이 마시는 방법으로 전자 담배를 쉽게 대체했다. 수치심 때문이었다면 나는 변하지 않았을 것이다. 내가 변하기 위해 필요한 것이라곤 연민과 호기심이 전부였다.

더 큰 맥락을 보라

때로는 누군가에게 그가 처한 상황과 그런 식으로 행동하는 이유를 물을 기회가 없다. 그런 정보가 없다고 해도, 우리는 그들의 발목을 잡거나 삶을 힘들게 하는 요인들에 대한 큰 그림을 그림으로써 연민을 실천할 수 있다. 누군가가 행동하는 방식에 영향을 주는 외부 요인이 있다는 것을 인식할 때 그의 행동(혹은 행동하지 않음)을 인정하기가 훨씬 더 쉽다. 때로는 외부 요인은 일진이 나쁜 날과 같이 아주 단순한 것일 수 있다. 아니면 계층과 인종 차별과 같은 거대한 제도적인 문제일 수 있다.

이 책에서 이미 제시한 대로 게으름이라는 거짓에 대항하는 건 사회의 주변부로 밀려난 사람들에게 특히 어렵다. 대개 유색 인종과 여성은 백인 남성보다 훨씬 더 한결같이 생산적이고 불만이 없어야 한다고 여겨진다. 정신 질환과 신체장애를 앓는 사람들은 도움이 필요하고 한계를 갖는 것에 대해 비난받는다. 그들의 건강을 살펴주는 일이 응석을 받아주는 것이라고 보는 사람도 있다. 영화와 드라마에서 게으르고 무지한 촌놈들에 대한 정형화된 이미지를 얼마나 자주 보여주는지 생각해 보면 쉽게 알 수 있다.

게으름이라는 거짓은 사람들이 처한 더 넓은 맥락을 보는 대신, 사람을 평가해 낙인찍고 재단하라고 부추긴다. 그들이 처한 사회적 맥락을 자세히 들여다보면, 우리는 그들을 복잡하고 역동적인 인간으로 볼 수 있다. 이렇게 하면 사람으로부터 결함이 없는 행동과 생산성을 기대하는 것을 멈추고 생산성과 상관 없이 가치 있는 사람으로 대하는 데 도움이 된다.

큰 그림으로 보는 법을 우리 자신의 역경에 적용해도 좋다. 하루의 목표를 다하지 못했을 때, 자신을 게으른 실패자로 비난할 수 있지만 삶에서 다른 어떤 일이 발목을 잡았을지 곰곰이 생각해 볼 수도 있다. 전날 밤 제대로 못 잤을 수도 있고, 감기에 걸렸는데 깨닫지 못했을 수도 있다. 고용주가 제공하는 건강보험이 성전환 관련 비용은 전혀 해결해 주지 않는다는 사실을 알고 배척당하고 무시당했다는 기분이 들었을 수도 있다. 이러한 일들은 내게 영향을 준다. 당신에게도 영향을 줄 수 있다. 나는 결점이 없는 생산적인 로봇이 아니며, 이 세상에 그런 사람은 없다. 사실, 내가 처한 상황에 세심한 주의를 기울이고 후퇴와 실망을 다루는 것은 좋은 일이다. 소치틀 샌도벌이 우리에게는 모두 애도할 시간이 필요하다고 했던 말을 기억하라. 자신의 상황에 정서적으로 반응하는 것은 당신이 적응할 수 있고 살아 있다는 신호다. 우리가 자연스러운 반응을 나약함으로 보는 것은 모두 게으름이라는 거짓이 만연해 있기 때문이다.

생산성을 선량함과 연결시키기를 중단하라

사람들이 왜 그렇게 행동하는지 곰곰이 생각해 보는 습관을 들이고 나면 한발 더 나아갈 수 있다. 어떤 행동들이 다른 것보다 '더 낫다'고 생각하고 그렇게 생각하는 이유에 대한 뿌리 깊은 가정에 도전하라. 호기심은 누군가의 행동이 비효율적이거나 나쁘게 보일 때 이해를 위한 좋은 출발점이 된다. 하지만 어떤 행동을 '나쁘다'

고 낙인찍는 것을 멈추는 게 훨씬 더 큰 연민을 베푸는 일이다.

게으름이라는 거짓은 자본주의와 특히 극단적인 형태의 기독교에 뿌리를 두고 있으며, 열심히 일하면 구원받는다고 가르친다. 이 신념 체계는 생산성, 노력, 성취에 대해 우리가 말하는 방식에도 영향을 준다. 한가한 시간을 낭비로 보고, 끊임없이 무언가를 하도록 채근한다. 그래서 우리는 아무것도 하지 않는 것보다 무언가를 하는 게 더 큰 미덕이라고 가정한다. 그 '무엇'이 무엇이든 상관없이 말이다.

이런 사고방식은 우리를 많은 위험한 길로 인도할 수 있다. 일하는 게 실업 상태보다 항상 더 좋다면, 부패하고 환경을 파괴하는 산업에서 직원을 괴롭히는 상사와 함께 일하는 게 그만두는 것보다 더 낫다. 항상 바쁜 게 미덕의 신호라면, 혼자 집에서 안락한 시간을 보내는 것보다 전 세계를 돌면서 인스타그램에 올릴 법한 거창하고 돈이 많이 드는 여행을 해도 좋을 것이다. 적극적인 것이 수동적인 것보다 무조건 좋다면, 우리에게 가르침을 줄 전문가의 말에 경청하는 것보다 세상에 대고 우리의 의견을 떠들고 표현하는 게 더 중요하다.

게으름이라는 거짓은 우리를 한없는 극단적인 개인주의로 몰아넣어 반성, 경청, 조용한 내적 성장이 머물 여지를 주지 않는다. 아이들이 홀로코스트에 대해 처음 배울 때 자주 인용되는 아일랜드 정치가 에드먼드 버크Edmund Burke가 한 말이 떠오른다. "악이 승리하기 위해 필요한 것이라곤 선량한 사람들이 아무것도 하지 않는 것이다." 이 말은 악에 맞서 싸워야 할 필요성을 강하게 표현한 말이며, 나는 아이들이 이 말을 처음 들었을 때 공감할 것이라 생각한다. 모든 종류의 지도자가 자신이 한 과감한 조치를 정당화하기 위해 이 인용문을 사용한다. 사실 무언가를 하는 것이 아무것도 안 하는 것보다 낫다. 게으름이라는 거짓은 이 인용문의 핵심과 인기에 숨어 아무것도 안 하는 것은 악을 용인하는 것과 마찬가지라고 말한다.

하지만 이 인용문에는 문제가 있다. 에드먼드 버크는 그렇게 말하지 않은 것으로 보인다.[3] 사실 이 인용문의 출처가 어디인지 아무도 모른다. 누군가에 의해 만들어져서 전 세계의 다양한 정치 지도자, 활동가, 비영리단체장들이 널리 인용하는 것처럼 보인다. 버크가 실제로 한 말은 그렇게 개인주의적이지 않다.

"악인들이 결탁할 때 선량한 사람들은 힘을 합쳐야 합니다. 그렇지 않으면 가치 없는 투쟁에서 동정도 받지 못한 채 하나씩 희생될 것입니다."[4]

이것은 '선량한 사람'이 악에 정면으로 맞서 싸우기 위해 얼마나 적극적으로 참여해야 하는지에 관한 말이 아니다. 그보다는 선량한 사람들에게 힘을 합쳐서 그들을 공격하는 악의 세력에 굳게 대항하라는 요청이다. 이 인용문은 행동을 위한 행동을 칭송하지 않는다. 대신 공동체를 칭송한다. 선을 위한 모든 전투가 꼭 직접적인 힘의 충돌은 아니며, 폭력적인 '가치 없는 투쟁'은 대개 실패할 것이라고 시사한다. 때로 선량한 사람들이 할 수 있는 최선은 몸을 웅크리고 서로를 보살피며 살아남는 것이다.

가난한 국가에 폭격을 하고, 독립 국가를 침공하고 아니면 소외 계층 사람을 감옥이나 교정 캠프에 강제로 수용하기 위해 이 가짜 버크의 말이 얼마나 많이 인용되었을지 궁금하다. 방관하고 '아무 것도 안 하는' 게 악을 허용하는 것과 같다면, 악과 싸우기 위해 취한 모든 행동은 정당화되는 것처럼 보인다. 아무것도 안 하는 게 죄악이면, 어리석고 파괴적인 짓이라도 무언가 하는 게 선이 된다. 나는 때때로 악이 이 세상에 존재하는 데 필요한 것이라곤 악인들이 자신이 선한 일을 하고 있다고 생각하는 것이라고 말하며 버크의 가짜 인용문에 반박한다. 생산성이 선량함과 동일시되면 그 차이를 구분하기 어려워진다.

게으름이라는 거짓은 우리 안에 깊이 새겨져 있다. 우리가 그것이 얼마나 비합리적이고 위험한지 깨닫더라도, 그것에서 자유롭지 못하다는 것을 발견할 수 있다. 게으름이라는 거짓을 완전히 타파하기 위해 그것이 우리 마음속에 남아 있다는 신호를 알아채고 서서히 뿌리 뽑기 위해 노력해야 한다.

당신이 여전히 생산성과 선량함을 연결시키고 있다는 신호는 다음과 같다.

- 하루에 예상했던 것보다 일을 덜 하면 죄책감이 든다.
- 자유 시간을 잘 즐기지 못한다.
- 휴가나 휴식을 취할 권리를 '얻어야' 한다고 믿는다.
- 생산성을 유지하기 위해서만 건강을 관리한다.
- 할 일이 없으면 자신이 '무용지물'이라고 느낀다.
- 나이가 들거나 무능해졌다는 생각이 들면 매우 우울하다.
- 누군가의 부탁에 싫다고 말하면 그것을 '보상'하기 위해 다른 무언가를 하겠다고 제안해야만 할 것 같다.

이 책 전반에 걸쳐 나는 무리하는 게 개인의 건강과 웰빙, 심지어 일의 질에까지 악영향을 주는 다양한 방식을 소개했다. 이 모든 게 사실이지만 반복해서 말하면 뜻밖의 유감스러운 메시지를 전달할 수 있다. 즉, 자신을 돌보는 목적이 바로 일을 더 오래 더 잘하기 위한 것처럼 보일 수 있다. 이런 식으로 아직도 휴식을 목적을 위한 수단으로 생각한다면, 당신의 생산성이 당신의 가치를 정하도록 방치하는 것이다.

이 책의 출발점이 된 에세이를 처음 썼을 때, 나는 생산성을 높이는 법에 관한 조언을 구하는 사람들로부터 이메일을 많이 받았다. 사람들이 '게으르다'고 보일 때 보통 그들이 보이지 않는 장애물과 문제에 맞닥뜨렸기 때문이라는 게 에세이의 핵심이었다. 독자들은 어떻게 하면 자신의 삶에서 그러한 장애물과 문제를 발견해 없앨 수 있는지 알고 싶어 했다. 나는 그런 독자들에게 모든 한계를 극복하고 일을 더 많이 해낼 수 있는지에 관한 조언은 하지 않는다고 몇 번이고 말해야만 했다. 나는 그들이 좀 더 생산적인 사람이 되고 싶어 *해야 한다*고 생각조차 하지 않았다. 삶의 한 영역에서 더 많은 일을 해내길 원한다면, 다른 무언가를 그만두어야만 한다. 더 중요하게는 나는 그들이 사회가 요구하는 수준보다 덜 생산적인 상태를 편안하게 받아들이길 원했다.

휴식을 취하고 한계를 설정하고 내면의 '게으름'이라는 감정에 대해 경청하는 법을 배우는 건 그 자체로 가치가 있는 일이지만, 그것이 우리를 더 나은 일꾼으로 만들기 때문은 아니다. 당신이 건강을 최우선에 두는 법을 제대로 배운다면, 일시적으로 생산성이 떨어질 수 있다. 그것은 애초에 너무 많은 일을 했기 때문이다. 전체론적 관점에서 자신을 관리하는 법을 배우는 것은 당신이 예전만큼 생산적일 수 없음을 받아들이고 그것을 좋게 본다는 뜻이다. 이 책의 조언을 따르면 그 결과 당신의 침실은 더 어수선해지고, 수신함에 읽지 않은 메일들이 쌓이고, 사람들이 더 이상 당신의 근면함에 대해 칭송하지 않을 수 있다. 이러한 변화 하나하나가 위협적이지 않고 편안하고 자연스럽다고 느낄 때 게으름이라는 거짓을 탈학습하는 데 성공했음을 알게 될 것이다.

물론 하루아침에 그런 경지에 도달하는 사람은 없다. 나는 아직도 내가 얼마나 많은 일을 했는지를 기준으로 삶을 평가하려는 충동을 끊임없이 느낀다. 일에 충분히 몰입하지 않고 성취를 좇지 않는 사람들을 보고 여전히 비판한다. 이런 사고에서 한발 물러서는 데 도움이 되는 색다른 방법 중 하나가 바로 나의 반려동물 친칠라를 생각하는 것이다.

다른 반려동물과 마찬가지로 이 친칠라는 평생 동안 '생산적인' 일을 한 적이 없다. 하는 일이라곤 먹고, 자고, 내가 준 목각 장난감을 부수는 게 전부다. 하지만 대낮에 축 처져서 졸고 있는 모습을 봐도 나는 친칠라가 얼마나 '게으른지' 경멸하지 않는다. 음식과 휴식과 놀이 시간을 누릴 권리를 얻어야 한다고 생각하지 않는다. 그저 그 녀석을 사랑하고 귀엽다고 느낀다. 내게 그 녀석의 가치는 활동 수준이나 내 삶에 그 녀석이 '기여하는' 것과 전혀 무관하다. 그것의 가치는 아름답고 불완전하게 살아 있는 데서 온다.

이 작은 동물의 삶이 그 녀석이 무엇을 하든 말든 상관없이 본연의 가치가 있고 아름답다면, 내 삶도 본연의 가치가 있다는 뜻일 것이다. 친칠라가 아무것도 하지 않을 때도 무언가를 많이 할 때 못지않게 사랑한다면, 나는 모든 인간이 어떻게 시간을 보내는지와 상관없이 좋아하고 인정할 수 있을 것이다. 모든 사람이 사랑과 안락함을 누릴 자격이 있다고, 이렇게 누구나 갖는 본연의 가치가 생산성과 무관하다고 깨닫는 건 멋진 일이다. 나는 이 점을 항상 기억하진 않지만, 시간을 들여 그것에 대해 의식적으로 곰곰이 생각할 때 평온함으로 충만해진다. 그렇게 하면 많은 일을 하느라 고군분투할 필요도, 과도한 책임을 떠맡고 열심히 일하며 나 자신을 벌줄 필요도 없다는 것을 깨닫는 데 도움이 된다. 있는 그대로의 나로 족하다.

자신에게 친절하라

게으름이라는 거짓은 방대한 역사를 가졌고 산업화, 제국주의, 노예제의 유산에 깊이 내재되어 있다. 초대형 블록버스터 영화부터 가장 가깝게는 유튜브 채널까지 우리가 소비하는 모든 매체에 침투해 있다. 어린 시절부터 우리는 대부분 근면 성실의 가치와 야심과 동기가 없는 것의 위험에 대해 끊임없이 듣고 자랐다. 이런 종류의 강력한 문화적 프로그래밍은 쉽게 없앨 수 없다.

게으름이라는 거짓을 탈학습하는 일은 그것의 영향을 드러내는 모든 신호를 머릿속에서 지우려고 노력하는 게 아니다. 아무리 꼼꼼하게 우리의 사고 패턴을 다시 살펴보고 오래된 가정들에 문제를 제기한다고 해도 그 영향력은 항상 그대로 남아 있다. 하지만 시간이 흐르면, 게으름이라는 거짓을 방치하고 게으름에 대해 비판하도록 조건화되어 있는 우리 자신의 일부를 더 쉽게 떨쳐버리고 그 대신 연민으로 바라볼 수 있다.

아이러니하게도 게으름이라는 거짓에 저항하는 법을 배우려면 끊임없이 지속되는 내적 작업이 많이 필요하다. 자기 연민과 친절을 계속해서 실천하고, 변화가 바로 오지 않는다는 것을 알아야 한다. 노력한다고 결과가 바로바로 나오는 게 아니며, 게으름이라는 거짓과의 싸움에서 승리한다 해도 받게 되는 트로피도 없다. 그냥 계속해서 배우는 것이다. 결코 완벽할 수 없을 것이다. 하지만 그래도 괜찮다. 지금 그대로의 당신으로도 괜찮다. 다른 모든 사람도 마찬가지다.

주

1장 게으름이라는 거짓

1. European Federation of National Organisations Working with the Homeless (FEANTSA), "Recognising the Link between Trauma and Homelessness," January 27, 2017, https://www. feantsa.org/download/feantsa traumaandhomelessness03073471219052946810738.pdf.

2. National Coalition for the Homeless, "Homeless Youth," August 2007, http://www. nationalhomeless.org/publications/facts/youth.pdf.

3. Arthur Goldsmith, PhD, and Timothy Diette, PhD, "Exploring the Link between Unemployment and Mental Health Outcomes," American Psychological Association, April 2012, https://www. apa.org/pi/ses/resources/indicator/2012/04/unemployment.

4. D. Vojvoda and I. Petrakis, "Trauma and Addiction—How to Treat Co-Occurring PTSD and Substance Use Disorders," in *The Assessment and Treatment of Addiction*, Itai Danovitch and Larissa Mooney, eds. (New York: Elsevier, 2018), 189-96.

5. Nicole L. Henderson and William W. Dressler, "Medical Disease or Moral Defect? Stigma Attribution and Cultural Models of Addiction Causality in a University Population," *Culture, Medicine, and Psychiatry* 41, no. 4 (December 2017): 480-98.

6. Victoria Pillay-van Wyk and Debbie Bradshaw, "Mortality and Socioeconomic Status: The Vicious Cycle between Poverty and Ill Health," *The Lancet Global Health* 5, no. 9 (September

2017): e851–e852.

7. Marja Hult and Kirsi Lappalainen, "Factors Associated with Health and Work Ability among Long-Term Unemployed Individuals," *International Journal of Occupational Health and Public Health Nursing* 5, no. 1 (2018), 5–22.

8. K. B. Adams, S. Sanders, and E. A. Auth, "Loneliness and Depression in Independent Living Retirement Communities: Risk and Resilience Factors," *Aging & Mental Health* 8, no. 6 (November 2004): 475–85.

9. Nicole K. Valtorta, Mona Kanaan, Simon Gilbody, Sara Ronzi, and Barbara Hanratty, "Loneliness and Social Isolation as Risk Factors for Coronary Heart Disease and Stroke: Systematic Review and Meta-Analysis of Longitudinal Observational Studies," *BMJ Heart* 102, no. 13 (2016): 1009–16.

10. Betty Onyura, John Bohnen, Don Wasylenki, Anna Jarvis, Barney Giblon, Robert Hyland, Ivan Silver, and Karen Leslie, "Reimagining the Self at Late-Career Transitions: How Identity Threat Influences Academic Physicians' Retirement Considerations," *Academic Medicine* 90, no. 6 (June 2015): 794–801.

11. Jake Linardon and Sarah Mitchell, "Rigid Dietary Control, Flexible Dietary Control, and Intuitive Eating: Evidence for Their Differential Relationship to Disordered Eating and Body Image Concerns," *Eating Behaviors* 26 (August 2017):16–22.

12. "Lazy," Online Etymology Dictionary, https://www.etymonline.com/word/lazy.

13. Ibid.

14. "Lazy," *Webster's New World College Dictionary*, 5th ed. (New York: Houghton Mifflin Harcourt, 2014).

15. Max Weber, *The Protestant Ethic and the Spirit of Capitalism*, trans. Talcott Parsons (New York: Dover, 2003).

16. Sydney E. Ahlstrom, *A Religious History of the American People*, 2nd ed. (New Haven, CT: Yale University Press, 2004), 125.

17. "A History of Slavery in the United States," National Geographic Society, https://www. nationalgeographic.org/interactive/slavery-united-states/.

18. J. Albert Harrill, "The Use of the New Testament in the American Slave Controversy: A Case History in the Hermeneutical Tension between Biblical Criticism and Christian Moral Debate," *Religion and American Culture: A Journal of Interpretation* 10, no. 2 (Summer 2000): 149–86.

19. Noel Rae, *The Great Stain: Witnessing American Slavery* (New York: Overlook Press, 2018), chapter 5.

20. Dr. Samuel A. Cartwright, "Diseases and Peculiarities of the Negro Race," *De Bow's Review*, 1851, http://www.pbs.org/wgbh/aia/part4/4h3106t.html.

21. Heather E. Lacey, "Nat Turner and the Bloodiest Slave Rebellion in American History," *Inquiries* 2, no. 1 (2010), http://www.inquiriesjournal.com/articles/147/nat-turner-and-the-bloodiest-slave-rebellion-in-american-history.

22. "Drapetomania," Ferris State University, Jim Crow Museum of Racist Memorabilia, November 2005, https://www.ferris.edu/HTMLS/news/jimcrow/question/2005/november.htm.

23. Matthew Desmond, "In Order to Understand the Brutality of American Capitalism, You Have to Start on the Plantation," *New York Times Magazine*, August 14, 2019, https://www.nytimes.com/interactive/2019/08/14/magazine/slavery-capitalism.html.

24. "History and Culture: Boarding Schools," Northern Plains Reservation Aid, http://www.nativepartnership.org/site/PageServer?pagename=airc_hist_boarding schools.

25. Weber, *The Protestant Ethic and the Spirit of Capitalism*, chapter 5.

26. A. P. Foulkes, *Literature and Propaganda* (Abingdon, UK: Routledge, 2013), 46.

27. John A. Geck, "Novels of Horatio Alger: Archetypes and Themes," Cinderella Bibliography, University of Rochester, https://d.lib.rochester.edu/cinderella/text/alger-archetypes-and-themes.

28. Russell S. Woodbridge, "Prosperity Gospel Born in the USA," Gospel Coalition, June 4, 2015, https://www.thegospelcoalition.org/article/prosperity-gospel-born-in-the-usa/.

29. Megan Garber, "The Perils of Meritocracy," *Atlantic*, June 30, 2017, https://www.theatlantic.com/entertainment/archive/2017/06/the-perils-of-meritocracy/532215/.

30. Melvin J. Lerner, "The Two Forms of Belief in a Just World," in *Responses to Victimizations and Belief in a Just World* (Boston: Springer, 1998), 247–69.

31. Roland Bénabou and Jean Tirole, "Belief in a Just World and Redistributive Politics," *Quarterly Journal of Economics* 121, no. 2, 699–746.

32. "Common Portrayals of Persons with Disabilities," Media Smarts, August 22, 2014, http://mediasmarts.ca/diversity-media/persons-disabilities/common-portrayal-persons-disabilities.

33. "One Last Job," TV Tropes, https://tvtropes.org/pmwiki/pmwiki.php/Main/One LastJob.

34. Rickey Thompson, Instagram post, May 28, 2019, https://www.instagram.com/p/ByBLnuPl_bE/?utm_source=ig_web_copy_link.

35. Patrick Wright, "When Video Game Streaming Turns from Dream to Nightmare," ABC Life, April 8, 2019, https://www.abc.net.au/life/the-dark-side-of-streaming-games-online/10895630.

36. Dan Camins, "Twitch Streamer Dies Due to Sleep Deprivation during 24-HourLive-Stream Gaming of 'World of Tanks,' " *University Herald*, February 24, 2017, https://www.

universityherald.com/articles/66699/20170224/twitch-streamer-dies-during-24-hour-live-stream-gaming-world.htm.

37. "Bo Burnham's Inspirational Advice: Give Up Now—CONAN on TBS," Team Coco, June 28, 2016, https://www.youtube.com/watch?v=q-JgGOECp2U.

38. Raymond E. Callahan, *Education and the Cult of Efficiency: A Study of the Social Forces That Have Shaped the Administration of the Public Schools* (Chicago: University of Chicago Press, 1964).

39. Joseph R. Cimpian, Sarah T. Lubienski, Jennifer D. Timmer, Martha B. Makowski, and Emily K. Miller, "Have Gender Gaps in Math Closed? Achievement, Teacher Perceptions, and Learning Behaviors across Two ECLS-K Cohorts," *AERA Open* 2, no. 4 (October 26, 2016), doi:10.1177/2332858416673617.

40. Christina Maslach, "Burnout and Engagement in the Workplace: New Perspectives," *European Health Psychologist* 13, no. 3 (2011): 44–47.

2장 게으름에 대한 잘못된 상식들

41. Devon Price, "Laziness Does Not Exist," Human Parts, Medium, March 23, 2018, https://humanparts.medium.com/laziness-does-not-exist-3af27e312d01.

42. Matthew Stott, "Depression Stigma in University Students: Faculty Differences, and Effects of Written De-Stigmatisation Strategies," master's thesis, Lunds University, 2018.

43. R. Mendel, W. Kissling, T. Reichhart, M. Bühner, and J. Hamann, "Managers' Reactions towards Employees' Disclosure of Psychiatric or Somatic Diagnoses," *Epidemiology and Psychiatric Sciences* 24, no. 2 (April 2015): 146–49.

44. Carly Johnco and Ronald M. Rapee, "Depression Literacy and Stigma Influence: How Parents Perceive and Respond to Adolescent Depressive Symptoms," *Journal of Affective Disorders* 241 (December 1, 2018): 599–607.

45. Shoji Yokoya, Takami Maeno, Naoto Sakamoto, Ryohei Goto, and Tetsuhiro Maeno, "A Brief Survey of Public Knowledge and Stigma towards Depression," *Journal of Clinical Medicine Research* 10, no. 3 (March 2018): 202–9, doi:10.14740/jocmr3282w.

46. Helia Ghanean, Amanda K. Ceniti, and Sidney H. Kennedy, "Fatigue in Patients with Major Depressive Disorder: Prevalence, Burden, and Pharmacological Approaches to Management," *CNS Drugs* 32 (2018): 65–74, https://doi.org/10.1007/s40263-018-0490-z.

47. Philippe Fossati, Anne-Marie Ergis, and J. F. Allilaire, "Executive Functioning in Unipolar

Depression: A Review," *L'Encéphale* 28, no. 2 (November 2001): 97–107.

48. Ibid.

49. Laura A. Rabin, Joshua Fogel, and Kate Eskine, "Academic Procrastination in College Students: The Role of Self-Reported Executive Function," *Journal of Clinical and Experimental Neuropsychology* 33, no. 3 (November 2010): 344–57.

50. Eric D. Deemer, Jessi L. Smith, Ashley N. Carroll, and Jenna P. Carpenter, "Academic Procrastination in STEM: Interactive Effects of Stereotype Threat and Achievement Goals," *Career Development Quarterly* 62, no. 2 (June 2014): 143–55.

51. Gery Beswick, Esther D. Rothblum, and Leon Mann, "Psychological Antecedents of Student Procrastination," *Australian Psychologist* 23, no. 2 (1988): 207–17.

52. Kent Nordby, Catharina Elisabeth Arfwedson Wang, Tove Irene Dahl, and Frode Svartdal, "Intervention to Reduce Procrastination in First-Year Students: Preliminary Results from a Norwegian Study," *Scandinavian Psychologist* 3 (June 25, 2016): e10, https://doi:10.15714/scandpsychol.3.e10.

53. Claudia Iacobacci, "Common and Different Features between Depression and Apathy in Neurocognitive Disorders," *Clinical and Experimental Psychology* 3, no. 3 (2017): 163, doi:10.4172 2471-2701.1000163.

54. Ann Palker-Corell and David K. Marcus, "Partner Abuse, Learned Helplessness, and Trauma Symptoms," *Journal of Social and Clinical Psychology* 23, no. 4 (2004): 445–62.

55. John Dixon and Yuliya Frolova, "Existential Poverty: Welfare Dependency, Learned Helplessness and Psychological Capital," *Poverty & Public Policy* 3, no. 2 (June 2011): 1–20.

56. Arnold B. Bakker, Hetty van Emmerik, and Martin C. Euwema, "Crossover of Burnout and Engagement in Work Teams," *Work and Occupations* 33, no. 4 (November 2006): 464–89.

57. https://theintercept.com/2020/04/09/nonvoters-are-not-privileged-they-are-largely-lower-income-non-white-and-dissatisfied-with-the-two-parties/.

58. Chris Weller, "Forget the 9 to 5—Research Suggests There's a Case for the 3-Hour Workday," *Business Insider*, September 26, 2017, https://www.businessinsider.com/8-hour-workday-may-be-5-hours-too-long-research-suggests-2017-9.

59. Brian Wansink, Collin R. Payne, and Pierre Chandon, "Internal and External Cues of Meal Cessation: The French Paradox Redux?" *Obesity* (Silver Spring, MD) 15, no. 12 (December 2007): 2920–24, doi:10.1038/oby.2007.348.

60. Katherine Dudley, MD, MPH, "Weekend Catch-Up Sleep Won't Fix the Effects of Sleep Deprivation on Your Waistline," Harvard Health Publishing, Harvard Medical School,

September 24, 2019, https://www.health.harvard.edu/womens-health/repaying-your-sleep-debt.

61. Shafaat Hussain and Truptimayee Parida, "Exploring Cyberloafing Behavior in South-Central Ethiopia: A Close Look at Madda Walabu University," *Journal of Media and Communication Studies* 9, no. 2 (February 2017): 10–16, http://ww.academicjournals.org/journal/JMCS/article-full-text/9A73F0A62800.

62. Heyun Zhang, Huanhuan Zhao, Jingxuan Liu, Yan Xu, and Hui Lu, "The Dampening Effect of Employees' Future Orientation on Cyberloafing Behaviors: The Mediating Role of Self-Control," *Frontiers in Psychology* 6 (September 2015), http://journal.frontiersin.org/article/10.3389/fpsyg.2015.01482/full.

63. Mehlika Saraç and Aydem Çiftçio˘glu, "What Do Human Resources Managers Think About the Employee's Internet Usage?" *Anadolu University Journal of Social Sciences* 14, no. 2 (2014): 1–12, https://lopes.idm.oclc .org /login ?url= http:// earch ebscohost.com/login.aspx?direct=true &db=a9h&AN=97023033&site=eds-live&scope= site.

64. Hussain and Parida, "Exploring Cyberloafing Behavior in South-Central Ethiopia."

65. Farzana Quoquab, Zarina Abdul Salam, and Siti Halimah, "Does Cyberloafing Boost Employee Productivity?" 2015 International Symposium on Technology Management and Emerging Technologies (ISTMET), 119–122, IEEE.

66. Asal Aghaz and Alireza Sheikh, "Cyberloafing and Job Burnout: An Investigation in the Knowledge-Intensive Sector," *Computers in Human Behavior* 62 (September 2016): 51–60, http://www.sciencedirect.com/science/article/pii/S0747563216302424.

67. Alexander Johannes Aloysius Maria van Deursen, Colin L. Bolle, Sabrina M. Hegner, and Petrus A. M. Kommers, "Modeling Habitual and Addictive Smartphone Behavior: The Role of Smartphone Usage Types, Emotional Intelligence, Social Stress, Self-Regulation, Age, and Gender," *Computers in Human Behavior* 45 (2015): 411–20, http://doc.utwente.nl/95319/1/1-s2.0-S0747563214007626-main.pdf.

68. Quoquab, Salam, and Halimah, "Does Cyberloafing Boost Employee Productivity?"

69. Simone M. Ritter and Ap Dijksterhuis, "Creativity—the Unconscious Foundations of the Incubation Period," *Frontiers in Human Neuroscience* 8, no. 1 (April 2014), doi:10.3389/fnhum.2014.00215.

70. Benjamin Baird, Jonathan Smallwood, Michael Mrazek, Julia W. Y. Kam, Michael S. Franklin, and Jonathan Schooler, "Inspired by Distraction: Mind Wandering Facilitates Creative Incubation," *Psychological Science* 23, no. 10 (August 2012): 1117–22.

71. Tom Palmer and Matthew Weiner, "Indian Summer," Mad Men, AMC, October 4, 2007.

72. Anna Almendrala, "Lin-Manuel Miranda: It's 'No Accident' *Hamilton* Came to Me on Vacation," Landit, May 26, 2018, https://landit.com/articles/lin-manuel-miranda-its-no-accident-hamilton-came-to-me-on-vacation.

73. Ibid.

74. ames W. Pennebaker, "Traumatic Experience and Psychosomatic Disease: Exploring the Roles of Behavioural Inhibition, Obsession, and Confiding," *Canadian Psychology* 26, no. 2 (1985): 82–95.

75. James W. Pennebaker, Writing to Heal: A Guided Journal for Recovering from Trauma & Emotional Upheaval (Oakland, CA: New Harbinger Publications, 2004).

76. Stephen J. Lepore, "Expressive Writing Moderates the Relation between Intrusive Thoughts and Depressive Symptoms," *Journal of Personality and Social Psychology* 73, no. 5 (1997): 1030–37.

77. Danielle Arigo and Joshua M. Smyth, "The Benefits of Expressive Writing on Sleep Difficulty and Appearance Concerns for College Women," *Psychology & Health* 27, no. 2 (January 2011): 210–26.

78. Karen A. Baikie and Kay Wilhelm, "Emotional and Physical Health Benefits of Expressive Writing," *Advances in Psychiatric Treatment* 11, no. 5 (September 2005): 338–46.

79. Carolin Mogk, Sebastian Otte, Bettina Reinhold-Hurley, and Birgit Kröner-Herwig, "Health Effects of Expressive Writing on Stressful or Traumatic Experiences: A Meta-Analysis," *Psycho-Social Medicine* 3 (2006): Doc06.

80. Pennebaker, *Writing to Heal.*

81. Eva-Maria Gortner, Stephanie S. Rude, and James W. Pennebaker, "Benefits of Expressive Writing in Lowering Rumination and Depressive Symptoms," *Behavior Therapy* 37, no. 3 (September 2006): 292–303.

82. James W. Anderson, Chunxu Liu, and Richard J. Kryscio, "Blood Pressure Response to Transcendental Meditation: A Meta-Analysis," *American Journal of Hypertension* 21, no. 3 (March 2008): 310–16.

83. David S. Black and George M. Slavich, "Mindfulness Meditation and the Immune System: A Systematic Review of Randomized Controlled Trials," *Annals of the New York Academy of Sciences* 1373, no. 1 (June 2016): 13–24.

84. Li-Chuan Chu, "The Benefits of Meditation vis-a-vis Emotional Intelligence, Perceived Stress and Negative Mental Health," *Stress and Health: Journal of the International Society for the Investigation of Stress* 26, no. 2 (2010): 169–80.

1. Annette J. Towler, "Effects of Charismatic Influence Training on Attitudes, Behavior, and Performance," *Personnel Psychology* 56, no. 2 (2003): 363-81.

2. Steven C. Currall, Annette J. Towler, Timothy A. Judge, and Laura Kohn, "Pay Satisfaction and Organizational Outcomes," *Personnel Psychology* 58, no. 3 (September 2005): 613-40.

3. Annette J. Towler and Alice F. Stuhlmacher, "Attachment Styles, Relationship Satisfaction, and Well-Being in Working Women," *Journal of Social Psychology* 153, no. 3 (May-June 2013): 279-98.

4. Richard L. Porterfield, "The PERILS of Micromanagement," *Contract Management* 43, no. 2 (February 2003): 20-23.

5. John D. Owen, "Work-Time Reduction in the U.S. and Western Europe," *Monthly Labor* Review 111 (December 1988): 41-45.

6. Vicki Robin and Joe Dominguez, "Humans Once Worked Just 3 Hours a Day. Now We're Always Working, but Why?" Big Think, April 6, 2018, https://bigthink.com/big-think-books/vicki-robin-joe-dominguez-your-money-or-your-life.

7. John Hinshaw and Paul Le Blanc, eds., *U.S. Labor in the Twentieth Century: Studies in Working-Class Struggles and Insurgency* (Amherst, NY: Humanity Books, 2000).

8. Donald M. Fisk, "American Labor in the 20th Century," US Bureau of Labor Statistics, January 30, 2003, https://www.bls.gov/opub/mlr/cwc/american-labor-in-the-20th-century.pdf.

9. Robert Michael Smith, *From Blackjacks to Briefcases: A History of Commercialized Strikebreaking and Unionbusting in the United States* (Athens: Ohio University Press, 2003).

10. Joseph A. McCartin, *Labor's Great War: The Struggle for Industrial Democracy and the Origins of Modern American Labor Relations*, 1912-1921 (Chapel Hill: University of North Carolina Press, 1997).

11. Lydia Saad, "The '40-Hour' Workweek Is Actually Longer—by Seven Hours," Gallup, August 29, 2014, https://news.gallup.com/poll/175286/hour-workweek-actually-longer-seven-hours.aspx.

12. Robin and Dominguez, "Humans Once Worked Just 3 Hours a Day."

13. Saad, "The '40-Hour' Workweek Is Actually Longer."

14. "Work and Workplace," Gallup, https://news.gallup.com/poll/1720/work-work-place.aspx.

15. "Survey: U.S. Workplace Not Family-Oriented," Associated Press, May 22, 2007, http://www.nbcnews.com/id/16907584/ns/business-careers/t/survey-us-workplace-not-family-oriented/#.XYEXOSlıKiUk.

16. US Department of Labor, Wage, and Hour Division, "Overtime Pay," https://www.dol.gov/agencies/whd/overtime#:~:text=Unless%20exempt%2C%20employees%20covered%20by,may%20work%20in%20any%20workweek.

17. "The Productivity-Pay Gap," Economic Policy Institute, July 2019, https://www.epi.org/productivity-pay-gap/.

18. Erik Rauch, "Productivity and the Workweek," 2000, http://groups.csail.mit.edu/mac/users/rauch/worktime/.

19. Victor Lipman, "Workplace Trend: Stress Is on the Rise," *Forbes, January* 9, 2019,https://www.forbes.com/sites/victorlipman/2019/01/09/workplace-trend-stress-is-on-the-rise/#71ceee946e1b.

20. David Blumenthal, MD, "The Decline of Employer-Sponsored Health Insurance," Commonwealth Fund, December 5, 2017, https://www.commonwealthfund.org/blog/2017/decline-employer-sponsored-health-insurance.

21. Lisa Greenwald and Paul Fronstin, PhD, "The State of Employee Benefits: Findings from the 2018 Health and Workplace Benefits Survey," Employee Benefit Research Institute, January 10, 2019, https://www.ebri.org/content/full/the-state-of-employee-benefits-findings-from-the-2018-health-and-workplace-benefits-survey.

22. Niall McCarthy, "American Workers Get the Short End on Vacation Days," *Forbes*, June 26, 2017, https://www.forbes.com/sites/niallmccarthy/2017/06/26/american-workers-have-a-miserable-vacation-allowance-infographic/#5fbf5035126d.

23. Meghan McCarty Carino, "American Workers Can Suffer Vacation Guilt… if They Take Vacations at All," Marketplace, July 12, 2019, https://www.marketplace.org/2019/07/12/american-workers-vacation-guilt/.

24. "Glassdoor Survey Finds American Forfeit Half of Their Earned Vacation/Paid Time Off," Glassdoor, May 24, 2017, https://www.glassdoor.com/about-us/glassdoor-survey-finds-americans-forfeit-earned-vacationpaid-time/.

25. Austin Frakt, "The High Costs of Not Offering Paid Sick Leave," *New York Times*, October 31, 2016, https://www.nytimes.com/2016/11/01/upshot/the-high-costs-of-not-offering-paid-sick-leave.

26. Kate Gibson, "American Airlines Accused of Punishing Workers Who Use Sick Time," CBS News, July 25, 2019, https://www.cbsnews.com/news/american-airlines-accused-of-punishing-workers-who-use-sick-time/.

27. Diana Boesch, Sarah Jane Glynn, and Shilpa Phadke, "Lack of Paid Leave Risks Public Health during the Coronavirus Outbreak," Center for American Progress, March 12, 2020, https://www.americanprogress.org/issues/women/news/2020/03/12/481609/lack-paid-leave-risks-public-health-coronavirus-outbreak/.

28. "Paid Sick Days Improve Public Health," National Partnership for Women & Families,February 2020, https://www.nationalpartnership.org/our-work/resources/economic-justice/paid-sick-days/paid-sick-days-improve-our-public-health.pdf.

29. Stephen R. Barley, Debra E. Meyerson, and Stine Grodal, "E-Mail as a Source and Symbol of Stress," *Organization Science* 22, no. 4 (July-August 2011): 887–906, doi:10.1287/orsc.1100.0573.

30. Daantje Derks, Desiree van Duin, Maria Tims, and Arnold B. Bakker, "Smartphone Use and Work-Home Interference: The Moderating Role of Social Norms and Employee Work Engagement," *Journal of Occupational and Organizational Psychology* 88, no. 1 (March 2015): 155–77.

31. "Work and Workplace," Gallup.

32. Kristine M. Kuhn, "The Rise of the 'Gig Economy' and Implications for Understanding Work and Workers," *Industrial and Organizational Psychology* 9, no. 1 (March 2016): 157–62.

33. Jessica Greene, "Is 40 Hours a Week Too Much? Here's What History and Science Say," askSpoke, https://www.askspoke.com/blog/hr/40-hour-work-week/.

34. John Pencavel, "The Productivity of Working Hours," Institute for the Study of Labor (Germany), April 2014, http://ftp.iza.org/dp8129.pdf.

35. "How Many Productive Hours in a Work Day? Just 2 Hours, 23 Minutes···," Voucher Cloud.com, https://www.vouchercloud.com/resources/office-worker-productivity.

36. Geoffrey James, "New Research: Most Salaried Employees Only Do About 3 Hours of Real Work Each Day," *Inc.*, July 19, 2018, https://www.inc.com/geoffrey-james/new-research-most-salaried-employees-only-do-about-3-hours-of-real-work-each-day.html.

37. Deborah Dillon McDonald, Marjorie Wiczorek, and Cheryl Walker, "Factors Affecting Learning during Health Education Sessions," *Clinical Nursing Research* 13, no. 2 (May 2004): 156–67.

38. Donald A. Bligh, *What's the Use of Lectures?* (New York: Josey-Bass, 2000).

39. "How Long Should Training Videos Be?" Panopto, February 21, 2020, https://www.panopto.com/blog/how-long-should-training-videos-be/.

40. Catherine J. P. Oswald, Sébastien Tremblay, and Dylan Marc Jones, "Disruption of Comprehension by Meaning of Irrelevant Sound," *Memory* 8, no. 5 (October 2000): 345–50.

41. Harry Haroutioun Haladjian and Carlos Montemayor, "On the Evolution of Conscious Attention," *Psychonomic Bulletin & Review* 22, no. 3 (June 2015): 595–613.

42. R. W. Kentridge, C. A. Heywood, and L. Weiskrantz, "Attention Without Awareness in Blindsight," *Proceedings of the Royal Society B: Biological Sciences* 266, no. 1430 (September 1999): 1805–11.

43. Eyal Ophir, Clifford Nass, and Anthony D. Wagner, "Cognitive Control in Media Multitaskers," *Proceedings of the National Academy of Sciences of the United States of America* 106, no. 37 (September 2009): 15583–87.

44. Lori Sideman Goldberg and Alicia A. Grandey, "Display Rules versus Display Autonomy: Emotion Regulation, Emotional Exhaustion, and Task Performance in a Call Center Simulation," *Journal of Occupational Health Psychology* 12, no. 3 (July 2007): 301–18.

45. Jelle T. Prins, F. M. M. A. van der Heijden, Josette Hoekstra-Weebers, A. B. Bakker, Harry B. M. van de Wiel, B. Jacobs, and S. M. Gazendam-Donofrio, "Burnout, Engagement and Resident Physicians' Self-Reported Errors," *Psychology Health and Medicine* 14, no. 6 (December 2009): 654–66.

46. Hengchen Dai, Katherine L. Milkman, David A. Hofmann, and Bradley R. Staats, "The Impact of Time at Work and Time Off from Work on Rule Compliance: The Case of Hand Hygiene in Health Care," *Journal of Applied Psychology* 100, no. 3 (2015): 846–62.

47. 47. Stephen Deery, Roderick Iverson, and Janet Walsh, "Work Relationships in Telephone Call Centres: Understanding Emotional Exhaustion and Employee Withdrawal," *Journal of Management Studies* 39, no. 4 (June 2002): 471–96.

48. Ken J. Gilhooly, George Georgiou, and Ultan Devery, "Incubation and Creativity: Do Something Different," *Thinking & Reasoning* 19, no. 2 (2013): 137–49.

49. Renzo Bianchi, Eric Laurent, Irvin Sam Schonfeld, Lucas M. Bietti, and Eric Mayor, "Memory Bias toward Emotional Information in Burnout and Depression," *Journal of Health Psychology* (March 2018), doi:10.1177/1359105318765621.

50. Renzo Bianchi, Eric Laurent, Irvin Sam Schonfeld, Jay Verkuilen, and Chantal Berna, "Interpretation Bias toward Ambiguous Information in Burnout and Depression," *Personality and Individual Differences* 135 (2018): 216–21.

51. Christina Maslach and Susan E. Jackson, "Burnout in Organizational Settings," *Applied Social Psychology Annual* 5 (1984): 133–53.

52. Christina Maslach and Susan E. Jackson, "The Measurement of Experienced Burnout," *Journal of Organizational Behavior* 2, no. 2 (April 1981): 99–113.

53. Maslach and Jackson, "Burnout in Organizational Settings."

54. Maslach and Jackson, "The Measurement of Experienced Burnout."

55. Arnold B. Bakker, Pascale M. Le Blanc, and Wilmar B. Schaufeli, "Burnout Contagion among Intensive Care Nurses," *Journal of Advanced Nursing* 51, no. 3 (August 2005): 276–87.

56. Maslach and Jackson, "The Measurement of Experienced Burnout."

57. Carolyn S. Dewa, Desmond Loong, Sarah Bonato, Nguyen Xuan Thanh, and Philip Jacobs, "How Does Burnout Affect Physician Productivity? A Systematic Literature Review," *BMC Health Services Research* 14, no. 1 (July 2014): 325.

58. Ingo Angermeier, Benjamin B. Dunford, Alan D. Boss, and R. Wayne Boss, "The Impact of Participative Management Perceptions on Customer Service, Medical Errors, Burnout, and Turnover Intentions," *Journal of Healthcare Management* 54, no. 2 (March–April 2009): 127–40.

59. Krystyna Golonka, Justyna Mojsa-Kaja, Katarzyna Popiel, Tadeusz Marek, and Magda Gawlowska, "Neurophysiological Markers of Emotion Processing in Burnout Syndrome," *Frontiers in Psychology* 8 (2017): 2155, doi:10.3389/fpsyg.2017.02155.

60. Sarah Green Carmichael, "Working Long Hours Makes Us Drink More," *Harvard Business Review*, April 10, 2015, https://hbr.org/2015/04/working-long-hours-makes-us-drink-more.

61. Charles A. Morgan III, Bartlett Russell, Jeff McNeil, Jeff Maxwell, Peter J. Snyder, Steven M. Southwick, and Robert H. Pietrzak, "Baseline Burnout Symptoms Predict Visuospatial Executive Function during Survival School Training in Special Operations Military Personnel," *Journal of the International Neuropsychological Society* 17, no. 3 (May 2011): 494–501, doi:10.1017/S1355617711000221.

62. Tom Redman, Peter Hamilton, Hedley Malloch, and Birgit Kleymann, "Working Here Makes Me Sick! The Consequences of Sick Building Syndrome," Human Resource Management Journal 21, no. 1 (December 2010): 14–27.

63. Christina Maslach, "What Have We Learned about Burnout and Health?" *Psychology and Health* 16, no. 5 (September 2001): 607–11.

64. Eva Blix, Aleksander Perski, Hans Berglund, and Ivanka Savic, "Long-Term Occupational Stress Is Associated with Regional Reductions in Brain Tissue Volumes," *PLoS One* 8, no. 6 (2013): e64065, doi:10.1371/journal.pone.0064065.

65. Kaitlin Smith, "Some Thoughts on Lifestyle Design for Wild Minds," Wild Mind Collective, August 30, 2017, https://www.wildmindcollective.com/483-2/.

66. Elnar M. Skaalvik and Sidsel Skaalvik, "Teacher Self-Efficacy and Perceived Autonomy: Relations with Teacher Engagement, Job Satisfaction, and Emotional Exhaustion," *Psychological Reports* 114, no. 1 (February 2014): 68-77.

67. Anders Dysvik and Bård Kuvaas, "Intrinsic Motivation as a Moderator on the Relationship between Perceived Job Autonomy and Work Performance," *European Journal of Work and Organizational Psychology* 20, no. 3 (June 2011): 367-87.

68. Wenqin Zhang, Steve M. Jex, Yisheng Peng, and Dongdong Wang, "Exploring the Effects of Job Autonomy on Engagement and Creativity: The Moderating Role of Performance Pressure and Learning Goal Orientation," *Journal of Business and Psychology* 32, no. 3 (June 2016): 235-51.

69. "About CQ Net—Management Skills for Everyone!" CQ Net, https://www.ckju.net/en/about-cq-net-management-skills-for-everyone/37034.

70. Mark R. Lepper, David Greene, and Richard E. Nisbett, "Undermining Children's Intrinsic Interest with Extrinsic Reward: A Test of the 'Overjustification' Hypothesis," *Journal of Personality and Social Psychology* 28, no. 1 (1973): 129-37, doi:10.1037/h0035519.

71. Barry Gerhart, Sara L. Rynes, and Ingrid Smithey Fulmer, "Pay and Performance: Individuals, Groups, and Executives," *Academy of Management Annals* 3, no. 1 (January 2009): 251-315, doi:10.1080/19416520903047269.

72. Trish A. Petak and Gabbie S. Miller, "Increasing Employee Motivation and Organization Productivity by Implementing Flex-Time," *ASBBS Proceedings* 26 (2019): 409-23.

73. Evangelia Demerouti, Arnold B. Bakker, and Josette M. P. Gevers, "Job Crafting and Extra-Role Behavior: The Role of Work Engagement and Flourishing," *Journal of Vocational Behavior* 91 (December 2015): 87-96.

4장 나의 성취가 나의 가치는 아니다

1. Andrew Tobias, *The Best Little Boy in the World* (New York: Ballantine Books, 1973).

2. Christopher D. DeSante, "Working Twice as Hard to Get Half as Far: Race, Work Ethic, and America's Deserving Poor," *American Journal of Political Science* 57, no. 2 (April 2013): 342-56, http://www.jstor.org/stable/23496601.

3. Brent Barnhart, "How the Facebook Algorithm Works and Ways to Outsmart It," Sprout Social, May 31, 2019, https://sproutsocial.com/insights/facebook-algorithm/.

4. Jillian Warren, "This Is How the Instagram Algorithm Works in 2020," Later, February 3, 2020, https://later.com/blog/how-instagram-algorithm-works/.

5. Josh Constine, "Now Facebook Says It May Remove Like Counts," TechCrunch, September 2, 2019, https://techcrunch.com/2019/09/02/facebook-hidden-likes/.

6. Fred B. Bryant and Joseph Veroff, *Savoring: A New Model of Positive Experience* (Mahwah, NJ: Lawrence Erlbaum Associates, 2007).

7. HaeEun Helen Chun, Kristin Diehl, and Deborah J. Macinnis, "Savoring an Upcoming Experience Affects Ongoing and Remembered Consumption Enjoyment," *Journal of Marketing* 81, no. 3 (January 2017): 96–110.

8. Daniel B. Hurley and Paul Kwon, "Savoring Helps Most When You Have Little: Interaction between Savoring the Moment and Uplifts on Positive Affect and Satisfaction with Life," *Journal of Happiness Studies* 14, no. 4 (September 2012): 1261–71.

9. Fred B. Bryant, Colette M. Smart, and Scott P. King, "Using the Past to Enhance the Present: Boosting Happiness through Positive Reminiscence," *Journal of Happiness Studies* 6, no. 3 (2005): 227–60.

10. Hurley and Kwon, "Savoring Helps Most When You Have Little."

11. Jennifer L. Smith and Linda Hollinger-Smith, "Savoring, Resilience, and Psychological Well-Being in Older Adults," *Aging & Mental Health* 19, no. 3 (2015): 192–200.

12. Paul Grossman, Ludger Niemann, Stefan Schmidt, and Harald Walach, "Mindfulness-Based Stress Reduction and Health Benefits: A Meta-Analysis," *Journal of Psychosomatic Research* 57, no. 1 (July 2004): 35–43.

13. Anthony D. Ong, Daniel K. Mroczek, and Catherine Riffin, "The Health Significance of Positive Emotions in Adulthood and Later Life," *Social and Personality Psychology Compass* 5, no. 8 (August 2011): 538–51.

14. Jordi Quoidbach, Elizabeth V. Berry, Michel Hansenne, and Moira Mikolajczak, "Positive Emotion Regulation and Well-Being: Comparing the Impact of Eight Savoring and Dampening Strategies," *Personality and Individual Differences* 49, no. 5 (October 2010): 368–73.

15. Ibid.

16. Jeff Haden, "Science Says Time Really Does Seem to Fly as We Get Older. This Is the Best Way to Slow It Back Down," *Inc.*, October 16, 2017, https://www.inc.com/jeff-haden/science-says-time-really-does-seem-to-fly-as-we-get-older-this-is-best-way-to-slow-it-back-down.html.

17. Melanie Rudd, Kathleen Vohs, and Jennifer Aaker, "Awe Expands People's Perception of Time, Alters Decision Making, and Enhances Well-Being," *Psychological Science* 23, no. 10 (August 2012): 1130–36.

18. uoidbach, Berry, Hansenne, and Mikolajczak, "Positive Emotion Regulation and Well-Being."

19. Jan Kornelis Dijkstra, Antonius H. N. Cillessen, Siegwart Lindenberg, and René Veenstra, "Basking in Reflected Glory and Its Limits: Why Adolescents Hang Out with Popular Peers," *Journal of Research on Adolescence* 20, no. 4 (December 2010): 942–58.

20. Alice Chirico and David Bryce Yaden, "Awe: A Self-Transcendent and Sometimes Transformative Emotion," in Heather C. Lench, ed., *The Function of Emotions* (New York: Springer, 2018), 221–33.

21. Christina Maslach and Michael P. Leiter, "Reversing Burnout: How to Rekindle Your Passion for Your Work," *Stanford Social Innovation Review*, Winter 2005, 43–49.

22. Christina M. Puchalski and Margaret Guenther, "Restoration and Re-Creation: Spirituality in the Lives of Healthcare Professionals," *Current Opinion in Supportive and Palliative Care* 6, no. 2 (June 2012): 254–58.

23. Mary L. White, Rosalind Peters, and Stephanie Myers Schim, "Spirituality and Spiritual Self-Care: Expanding Self-Care Deficit Nursing Theory," *Nursing Science Quarterly* 24, no. 1 (January 2011): 48–56.

24. Joe Palca, "Why the Trip Home Seems to Go by Faster," NPR, September 5, 2011, https://www.npr.org/2011/09/05/140159009/why-the-trip-home-seems-to-go-by-faster.

25. Judith Halberstam, *The Queer Art of Failure* (Durham, NC: Duke University Press, 2011).

26. Ibid., 88.

27. Thuy Ong, "Apple Says It Will Introduce New Features to Help Parents Protect Children," *Verge*, January 9, 2018, https://www.theverge.com/2018/1/9/16867330/apple-response-smartphone-addiction-youth.

28. Amanda Christine Egan, "The Psychological Impact of Smartphones: The Effect of Access to One's Smartphone on Psychological Power, Risk Taking, Cheating, and Moral Orientation," PhD dissertation, Loyola University Chicago, 2016.

29. "Do You Think You Could Go One Day a Week for Three Months Without Digital Technology?" Digital Sabbath, https://digitalsabbath.io/.

30. Marcello Russo, Massimo Bergami, and Gabriele Morandin, "Surviving a Day Without Smartphones," *MIT Sloan Management Review*, Winter 2018, https://sloanreview.mit.edu/article/surviving-a-day-without-smartphones/.

31. Kostadin Kushlev, Jason D. E. Proulx, and Elizabeth Dunn, "'Silence Your Phones': Smartphone Notifications Increase Inattention and Hyperactivity Symptoms," *Proceedings of the 2016 CHI Conference on Human Factors in Computing Systems*, 1011–20.

32. Jon D. Elhai, Robert D. Dvorak, Jason C. Levine, and Brian J. Hall, "Problematic Smartphone Use: A Conceptual Overview and Systematic Review of Relations with Anxiety and Depression Psychopathology," *Journal of Affective Disorders* 207 (January 2017): 251–59.

33. Amy Kosterlitz, "The Four Traits of Confidence: Growth Mindset, Courage, Grit, and Self-Compassion," *Woman Advocate* 21, no. 1 (November 2015): 12–17.

1. "The Academic Major," in James W. Guthrie, ed., *Encyclopedia of Education*, 2nd edition, vol. 1 (New York: Macmillan Reference USA, 2006), 19–23.

2. Lydia Dishman, "How the Master's Degree Became the New Bachelor's in the Hiring World," Fast Company, March 17, 2016, https://www.fastcompany.com/3057941/how-the-masters-degree-became-the-new-bachelors-in-the-hiring-world.

3. Laura Pappano, "The Master's as the New Bachelor's," *New York Times,* July 22, 2011, https://www.nytimes.com/2011/07/24/education/edlife/edl-24masters-t.html.

4. Jon Marcus, "Graduate Programs Have Become a Cash Cow for Struggling Colleges. What Does That Mean for Students?" PBS News Hour, September 18, 2017, https://www.pbs.org/newshour/education/graduate-programs-become-cash-cow-struggling-colleges-mean-students.

5. J. Steven Perry, "What Is Big Data? More Than Volume, Velocity and Variety···" *developerWorks* (blog), IBM.com, May 22, 2017.

6. IMB Marketing Cloud, "10 Key Marketing Trends for 2017," original retrieved from: https://public.dhe.ibm.com/common/ssi/ecm/wr/en/wrl12345usen/watson-customer-engagement-watson-marketing-wr-other-papers-and-reports-wrl12345usen-20170719.pdf.

7. "Welcome to the Information Age: 174 Newspapers a Day," *Telegraph*, https://www.telegraph.co.uk/news/science/science-news/8316534/Welcome-to-the-information-age-174-newspapers-a-day.html.

8. And that's to say nothing of how traumatic working as a social media moderator can be; see Casey Newton, "The Trauma Floor: The Secret Lives of Facebook Moderators in America," *Verge*, February 25, 2019, https://www.theverge.com/2019/2/25/18229714/cognizant-facebook-content-moderator-interviews-trauma-working-conditions-arizona.

9. "APA *Stress in America Survey*: US at 'Lowest Point We Can Remember'; Future of Nation Most Commonly Reported Source of Stress," American Psychological Association, November 1, 2017, https://www.apa.org/news/press/releases/2017/11/lowest-point.

10. Ibid.

11. Grace Ferrari Levine, "Learned Helplessness in Local TV News," *Journalism & Mass Communication Quarterly* 63, no. 1 (March 1986): 12–18.

12. Grace Ferrari Levine, "'Learned Helplessness' and the Evening News," *Journal of Communication* 27, no. 4 (December 1977): 100–105.

13. Ted Chiricos, Kathy Padgett, and Marc Gertz, "Fear, TV News, and the Reality of Crime," *Criminology* 38, no. 3 (August 2000): 755–86.

14. Mirka Smolej and Janne Kivivuori, "The Relation between Crime News and Fear of Violence," *Journal of Scandinavian Studies in Criminology and Crime Prevention* 7, no. 2 (2006): 211–27.

15. F. Arendt and T. Northup, "Effects of Long-Term Exposure to News Stereotypes on Implicit and Explicit Attitudes," *International Journal of Communication* 9 (January 2015): 21.

16. Robin L. Nabi and Abby Prestin, "Unrealistic Hope and Unnecessary Fear: Exploring How Sensationalistic News Stories Influence Health Behavior Motivation," *Health Communication* 31, no. 9 (September 2016): 1115–26.

17. Jeff Niederdeppe, Erika Franklin Fowler, Kenneth Goldstein, and James Pribble, "Does Local Television News Coverage Cultivate Fatalistic Beliefs about Cancer Prevention?" *Journal of Communication* 60, no. 2 (June 2010): 230–53.

18. Erika Salomon, Jesse Preston, and Melanie B. Tannenbaum, "Climate Change Helplessness and the (De)moralization of Individual Energy Behavior," *Journal of Experimental Psychology: Applied* 23, no. 1 (2017): 15–28.

19. Adam Gorlick, "Media Multitaskers Pay Mental Price, Stanford Study Shows," Stanford News, August 24, 2009, https://news.stanford.edu/news/2009/august24/multitask-research-study-082409.html.

20. On Amir, "Tough Choices: How Making Decisions Tires Your Brain," *Scientific American*, July 22, 2008, https://www.scientificamerican.com/article/toughchoices-how-making/.

21. Ibid.

22. Mary Atamaniuk, "Phishing: What Is Phishing and What to Do about It," Clario, February 7, 2020, https://stopad.io/blog/phishing-spearphishing-security.

23. Marc-André Reinhard, "Need for Cognition and the Process of Lie Detection," *Journal of Experimental Social Psychology* 46, no. 6 (November 2010): 961–71.

24. John B. Horrigan, "Information Overload," Pew Research Center, December 7, 2016, https://www.pewinternet.org/2016/12/07/information-overload/.

25. Rose Zimering, PhD, and Suzy Bird Gulliver, PhD, "Secondary Traumatization in Mental Health Care Providers," *Psychiatric Times*, April 1, 2003, https://www.psychiatrictimes.com/ptsd/secondary-traumatization-mental-health-care-providers.

26. James Hale, "'Sadblock' Google Chrome Extension Helps You Avoid Sad, Triggering, or Just Plain Annoying News," Bustle, December 1, 2017, https://www.bustle.com/p/sadblock-google-chrome-extension-helps-you-avoid-sad-triggering-just-plain-annoying-news-6748012.

27. CustomBlocker, Google Chrome Web Store, https://chrome.google.com/webstore/detail/customblocker/elnfhbjabfcepfnaeoehffgmifcfjlha?hl=en.

28. Natalie Jomini Stroud, Emily Van Duyn, and Cynthia Peacock, "News Commenters and News Comment Readers," Engaging News Project, 1–21.

29. Isabelle Krebs and Juliane A. Lischka, "Is Audience Engagement Worth the Buzz? The Value of Audience Engagement, Comment Reading, and Content for Online News Brands," *Journalism* 20, no. 2 (January 2017): 714–32.

30. Stroud, Van Duyn, and Peacock, "News Commenters and News Comment Readers."

31. Ricky Romero, "Shut Up: Comment Blocker," Firefox Browser Add-Ons, https://addons.mozilla.org/en-US/firefox/addon/shut-up-comment-blocker/.

32. M. Bodas, M. Siman-Tov, K. Peleg, and Z. Solomo, "Anxiety-inducing media: the effect of constant

news broadcasting on the well-being of Israeli television viewers,"*Psychiatry* 78, no. 3 (2015): 265–76.

33. S. P. Roché, J. T. Pickett, and M. Gertz, "The scary world of online news? Internet news exposure and public attitudes toward crime and justice," *Journal of Quantitative Criminology* 32, no. 2 (2016): 215–36.

34. Dr. Bruce Weinstein, "Stop Watching the News (for Awhile)," *Huffpost*, December 6, 2017.

35. Richard E. Petty and John T. Cacioppo, "The Elaboration Likelihood Model of Persuasion," in *Communication and Persuasion: Central and Peripheral Routes to Attitude Change* (New York: Springer, 1986), 1–24.

36. Ibid.

37. Andreu Vigil-Colet, Pere Joan Ferrando, and Pueyo Atanio Andrés, "Initial Stages of Information Processing and Inspection Time: Electrophysiological Correlates," *Personality and Individual Differences* 14, no. 5 (May 1993): 733–38, doi:10.1016/0191-8869(93)90121-i.

38. D. S. McNamara, R. Best, and C. Castellano, "Learning from Text: Facilitating and Enhancing Comprehension," SpeechPathology.com, 2004, www.speechpathology.com.

39. Keith N. Hampton, Inyoung Shin, and Weixu Lu, "Social Media and Political Discussion: When Online Presence Silences Offline Conversation," *Information, Communication & Society* 20, no. 7 (2017): 1090–107.

40. Michael J. Mallen, Susan X. Day, and Melinda A. Green, "Online versus Face-to-Face Conversation: An Examination of Relational and Discourse Variables," *Psychotherapy: Theory, Research, Practice, Training* 40, nos. 1-2 (2003): 155–63.

41. Devon Price, "Comment Culture Must Be Stopped," Medium, May 22, 2019, https://medium.com/@devonprice/comment-culture-must-be-stopped-6355d894b0a6.

6장 지치게 하는 관계에서 벗어나는 법

1. Lindsay C. Gibson, *Adult Children of Emotionally Immature Parents: How to Heal from Distant, Rejecting, or Self-Involved Parents* (Oakland, CA: New Harbinger Publications, 2015), chapter 1.

2. Arlie Hochschild and Anne Machung, *The Second Shift: Working Families and the Revolution at Home* (New York: Penguin, 2012).

3. Theodore N. Greenstein, "Gender Ideology and Perceptions of the Fairness of the Division of Household Labor: Effects on Marital Quality," *Social Forces* 74, no. 3 (March 1996): 1029–42.

4. Emma, "You Should've Asked," EmmaCLit.com, May 20, 2017, https://english.emmaclit.com/2017/05/20/you-shouldve-asked/.

5. Colleen Flaherty, "Relying on Women, Not Rewarding Them," Inside Higher Ed, April 12, 2017,

https://www.insidehighered.com/news/2017/04/12/study-finds-female-professors-outperform-men-service-their-possible-professional.

6. Manya Whitaker, "The Unseen Labor of Mentoring," *Chronicle of Higher Education*, June 2, 2017, https://chroniclevitae.com/news/1825-the-unseen-labor-of-mentoring.

7. Marlese Durr and Adia M. Harvey Wingfield, "Keep Your 'N' in Check: African American Women and the Interactive Effects of Etiquette and Emotional Labor," *Critical Sociology* 37, no. 5 (March 2011): 557–71.

8. Social Sciences Feminist Network Research Interest Group, "The Burden of Invisible Work in Academia: Social Inequalities and Time Use in Five University Departments," *Humboldt Journal of Social Relations* 39, no. 39 (2017): 228–45, http://www.jstor.org/stable/90007882.

9. "Values Clarification," Therapist Aid, https://www.therapistaid.com/therapy-worksheet/values-clarification.

10. Miriam Liss, Holly H. Schiffrin, and Kathryn M. Rizzo, "Maternal Guilt and Shame: The Role of Self-Discrepancy and Negative Evaluation," *Journal of Child and Family Studies* 22 (2013): 1112–19, doi:10.1007/s10826-012-9673-2.

11. John B. Watson, *Psychological Care of Infant and Child* (New York: W. W. Norton & Co., 1928).

12. William Sears, MD, and Martha Sears, RN, *The Attachment Parenting Book: A Commonsense Guide to Understanding and Nurturing Your Baby* (Boston: Little, Brown and Company, 2001), 2f, 5, 8–10, 110.

13. Foster Cline, MD, and Jim Fay, *Parenting with Love and Logic: Teaching Children Responsibility* (Colorado Springs, CO: Pinon Press, 1990), 23–25.

14. Kathryn M. Rizzo, Holly H. Schiffrin, and Miriam Liss, "Insight into the Parenthood Paradox: Mental Health Outcomes of Intensive Mothering," *Journal of Child and Family Studies* 22, no. 5 (2013): 614–20, doi:10.1007/s10826-012-9615-z.

15. Baylor College of Medicine, "How to Deal with Online Mom-Shaming," Medical Xpress, July 13, 2018, https://medicalxpress.com/news/2018-07-online-mom-shaming.html.

16. In the original literature (and even in some contemporary writing), this was referred to as the "good-enough mother." I'm using the gender-neutral "parent" here, because a loving, present, supportive parent of any gender can be more than good enough.

17. D. W. Winnicott, *The Child, the Family, and the Outside World* (New York: Penguin, 1973), 173.

18. Carla Naumburg, "The Gift of the Good Enough Mother," Seleni, March 14, 2018, https://www.seleni.org/advice-support/2018/3/14/the-gift-of-the-good-enough-mother.

19. Peter Gray, PhD, "The Good Enough Parent Is the Best Parent," *Psychology Today*, December 22, 2015, https://www.psychologytoday.com/us/blog/freedom-learn/201512/the-good-enough-parent-is-the-best-parent.

20. Jonathan Stern, "Why Spending Time Alone Is the Key to Keeping Your Family Together," Fatherly, May 23, 2016, https://www.fatherly.com/love-money/relationships/how-to-have-a-life-outside-parenting/.

21. Michael Torrice, "Want Passionate Kids? Leave 'Em Alone," Live Science, February 9, 2010, https://www.livescience.com/6085-passionate-kids-leave-em.html.

22. Albert J. Bernstein, *How to Deal with Emotionally Explosive People* (New York: McGraw Hill Professional, 2002), 41.

23. Ibid., 17-20. Tips adapted from advice provided in the book, but edited, paired with unproductive behaviors, and placed in a table by me.

7장 사회가 부과한 당위를 떨쳐버려라

1. "Mad Style: Man with a Plan," TomandLorenzo .com, May 15, 2013, https://tomandlorenzo .com/2013/05/mad-style-man-with-a-plan/.

2. Denise Martin, "*Mad Men*'s Teyonah Parris on Dawn's Surprise Promotion, Don vs. Lou, and Doing Improv with Amy Poehler," *Vulture*, April 21, 2014, https://www.vulture.com/2014/04/teyonah-parris-dawn-mad-men-chat.html.

3. "Mad Men: Ending Explained," The Take, https://www.youtube.com/watch?v=mDHxXY6FL 8.

4. Melungeon is a complex racial identity, and its relationship to whiteness is complicated. See A. Puckett, "The Melungeon identity movement and the construction of Appalachian whiteness," *Journal of Linguistic Anthropology* 11, no. 1 (2001): 131-46 and M. Schrift, *Becoming Melungeon: Making an Ethnic Identity in the Appalachian South.* (Lincoln, NE: Univ. of Nebraska Press, 2013).

5. Siraad Dirshe, "Black Women Speak Up about Their Struggles Wearing Natural Hair in the Workplace," *Essence*, February 7, 2018, https://www.essence.com/hair/black-women-natural-hair-discrimination-workplace/.

6. Gemn Jewelery, "A Guide to Wear Jewellery in the Workplace," Medium, December 16, 2016, https://medium.com/@gemnjewelery1/a-guide-to-wear-jewellery-in-the-workplace-29744e543266.

7. Jacob Tobia, "Why I'm Genderqueer, Professional, and Unafraid," *HuffPost*, December 6, 2017, https://www.huffpost.com/entry/genderqueer-professional-b_5476239.

8. "The $72 Billion Weight Loss & Diet Control Market in the United States, 2019-2023," BusinessWire, February 25, 2019, https://www.businesswire.com/news/home/20190225005455/en/72-Billion-Weight-Loss-Diet-Control-Market.

9. John LaRosa, "Top 9 Things to Know about the Weight Loss Industry," Market Research .com, March 6, 2019, https://blog.marketresearch.com/u.s.-weight-loss-industry-grows-to-72-billion.

10. Your Fate Friend, "The Bizarre and Racist History of the BMI," Medium, October 15, 2019, https://elemental.medium.com/the-bizarre-and-racist-history-of-the-bmi-7d8dc2aa33bb.

11. Kelly Crowe, "Obesity Research Confirms Long-Term Weight Loss Almost Impossible," CBC

News, June 4, 2014, https://www.cbc.ca/news/health/obesity-research-confirms-long-term-weight-loss-almost-impossible-1.2663585.

12. Harriet Brown, "The Weight of the Evidence," *Slate*, March 24, 2015, https://slate.com/technology/2015/03/diets-do-not-work-the-thin-evidence-that-losing-weight-makes-you-healthier.html.

13. Crowe, "Obesity Research Confirms Long-Term Weight Loss Almost Impossible."

14. A. Janet Tomiyama, Britt Ahlstrom, and Traci Mann, "Long-Term Effects of Dieting: Is Weight Loss Related to Health?" *Social and Personality Psychology Compass* 7, no. 12 (2013): 861–77, http://www.dishlab.org/pubs/2013%20Compass.pdf.

15. "kellybellyohio," Instagram, https://www.instagram.com/kellybellyohio/.

16. J. Gerard Power, Sheila T. Murphy, and Gail Coover, "Priming Prejudice: How Stereotypes and Counter-Stereotypes Influence Attribution of Responsibility and Credibility among Ingroups and Outgroups," *Human Communication Research* 23, no. 1 (September 1996): 36–58.

17. Jamie L. Dunaev, Paula M. Brochu, and Charlotte H. Markey, "Imagine That! The Effect of Counterstereotypic Imagined Intergroup Contact on Weight Bias," *Health Psychology* 37, no. 1 (January 2018): 81–88.

18. Russell B. Clayton, Jessica L. Ridgway, and Joshua Hendrickse, "Is Plus Size Equal? The Positive Impact of Average and Plus-Sized Media Fashion Models on Women's Cognitive Resource Allocation, Social Comparisons, and Body Satisfaction," *Communication Monographs* 84, no. 3 (2017): 406–22, doi:10.1080/03637751.2017.1332770.

19. Rachel Andrew, Marika Tiggemann, and Levina Clark, "The Protective Role of Body Appreciation against Media-Induced Body Dissatisfaction," *Body Image* 15 (August 2015): 98–104.

20. Peter Strelan and Duane Hargreaves, "Reasons for Exercise and Body Esteem: Men's Responses to Self-Objectification," *Sex Roles* 53, nos. 7–8 (2005): 495–503.

21. B. L. Fredrickson, T. A. Roberts, S. M. Noll, D. M. Quinn, and J. M. Twenge, "That Swimsuit Becomes You: Sex Differences in Self-Objectification, Restrained Eating, and Math Performance," *Journal of Personality and Social Psychology* 75, no. 1 (July 1998): 269–84.

22. Brit Harper and Marika Tiggemann, "The Effect of Thin Ideal Media Images on Women's Self-Objectification, Mood, and Body Image," *Sex Roles* 58, nos. 9–10 (2008): 649–57.

23. Tracy L. Tylka and Casey L. Augustus-Horvath, "Fighting Self-Objectification in Prevention and Intervention Contexts," in Rachel M. Calogero, Stacey Tantleff-Dunn, and J. Kevin Thompson, eds., *Self-Objectification in Women: Causes, Consequences, and Counteractions* (Washington, DC: American Psychological Association, 2011), 187–214.

24. Jessie E. Menzel and Michael P. Levine, "Embodying Experiences and the Promotion of Positive Body Image: The Example of Competitive Athletics," in Calogero, Tantleff-Dunn, and Thompson, eds., *Self-Objectification in Women.*

25. Elle Hunt, "Essena O'Neill Quits Instagram Claiming Social Media 'Is Not Real Life,'" *Guardian*, November 3, 2015, https://www.theguardian.com/media/2015/nov/03/instagram-star-essena-oneill-quits-2d-life-to-reveal-true-story-behind-images.

26. Kristina Rodulfo, "100 Shots, One Day of Not Eating: What Happens When You Say What Really Goes into the Perfect Bikini Selfie?" *Elle*, November 2, 2015, https://www.elle.com/culture/news/a31635/essena-oneill-instagram-social-media-is-not-real-life/.

27. Ged, "18-Year-Old Model Edits Her Instagram Posts to Reveal the Truth behind the Photos," Bored Panda, https://www.boredpanda.com/truth-behind-instagram-social-media-not-real-life-essena-oneill/?utm source=google&utm medium=organic&utm campaign=organic.

28. Maria Fischer, "These Honest Photos Show Why You Should Never Compare Your Body to Bloggers," Revelist, June 21, 2017, https://www.revelist.com/internet/bloggers-photoshopped-body-photos/8165/following-goodheads-lead-more-and-more-youtubers-bloggers-and-social-media-influencers-have-committed-themselves-to-the-fight-against-photoshop/2.

29. Erin A. Vogel, Jason P. Rose, Lindsay Roberts, and Katheryn Eckles, "Social Comparison, Social Media, and Self-Esteem," *Psychology of Popular Media Culture* 3, no. 4 (2014): 206–22.

30. Jacqueline Nesi and Mitchell J. Prinstein, "Using Social Media for Social Comparison and Feedback-Seeking: Gender and Popularity Moderate Associations with Depressive Symptoms," *Journal of Abnormal Child Psychology* 43, no. 8 (November 2015): 1427–38, doi:10.1007/s10802-015-0020-0.

31. Jiyoung Chae, "Virtual Makeover: Selfie-Taking and Social Media Use Increase Selfie-Editing Frequency through Social Comparison," *Computers in Human Behavior* 66 (January 2017): 370–76.

32. Siân A. McLean, Susan J. Paxton, Eleanor H. Wertheim, and Jennifer Masters, "Photoshopping the Selfie: Self Photo Editing and Photo Investment Are Associated with Body Dissatisfaction in Adolescent Girls," *International Journal of Eating Disorders* 48, no. 8 (December 2015): 1132–40.

33. Erin A. Vogel, Jason P. Rose, Bradley M. Okdie, Katheryn Eckles, and Brittany Franz, "Who Compares and Despairs? The Effect of Social Comparison Orientation on Social Media Use and Its Outcomes," *Personality and Individual Differences* 86 (November 2015): 249–56.

34. Jonathan R. B. Halbesleben and M. Ronald Buckley, "Social Comparison and Burnout: The Role of Relative Burnout and Received Social Support," *Anxiety, Stress & Coping* 19, no. 3 (2006): 259–78.

35. Chiara Rollero, " 'I Know You Are Not Real': Salience of Photo Retouching Reduces the Negative Effects of Media Exposure via Internalization," *Studia Psychologica* 57, no. 3 (2015): 195–202.

36. Pieternel Dijkstra, Frederick X. Gibbons, and Abraham P. Buunk, "Social Comparison Theory," in James E. Maddux and June Price Tangney, eds., *Social Psychological Foundations of Clinical Psychology* (New York: Guilford Press, 2011), 195–207 [italics mine].

37. Susan Clayton Whitmore-Williams, Christie Manning, Kirra Krygsman, and Meighen Speiser, "Mental Health and Our Changing Climate: Impacts, Implications, and Guidance," American Psychological Association, March 2017, https://www.apa.org/news/press/releases/2017/03/mental-health-climate.pdf.

38. Anthony Leiserowitz, Edward Maibach, Connie Roser-Renouf, Seth Rosenthal, Matthew Cutler, and John Kotcher, "Climate Change in the American Mind: March 2018," Yale Program on Climate Change Communication, April 17, 2018, https://climatecommunication.yale.edu/

publications/climate-change-american-mind-march-2018/2/.

39. Whitmore-Williams, Manning, Krygsman, and Speiser, "Mental Health and Our Changing Climate."

40. "Planting for the Future in a Changing Climate," Chicago Botanic Garden, https://www. chicagobotanic.org/education/symposia_professional_programs/futureplanting.

41. "First Nations Community Garden," American Indian Center, https://www.aicchicago.org/first-nations-community-garden.

나가는 글

1. Galen V. Bodenhausen, Andrew R. Todd, and Jennifer A. Richeson, "Controlling Prejudice and Stereotyping: Antecedents, Mechanisms, and Contexts," in Todd D. Nelson, ed., *Handbook of Prejudice, Stereotyping, and Discrimination* (New York: Psychology Press, 2009), 111–35.

2. Amy D. Waterman, James D. Reid, Lauren D. Garfield, and Sandra J. Hoy, "From Curiosity to Care: Heterosexual Student Interest in Sexual Diversity Courses," *Teaching of Psychology* 28, no. 1 (2001): 21–26.

3. Corey Robin, "Who Really Said That?" *Chronicle of Higher Education*, September 16, 2013, https://www.chronicle.com/article/Who-Really-Said-That-/141559.

4. Edmund Burke quote, Bartleby, https://www.bartleby.com/73/560.html.

게으르다는 착각

초판 1쇄 발행 2022년 4월 10일
초판 12쇄 발행 2023년 12월 5일

지은이 데번 프라이스
옮긴이 이현
펴낸이 권미경
편집장 이소영
기획편집 김효단
마케팅 심지훈, 강소연
디자인 THISCOVER
펴낸곳 (주)웨일북
출판등록 2015년 10월 12일 제2015-000316호
주소 서울시 마포구 토정로 47 서일빌딩 701호
전화 02-322-7187 **팩스** 02-337-8187
메일 sea@whalebook.co.kr **인스타그램** instagram.com/whalebooks

ⓒ 데번 프라이스, 2022
ISBN 979-11-92097-17-6 (03180)

소중한 원고를 보내주세요.
좋은 저자에서 좋은 책이 나온다는 믿음으로, 항상 진심을 다해 구하겠습니다.